Herzlichst Ihrem
in Verbundenheit
stets ...heit

[signature]
Bonn, Dezember 88

Joan Windsor
Das innere Auge

Joan Windsor

Das innere Auge

Kreativ träumen und unbewußtes Wissen nutzen

Aus dem Amerikanischen übersetzt
von Helga Künzel

Ariston Verlag · Genf

CIP-Kurztitelaufnahme der Deutschen Bibliothek

WINDSOR, JOAN:
Das innere Auge: kreativ träumen u. unbewußtes
Wissen nutzen / Joan Windsor. Aus d. Amerikan.
übers. von Helga Künzel. – Erstaufl. – Genf:
Ariston Verlag, 1987.
Einheitssacht.: The inner eye ‹dt.›
ISBN 3-7205-1423-4

Die amerikanische Originalausgabe
erschien unter dem Titel »The Inner Eye. Your Dreams Can Make You Psychic«
1985 bei Prentice-Hall, Inc., Englewood Cliffs, New Jersey, USA.

© 1985 by Prentice-Hall, Inc., Englewood Cliffs, N.J.

Gestaltung des Schutzumschlages:
H. + C. Waldvogel, Grafik Design, Zürich
Umschlagfoto: Steve Krongard / The Image Bank

Gesamtherstellung: Ebner Ulm
Erstauflage März 1987
Printed in Germany 1987

ISBN 3-7205-1423-4

Inhalt

Vorwort

Für alle Leser, die danach streben, ihre parapsychische Begabung beherrschen zu können, und die Wege zu deren spiritueller Anwendung suchen, wird die Lektüre von JOAN WINDSORS Buch *Das innere Auge* ein lohnendes Erlebnis sein. Die Autorin schildert nicht nur, wie sie selbst die paranormale, unbewußte Dimension von Verständnis und Wissen entdeckte, sondern sie läßt uns gleichsam als Forscherkollegen an ihrer Seite gehen und zeigt uns, wie wir in unserem Leben die Selbstheilung sichtbar machen und unfehlbare Führung erhalten können. Ihre ausgewogene Sicht des Spirituellen und des Praktischen resultiert weitgehend aus ihrer Untersuchung von fünftausend Träumen – als solche schon eine bemerkenswerte Leistung!

Joan Windsor, die aus der Weisheit des großen Sehers EDGAR CAYCE schöpft und sie mit Beispielen aus ihrer persönlichen Erfahrung würzt, hat ein sehr nützliches Handbuch zur Erschließung von Traumoffenbarungen und zur Entfaltung der parapsychischen Kräfte geschrieben, das Ihnen hilft, all dies zu verstehen und eine umfassendere, tiefere Kenntnis Ihres eigenen Schicksals zu erlangen.

Das Buch ist für Anfänger gedacht, berichtet aber auch erfahrenen Erforschern des Paranormalen Neues und Wertvolles. Die Art der Autorin, vom spirituellen Kern der Sache zu sprechen, macht *Das innere Auge* überaus hilfreich für jeden, der nach Selbsterkenntnis strebt; es enthält nichts Geheimnisvolles oder Unheimliches, sondern verlockt Sie vielmehr durch seinen Aufbau, dem von Joan Windsor aufgezeigten Weg zu folgen, dabei aber auch Ihren speziellen Interessen nachzugehen.

Bei Joan Windsor verliert der Bereich des Paranormalen an Rätselhaftigkeit, er wird zugänglich und vollkommen verständlich.

Wenn Sie sich anschicken, den Berg der Wahrheit zu erklimmen, werden Sie von der Autorin daran erinnert, das richtige Schuhwerk anzuziehen; ihre praktische, sachlich-nüchterne Einstellung zu einem Thema, das anderwärts so oft durch Okkultes verdunkelt wird, ist unübertrefflich. Sie hilft uns in der Tat, das Beste aus uns selbst zu machen.

Alan Vaughan

Vorbemerkung

Das innere Auge – Kreativ träumen und unbewußtes Wissen nutzen ist dazu bestimmt, Ihnen durch das psychologische und spirituelle Verständnis Ihrer Träume sowie durch die paranormale Erforschung gegenwärtiger und künftiger Realitäten eine neue, erregende Lebensorientierung zu geben.

Das Buch gliedert sich in zwei Teile. Der erste erzählt meine persönlichen Erlebnisse während der drei Jahre, in denen sich meine parapsychischen Fähigkeiten entfalteten. Der zweite Teil stellt die Herausforderung an Sie, durch das phänomenologische Studium der experimentellen Aspekte von Trauminkubation, Traumdeutung, Psychometrie und paranormalen Readings* Ihre eigenen parapsychischen Fähigkeiten zu entwickeln.

Teil I mit den »Abenteuern in transpersonalem Bewußtsein« vermittelt dem Neuling auf dem Gebiet der Erforschung des Paranormalen Anreize, eine spirituelle Reise anzutreten, denn hier wird die Aura des Geheimnisvollen beseitigt, die oft synchrone Ereignisse vernebelt; diese Ereignisse werden vielmehr ins Muster des normalen Alltagslebens eingewoben, wie ich es von 1981 bis zur Gegenwart erlebte.

Teil II mit der »Erweiterung Ihres eigenen Bewußtseins« ermöglicht Ihnen Ihre paranormale und spirituelle Entwicklung im Selbstlernverfahren. Nach der Betrachtung der Natur des Bewußtseins, der Traumtheorien und der außersinnlichen Wahrnehmung (ASW)** aus historischer Perspektive beginnt für den Lern-

* Reading, wörtlich Lesung, bedeutet je nach dem Zusammenhang: Prophezeiung, Weissagung, Deutung, Diagnose oder Prognose.
** *Außersinnliche Wahrnehmung* (ASW), volkstümlich Telepathie und Hellsehen, ist Informationsempfang ohne Mitwirkung der körperlichen Sinne über die Schranken des Raumes und der Zeit hinaus.

willigen die Erforschung des Innenraums. Den Ausgangspunkt
bilden die Erklärung der Traumquellen sowie der aus jeder Quelle
hervorgehenden Traumtypen, die Erläuterung, warum es sinnvoll
ist, sich an seine Träume zu erinnern, und Vorschläge zur Stärkung
der Erinnerungsfähigkeit.

Kapitel 8 bietet fünfzehn Regeln zur erfolgreichen Traumdeutung und erläutert dem Träumenden, wie er mit jeder dieser Regeln
arbeiten kann. Der Traumforscher wird in *Kapitel 9* ermutigt, ein
achtstufiges Programm zu absolvieren, das die Wahrscheinlichkeit
steigert, einen Traum zu inkubieren, der Antworten auf bestimmte, von ihm gestellte Fragen enthält.

In *Kapitel 10* wird ein neues System der Traumeinteilung
empfohlen, das auf meiner Untersuchung und persönlichen Deutung von mehr als fünftausend Träumen sowie auf meinem gründlichen Studium der Traumliteratur basiert. *Kapitel 11* erörtert die
Quellen paranormaler Readings, definiert fünf Arten von Readings
und zeigt auf, wie jede Art für die betroffene Person nützlich sein
kann.

In die Psychometrie und in paranormale Readings führt *Kapitel
12* durch elementare Übungen zur Schulung des inneren Auges auf
praktischem Weg ein; die Gefahren, denen man während des
paranormalen Wachstums begegnet, werden angeführt, ebenso
bestimmte Richtlinien zur Förderung einer spirituellen Einstimmung, aus der zutreffende paranormale Readings hervorgehen.

Das *letzte Kapitel* stellt Ihnen die Aufgabe, sich die richtige
physische, psychische und spirituelle Haltung für die erfolgreiche
Bewältigung jedes einzelnen Tages anzueignen und sie in Ihrer
Persönlichkeitsstruktur zu integrieren.

Eines der wichtigsten Merkmale dieses Buches ist das neue,
zwölf Kategorien umfassende System der Klassifizierung von
Träumen. Diese neuartige schematische Anordnung liefert ein
einmaliges Modell, mittels dessen Sie die Trauminformationen
aufgliedern können, bevor Sie sich anschicken, die nächtlichen
Botschaften im Hinblick auf Ihre eigene Person zu entschlüsseln.

Warum ist es wichtig für Sie, dieses Buch zu lesen? Nach meiner
Überzeugung tritt jeder von uns mit einem grundlegenden »Le-

bensplan« ins irdische Dasein. Weil es jedoch den freien Willen gibt, stehen viele wichtige Lebensentscheidungen und deren Folgen in der Wahl des einzelnen. Darum kann letztendlich jeder einzelne bestimmen, bis zu welchem Grad er den Lebensplan erfüllt, den er mit auf den Weg bekommen hat.

Träume, Intuition und paranormale Impressionen eröffnen produktive Chancen, künftige Möglichkeiten zu erkennen. Wenn wir durch kognitive *und* intuitive »absichtliche Konzentration« auf künftige Realitäten das schöpferische Unbewußte veranlassen können, die Selbstverwirklichung der grundlegenden Lebenspläne mittels Auswahl der besten aller möglichen Welten auszulösen, ist es dann nicht unerläßlich, daß jeder von uns seine Energien in diese Richtung lenkt? *Unterbewußte Absichten beeinflussen künftige Realitäten, und wir alle sind im wahrsten Sinne des Wortes Mitschöpfer mit Gott.* Wollen Sie nun mein freundschaftlich verbundener Mitschöpfer bei der Entwicklung Ihres inneren Auges sein?

Joan Windsor

Danksagung

Bücher schreibt man als Autor nie allein. *Das innere Auge. Kreativ träumen und unbewußtes Wissen nutzen* wäre ohne die Mitwirkung vieler meiner guten Freunde und klugen Ratgeber nicht entstanden. Darum möchte ich den nachstehenden Personen meinen Dank für ihre Ideen und Beiträge zu diesem Werk aussprechen:

BETTY HALL, meiner Sekretärin und Freundin, für ihre Geduld und gute Laune beim Abschreiben mehrerer Versionen des Manuskripts.

MARK THURSTON, dessen Veröffentlichungen und scharfsichtige Theorien über Trauminkubation und Traumdeutung mir in der Anfangsphase meiner Entwicklung den Schwung zur Fortsetzung der Traumexperimentation verliehen.

HARMON BRO für seine gar nicht hoch genug einzuschätzende Beurteilung meines ersten Manuskripts. Der Umfang des Buches wäre arg begrenzt, hätte er nicht mit seinem scharfen Intellekt und seinen überlegenen Kenntnissen meinen engen Blickwinkel geöffnet.

ALAN VAUGHAN, einem Mit-Sensitiven und Parapsychologen, dessen Empfehlungen und Übungen in seinem Buch *The Edge of Tomorrow* unermeßlich zur Verfeinerung meiner eigenen präkognitiven Fähigkeiten beitrugen.

ROGER und NANCY PILE, diesen außergewöhnlichen Lehrern des Paranormalen. Ohne ihre praktischen Demonstrationen und ihr unerschütterliches Zutrauen zu meinen Bemühungen als unerfahrene Anfängerin hätte ich es nicht geschafft, auf dem spirituellen Weg mehr als ein paar taumelnde Schritte zurückzulegen.

Meinen lieben Freunden JOHN und ELIZABETH HOLLIS, mit denen ich viele persönliche paranormale Abenteuer unternahm.

Danke, daß die beiden sie unterhaltsam und dabei lehrreich gestalteten!

KEVIN RILEY, einem meiner besten präkognitiven Traumschüler, der mich großzügig an seiner Bibelforschung teilhaben ließ. Sein umfassendes Wissen über biblische Träume bereicherte den entsprechenden Abschnitt dieses Buches wesentlich.

Meiner Schwester ARLENE HELMUS für ihre kreativen Vorschläge, die das Buch lesbarer werden ließen.

Den Mitgliedern meines Parapsychologie-Kurses, von denen ich viel mehr lernte, als ich für möglich hielt.

Herzlichen Dank auch dem Bibliothekspersonal der *Association for Research and Enlightenment* für spezielle Bücher und Informationen über Leben und Werk von Edgar Cayce.

Höchste Anerkennung gebührt meiner Lektorin von Prentice Hall, CYNTHIA RYAN, einer Geistheilerin aus Hackensack, New Jersey. Ich stehe ewig in ihrer Schuld für ihre verständnisvollen Kommentare und ihre inspirierende Führung während der endgültigen Revision von *Das innere Auge*. Ihre wichtigen Eingriffe bewirkten, daß mein Buch nicht nur an Esoterik Interessierte anspricht, sondern sich an alle wendet, die träumen und aus ihren Träumen Schlösser bauen wollen, in denen sie leben können.

Und schließlich meinem Mann JIM innigen Dank. Voll Sensibilität, Intelligenz und selbstloser Hingabe fördert er alle unsere Unternehmungen und macht mir immer wieder Mut. Ich habe erkannt, daß ich die große Vergünstigung genieße, in einer Partnerschaft der Liebe und Selbstverwirklichung zu leben, wie ich sie mir in meinen kühnsten Träumen nicht erhofft hatte.

Joan Windsor

Einführung

Die Sozialwissenschaften vermochten nicht viel zur Lösung der hartnäckig weiterbestehenden, unsere Existenz bedrohenden menschlichen Konflikte beizutragen, weil sie nicht mit einem allgemein akzeptierten Bild von der Natur des Menschen aufwarten können. In ihrem Bestreben, schnell vollgültige »Wissenschaftler« zu werden, neigten viele der Sozialwissenschaftler dazu, die Menschheit auf jene charakteristischen Merkmale zu reduzieren, die im Labor empirisch untersucht werden können. Dieser eingeengte Blickwinkel schränkt unser Verständnis des menschlichen Verhaltens stark ein. Er behindert auch unser Vorankommen, denn er begrenzt die Forschungsbereiche.

Die anerkannte wissenschaftliche Methodologie verlangt, daß ein Phänomen der Beobachtung, der experimentellen Kontrolle, der Messung von Daten und der statistischen Analyse unterzogen werden kann. Wir sollten diese Forderungen tunlichst erfüllen; wenn wir jedoch unsere Forschung auf die mittels dieser Methodologie untersuchbaren Charakteristika beschränken, können wir viele jener Attribute nicht studieren, die uns einzigartig menschlich machen.

Die menschliche Person unterliegt Bedingungen, die so kompliziert sind, daß sie sich im Labor eines Psychologen nicht wiederholbar erzeugen lassen. Menschen sind allem Anschein nach die einzigen Lebewesen, die beten können oder die wissen, daß sie irgendwann sterben werden. Wir kümmern uns um unsere körperlichen Bedürfnisse wie essen, trinken, Unterkunft und Schlaf, aber gleichzeitig sind wir auch an Gott, Liebe, Musik, Literatur, Träumen, Begabungen und Werten interessiert. Wir erstreben mehr als nur materielle Dinge oder Wissen. Wir suchen nach einem Daseinszweck, einer spirituellen Dimension. Diese Äußerungsformen des menschlichen Geistes sind subjektiv und schwer zu messen, doch nicht weniger wichtig für das Verständnis unseres Verhaltens als die objektiven und meßbaren.

Einige parapsychologische Daten können zwar unter strengsten wissenschaftlichen Bedingungen untersucht werden, viele andere jedoch nicht. Darin besteht das Problem für den interessierten Wissenschaftler. Er muß sich dafür entscheiden, nur das zu studieren, was unter seine Methodologie fällt; oder er muß sich eingestehen, daß es Erfahrungsbereiche gibt, die außerhalb der Einschränkungen von Zeit und Raum liegen und es wert sind, erforscht zu werden. Auf jeden Fall aber muß sich der Wissenschaftler hüten, in nicht entschuldbarer Weise unwissenschaftlich zu sein, indem er etwas, das er nicht untersucht hat, als unwahr abtut.

WILLIAM JAMES, der berühmte amerikanische Psychologe, sprach von einem »allgemeinen Gefühl dramatischer Wahrscheinlichkeit« und erklärte nachdrücklich, daß etwas nicht zwangsläufig unwahr sei, weil es den bekannten Prinzipien der Wissenschaft widerspreche. In diesem Geist wird die Thematik des vorliegenden Buches angegangen. Voll Achtung vor der wissenschaftlichen Methodologie – und ihren Grenzen – wagt sich das Buch in die Welt jenseits der fünf Sinne. Lesenswert ist es nicht etwa wegen einmaliger Erfahrungen, denn schon andere sind ähnliche Wege gegangen, sondern wegen der Implikationen, die von solcher Bedeutung für unser Verständnis der Psychologie des Menschen sind, daß sie es verdienen, hervorgehoben zu werden. Wir hegen die Hoffnung, daß die Bekanntmachung unserer Erfahrungen andere ermutigt, freimütig ihren eigenen »Innenraum« und die darin verschlossenen, unerkannten Möglichkeiten zu erforschen.

Als Psychologe interessierte ich mich seit jeher lebhaft für die Natur des Bewußtseins und der Wahrnehmung. Die auf den nachfolgenden Seiten geschilderten Erfahrungen gaben mir die Gelegenheit, beide Themen in einem einmaligen Rahmen zu erforschen. Meine Frau Joan, die mich seit mehr als zweieinhalb Jahrzehnten mit ihren präkognitiven Träumen verblüfft, wurde vor einigen Jahren, als ich mich in Hypnose übte und eine

Versuchsperson brauchte, meine ständige Mitarbeiterin. Damals begannen wir paranormale Phänomene zu entdecken, die uns heute noch mit Ehrfurcht erfüllen. Wir gelangten *experimentell* zu dem Schluß, daß es tatsächlich eine Wahrnehmung jenseits der fünf Sinne gibt. Unsere künftigen Bemühungen werden auf eine weitere Bestätigung und eine Wiederholung dieser Erfahrungen ausgerichtet sein. Wir laden Sie ein, sich an diesem fesselnden Unternehmen zu beteiligen.

James C. Windsor

Für meinen Vater Thomas Clifford Laurent,
der mir die Gabe vererbte und der am
26. Januar 1983 aus diesem Leben in das
nächste überging,
und für meinen Mann James Clayton Windsor,
dessen liebevoller Unterstützung
und Ermutigung ich die Entfaltung der
Gabe verdanke.

Teil I

Abenteuer in transpersonalem Bewußtsein

1

Das Erwachen

Keiner ist so taub wie jemand, der nicht hören will.
DORIS AGEE, Edgar Cayce über ASW

»Was hat Dr. Bell gesagt?« fragte mein Mann Jim in besorgtem Ton.

»Das gleiche wie jedesmal bisher«, antwortete ich bedrückt. »Die Zyste muß operativ entfernt werden, wodurch in meiner Brust eine tiefe Einsenkung entsteht. Oder aber ich nehme die Beschwerden auf mich und lasse die Zyste in Ruhe.«

Ich war eben bei unserem Hausarzt Dr. Baxter Bell gewesen, einem alten Freund und ausgezeichneten Arzt. Seine Geduld, sein Verständnis und sein medizinisches Können hatten uns in den vergangenen zwanzig Jahren unbeschadet durch viele Krankheiten gebracht. Ich erinnere mich noch genau, daß mich als junge Mutter seine behutsame Art und seine mit großer Sicherheit gestellten Diagnosen unendlich beruhigten, als meine Kinder Grippe bekommen hatten oder als auf ihren Körpern tausend kleine Windpocken aufgeblüht waren. Vor jedem Besuch in seiner Praxis war ich damals überzeugt gewesen, meine Kinder seien in der ersten Blüte ihrer Jugend von irgendeiner mysteriösen, schrecklichen Krankheit befallen worden und es bestehe kaum Hoffnung auf Heilung – zweifellos die Überreaktion einer besorgten Mutter. Ich erinnere mich auch an das Gefühl grenzenloser Erleichterung und Dankbarkeit, das mich durchströmte, als sein sehnlich erwarteter Anruf uns die Nachricht brachte, daß mein Mann keinen Herzanfall erlitten hatte, sondern daß seine Beschwerden von einer Hiatushernie herrührten, die mit Diät und körperlichen Übungen behandelt werden konnte.

Dr. Bell war ein Freund und Berater meiner gesamten Familie, doch jetzt sah es so aus, als sei von uns allen ich diejenige, auf die sich seine Aufmerksamkeit konzentrierte. Ich litt an einem zystischen Brustfibrom und war in den vergangenen fünf Jahren dreimal zur operativen Entfernung von Zysten im Krankenhaus gewesen. Mit der Entdeckung jeder neuen Zyste wuchs meine Angst, es könnte sich um etwas Bösartiges handeln. Diese Angst war nicht unbegründet, denn in meiner Familie gab es zahlreiche Todesfälle, die bösartige Geschwüre zur Ursache hatten. So war meine Mutter im frühen Alter von fünfundfünfzig Jahren wegen einer Fehldiagnose ihres Brustkrebses gestorben. Als man den Krebs ein halbes Jahr nach der falschen Diagnose erkannt und operiert hatte, war es zu spät gewesen. Meine operativ entfernten Zysten hatten sich zwar alle als gutartig erwiesen, aber bei einer solchen Familiengeschichte ließ die unangenehme Nachricht, daß mir wahrscheinlich ein vierter Gang zum Chirurgen bevorstand, mein Herz vor Angst zittern.

Unter diesem bedrückenden Zustand litt ich Ende Juli 1981. Mich quälten die üblichen Gefühle von Frustration, Wehr- und Sinnlosigkeit, die mit der Mitteilung einhergehen, daß man sich einer Operation unterziehen muß. Erschwert wurde die Situation noch dadurch, daß meine Schwiegermutter Mary Windsor und meine Schwägerin June Moses mit ihrem Mann Earl am Wochenende für mehrere Tage zu uns auf Besuch kommen wollten. Meiner Schwiegermutter fühlte ich mich seit dem Tod meiner eigenen Mutter im Jahr 1960 sehr nahe. Ihre liebevolle Großzügigkeit und ihr unbezähmbarer Mut hatten ein enges Band zwischen uns geknüpft, und dank ihrer periodischen Aufenthalte bei uns in Williamsburg, Virginia, war im Laufe der Jahre die Wunde geheilt, die mir der Tod meiner Mutter geschlagen hatte.

Meine Schwägerin und ihr Mann waren während der ganzen Zeit meiner Ehe, die seit fast einem Vierteljahrhundert bestand, für mich immer liebenswerte, anregende Gefährten gewesen. Deshalb hatte ich mich auf das Familientreffen gefreut, bis mir die drohende vierte Operation alles verdarb. Wie sollte ich eine Fassade der Unbeschwertheit und Ruhe aufrechterhalten, während ich mit jedem

Moment stärker in einen Sturm widersprüchlicher Gefühle geriet? Frustrationen, die unlösbar schienen, schwelten unter der Oberfläche, und ich hatte noch keinen Weg gefunden, mich daraus zu lösen. Ich bot meine ganze Kraft und all meinen Mut auf und begann, unterstützt von meinem Mann, Vorbereitungen für den Besuch der Verwandten zu treffen. Ich wollte sozusagen gute Miene zum bösen Spiel machen und mir nichts anmerken lassen.

Unsere Gäste trafen planmäßig ein, und ich entspannte mich ein wenig bei der täglichen Zubereitung der Mahlzeiten, beim gemeinsamen Besuch der Sehenswürdigkeiten unserer Stadt und bei dem unvermeidlichen, aber sehr schönen Ausflug zur berühmten Töpferei Williamsburgs. Alle unsere Aktivitäten untermalte fast ununterbrochen Familientratsch, der sich weitgehend um die Gesundheitsprobleme anderer Menschen drehte. Das war nicht überraschend, denn meine Schwiegermutter arbeitete seit vielen Jahren als Schwesternhilfe in einem Krankenhaus von Oak Hill, und meine Schwägerin June interessierte sich seit jeher für solche Dinge.

Schließlich wandte sich die Unterhaltung persönlichen Problemen zu, und June beschrieb ihr Augenleiden, das auf keine Behandlung anzusprechen schien. Sie war vor mehreren Wochen in Cleveland bei einem Augenarzt gewesen und hatte Medikamente bekommen, doch das Leiden besserte sich nicht. In dem Versuch, eine wirksame Behandlung zu finden, schlug sie vor, wir sollten zum Hauptsitz der *Association for Research and Enlightenment* (ARE, Vereinigung für Forschung und Aufklärung) in Virginia Beach fahren. Sie wollte die in der ARE-Bibliothek aufbewahrten Readings* von EDGAR CAYCE durchforsten, in der festen Hoffnung, unter seinen medizinischen Readings eine wirksame Verordnung für die Heilung ihres Augenleidens zu finden.

Die *Association for Research and Enlightenment* war mir oberflächlich bekannt. Vor etwa fünfzehn Jahren hatte ich das Buch *There Is a River* (Es gibt einen Fluß) von THOMAS SUGRUE gelesen, eine Biographie über Edgar Cayce, den »schlafenden Propheten«

---

* *Reading*, wörtlich Lesung, bedeutet je nach dem Zusammenhang: Prophezeiung, Weissagung, Deutung, Diagnose oder Prognose.

aus Virginia Beach, Virginia. Sugrue schilderte in seinem Buch, wie
der paranormal begabte Cayce, während er sich in einem durch
Selbsthypnose ausgelösten Trancezustand befand, physische
Krankheiten diagnostizierte und wirksame Heilmittel dagegen
verordnete. Die erstaunliche Richtigkeit seiner Diagnosen und
Verordnungen ist in zahlreichen Publikationen dokumentiert, und
die allgemeine Anwendbarkeit seiner manchmal unorthodoxen,
aber gewöhnlich sehr wirksamen medizinischen Heilmittel und
-verfahren bestand die Prüfung durch die Zeit.

Dem Material, das der »bewußtlose« Cayce lieferte, gab man die
Bezeichnung *Readings*. ELSIE SECHRIST beschreibt diese Readings
so: »Die Akten, die seine Readings enthalten, befinden sich im
Gewahrsam der *Edgar Cayce Foundation*, einer Zweigorganisation
der *Association for Research and Enlightenment* (ARE). Die ARE
selbst ist eine gemeinnützige Wohltätigkeitsorganisation, die 1931
zur Aufbewahrung, zum Studium und zur Präsentation der hellseherischen Readings Edgar Cayces gegründet wurde. Die Association bewahrt in ihrem nationalen Stammsitz in Virginia Beach
14 253 paranormale Readings von Cayce auf. Eine grobe themati-
sche Aufgliederung der Readings ergibt: 8976 über physische oder
medizinische Themen, 799 über Geschäftliches, 401 über Seelisch-
Geistiges und Spirituelles, 24 über Heim und Ehe, 2500 über
persönliche Lebensprobleme, 879 über Verschiedenes und 1009
über Traumdeutungen.«[1]*

In persönliche Berührung war ich mit der ARE Ende der
sechziger Jahre durch meinen Mann Jim gekommen, der damals am
Christopher Newport College in Newport News, Virginia, Psychologie lehrte. Die ARE hatte ihn seinerzeit oft zu Gastvorlesun-
gen verpflichtet. Auf die Bitte von Hugh Lynn Cayce, Edgar
Cayces Sohn, hatte er 1968 auf einer Tagung einen Vortrag mit dem
Titel *Ein Psychologe betrachtet die ASW*** gehalten, bei dem ich

---

* Die hochgestellten Zahlen verweisen auf die Anmerkungen ab Seite 277 dieses
Buches.
** *Außersinnliche Wahrnehmung* (ASW), volkstümlich Telepathie und Hellse-
hen, ist Informationsempfang ohne Mitwirkung der körperlichen Sinne über die
Schranken des Raumes und der Zeit hinaus.

dabeigewesen war. Er hatte auch während eines Sommers die Cayce-Akten gründlich studiert, nachdem ihm von Hugh Lynn die Genehmigung erteilt worden war, Cayces Theorien über die Ursachen von Geisteskrankheit zu untersuchen.

Durch Jims Verbindung zur ARE hatte sich bei uns eine kleine Bibliothek mit Werken über Cayce angesammelt. Ich hatte *There Is a River* und mehrere andere Bücher über ihn gelesen und erinnerte mich noch genau an mein Staunen darüber, daß jemand solche unglaublichen Leistungen vollbracht hatte. In das Staunen mischte sich allerdings etwas Skepsis, weil meinem analytischen Verstand die Stimme der Vernunft immer wieder zuflüsterte: »Unmöglich! Unmöglich!«

Im Jahre 1970 war mein Mann zum Rektor des Christopher Newport College ernannt worden und hatte sich so in seine Aufgaben vertieft, daß unser Interesse an den anregenden Aktivitäten der ARE wieder erloschen war. Ich selbst hatte mich damals stärker der Kindererziehung gewidmet und mich in einem Beratungs- und Führungsprogramm des College of William and Mary in Williamsburg auf den Magister der Pädagogik vorbereitet. Nach Erlangung meines akademischen Grades hatte ich selbst eine Beratungspraxis eröffnet, in der ich Lernschwächen bei Kindern diagnostizierte und Empfehlungen für deren Behebung gab.

»Zeit für die Abfahrt.« Die Worte meiner Schwiegermutter rissen mich aus meiner Träumerei. Alle drängten zum Aufbruch. Als ich die Haustür abschloß, fragte ich mich, welche Karten die Schicksalsgöttin wohl der ARE gegeben hatte, dieser zutiefst christlichen Organisation, die so hingebungsvoll und eifrig das Cayce-Banner hochhielt.

Zu siebt fuhren wir an dem schönen Morgen des 3. August 1981 nach Virginia Beach, um die ARE zu besuchen – ein Besuch, der eine grundlegende Neubewertung meiner orthodoxen Religionsphilosophie einleiten und schließlich mein Leben verändern sollte.

Nach der Ankunft an unserem Bestimmungsort stiegen das Ehepaar Moses und meine Schwiegermutter sogleich die Treppe zur ARE-Bibliothek im zweiten Stock hinauf und begannen ihre konzentrierte Nachforschung, für die sie mehrere Stunden einge-

plant hatten. Meine Tochter Robin und ihre vierzehnjährige
Freundin gingen in Richtung Strand davon, um ihre verblassende
Sonnenbräune aufzufrischen. Jim und ich freuten uns, ein paar
freie Stunden genießen zu können – was selten genug geschah, weil
unsere Berufe uns oft zu einem ziemlich gehetzten Leben zwangen.

»Laß uns zuerst in der Buchhandlung stöbern«, schlug Jim vor.

»Großartige Idee!« antwortete ich begeistert. Mein Mann und
ich stöbern ständig in Buchläden und schleppen von solchen
Streifzügen immer einen Stoß neuer Bücher heim, die den Stapel
auf unseren Nachttischchen noch höher wachsen lassen. Wir sind
zwar beide unersättliche Vielleser, kommen aber trotzdem oft mit
dem Lesen unserer neuerstandenen Bücher nicht nach.

An der Treppe zum zweiten Stock bemerkte ich im Vorbeigehen
ein Plakat, das für den Nachmittag eine Vorführung des Anlegens
von Rizinusölpackungen ankündigte. Ich erinnerte mich undeutlich, daß Cayce diese Packungen häufig verordnet hatte; mehr
wußte ich darüber jedoch nicht.

In dem Buchladen herrschte an dem heißen Sommertag reger
Betrieb. Ich fand eine ruhige Abteilung mit Veröffentlichungen
über Ernährung und Gesundheit und blätterte Taschenbücher über
Vitamine, Naturkost und verschiedene Diäten durch, die angeblich
eine Vielzahl der Krankheiten heilten, von denen die Menschheit
heimgesucht wird.

»Hier ist ein Buch, das für dich geschrieben scheint«, rief mein
Mann grinsend und hielt mir *Dreams Beyond Dreaming* (Träume
jenseits des Träumens) von JEAN CAMPBELL hin. Ich gewahrte in
seinem heiteren Gebaren eine ernste Note. »Es enthält in einem
Kapitel einen Abschnitt, der präkognitive Träume und ihre Be-
gleiterscheinungen erklärt. Das ist doch genau die Art von Träumen, die du immer hast und deren Existenz du fortwährend ab-
streitest«, sagte er vorwurfsvoll. Wie wahr! Wie wahr!

Ich kannte dieses Phänomen seit meiner Kindheit, seit ich alt
genug war, um mich an Träume zu erinnern. Als ich dann
angefangen hatte, mehr vom Lauf der Welt zu verstehen, hatte ich
rasch gemerkt, daß die bloße Erwähnung von Träumen, die
Realität geworden waren, bei meinen Altersgenossen nur Kopf-

schütteln, unterdrücktes Kichern und Spott hervorrief. Weil ich von meinen Mitschülern nicht als Spinnerin angesehen werden wollte, hatte ich solche Träume verdrängt und ihre Existenz heftig abgestritten.

Jahrelang hatte ich hartnäckig darum gekämpft, derartige Träume aus meinem Leben zu eliminieren, trotzdem aber hatten viele der lebhaften, farbigen Inszenierungen, die sich bei mir nachts abspielten, weiterhin kurz darauf ihre Wiederholung im tatsächlichen Leben gefunden. Die Gestalten und die Szenerie hatten dann oft aufs Haar jenen aus dem Traumprodukt geglichen.

Ich ergriff das Buch, das Jim mir hinhielt, und überflog den Abschnitt über Präkognition. Die Schilderung der phänomenologischen Aspekte präkognitiven Träumens entsprach genau meinen Erfahrungen. Erstaunlich! Hier lag schwarz auf weiß ein Bericht vor mir, der mir nicht nur erlaubte, mich Träumen dieser Art zu überlassen, sondern der sogar Anweisungen gab, wie man Nutzen aus ihnen zog. In der ARE-Buchhandlung standen noch mehr Bücher, die das Thema Träume behandelten; sie füllten ein ganzes Regal. Als ich voll Eifer die reiche Traumliteratur beäugte, lachte mein Mann amüsiert über mein mangelndes Wissen zu einem Thema, das seit mehr als sechsundvierzig Jahren ein fester Bestandteil meines Daseins war.

»Weißt du denn nicht, daß Edgar Cayce ein Experte für Träume und Traumdeutung war?« fragte Jim. Sein Ton sollte mich ganz offensichtlich ermutigen, mit einer Umschulung meiner eingeengten Psyche zu beginnen. Es war, als öffneten sich plötzlich die Schleusen, als breche ein Strom unterdrückter Gefühle sowie irrationaler Ängste hervor, dessen Freisetzung längst überfällig war. An die Stelle der negativen Emotionen trat nun das Verlangen nach einschlägigem Wissen, das sich in den nächsten Jahren zu einem schier unstillbaren Durst auswachsen sollte. Durfte ich mir wirklich erlauben, mich gehenzulassen?

Zusammen schauten Jim und ich die Bücher in dem Regal durch und wählten schließlich *Edgar Cayce on Dreams* (deutsch *Traumdeutungen in Trance*) von Harmon Hartzell Bro und *Dreams: Your Magic Mirror* (Träume, dein Zauberspiegel) von Elsie

SECHRIST. Nachdem wir an der Kasse bezahlt hatten, gingen wir in die Bibliothek hinauf und begannen zu lesen.

Um vier Uhr nachmittags kehrten wir alle zusammen zum Auto zurück und machten uns auf den Heimweg. Während der Fahrt sprach kaum jemand, darum benutzte ich die Gelegenheit, *Dreams: Your Magic Mirror* fertigzulesen und gleich noch mit *Edgar Cayce on Dreams* zu beginnen.

Nach dem behaglichen Abendessen, als das Geschirr gespült, abgetrocknet und weggeräumt war, entschuldigte ich mich gleich, ging zu Bett und überließ Jim seinen Verwandten für ein Familiengespräch. Ich nahm mir nicht, wie sonst, das oberste Buch von dem staubigen Stapel auf meinem Nachttisch vor, sondern verschlang begierig Harmon Bros Werk. Gedanken begannen mir im Kopf zu wirbeln, als ich einen Abschnitt las, in dem es hieß, daß die Antworten auf persönliche Probleme und sämtliche Heilkräfte in jedem Menschen selbst lägen, daß jedermann mittels der einfachen Bitte um Führung die Lösungen durch Träume erhalten könne. Diese Vorstellung war so erschreckend für mich, daß ich sie nicht gleich zu akzeptieren vermochte; dennoch hatte ich wenigstens das Gefühl, langsam Fortschritte im Verständnis der Natur des präkognitiven Träumens zu machen. Ich begann zu erwägen, meine Träume irgendwie zu steuern, damit sie mir nützliche Informationen und Hilfe für mich und andere brächten. Immer wieder umkreisten meine Gedanken mein gesundheitliches Problem und das meiner Schwägerin. Wäre es nicht schön, um einen Traum zu bitten und einen zu bekommen, der für beide Leiden eine Lösung lieferte und Heilung brachte? Dies muß der letzte Gedanke gewesen sein, auf den ich mich konzentrierte, bevor ich in den friedlichsten Nachtschlaf sank, an den ich mich erinnere.

Kurz nach Tagesanbruch kam ich wieder zu mir und erkannte voll Erstaunen, daß in meinem Kopf drei ziemlich lange Traumfolgen gespeichert waren. Zwei davon schilderten, wie ich mit absoluter Sicherheit wußte, die nötigen Schritte für die Heilung meiner Zyste und für die Beseitigung von Junes Augenkrankheit. Der Traum, der sich mit der Behandlung meiner Zyste befaßte, war nicht wörtlich zu verstehen, sondern mußte gemäß der Traumsym-

bolik gedeutet werden. Doch die Botschaft war klar: Heiße
Ölpackungen über dem befallenen Bereich, das war die zur
Heilung erforderliche Behandlung. Der Traum lief folgenderma-
ßen ab:

Meine Zyste
Ich bin in meinem eigenen Haus und sehe im Keller ein kleines
Feuer. Es ist ein Ölbrenner, aus dem rote Flammen schießen. Ich
gerate in Panik, erkenne aber, daß es nichts Ernsthaftes ist. Ich
glaube, daß ich das Feuer löschen kann, indem ich heißes Öl
benutze und die Menge reguliere.

Mir fiel das Plakat über die Vorführung von Rizinusölpackungen
ein, und ich hatte das sichere Gefühl, daß sich der Traum auf eine
Ölbehandlung dieser Art beziehe. Ich suchte sogleich die Cayce-
Bücher meines Mannes durch und fand Anweisungen zur Anwendung einer solchen Packung. *Nach zehn Tagen getreulichen Aufle-*
gens der Packung mit erwärmtem Öl für eineinhalb Stunden täglich
und der zusätzlichen Dosis von tausend Milligramm Vitamin E pro
Tag zur inneren Erweichung des Knotens brach meine Zyste auf,
entleerte sich und verschwand für immer.
   Meine Schwägerin fand ebenfalls Heilung. Ich wußte nach dem
»Gesicht« von Junes Augen in meinem zweiten Traum intuitiv, daß
das Leiden mit einer Allergie zusammenhing. Die richtige Lösung
würde ein Besuch bei Dr. James Hartwright bringen, einem
Facharzt für Allergien, dessen Praxis sich in jenem Bürogebäude
befand, in dem mein Mann und ich Räume gemietet hatten. Ich
brachte es nicht über mich, meiner Schwägerin zu sagen, ich wüßte
durch Informationen, die ich im Traumzustand erhalten hatte, daß
ihr Augenleiden die Folge einer allergischen Reaktion sei. Doch ich
vertraute mich meinem Mann an, der damals stärker an meine
Träume glaubte als ich selbst. Er überredete June behutsam, bei
Dr. Hartwright ärztliche Hilfe zu suchen, und zwar mit der
Begründung, ihr Zustand sei jenem allergieanfälliger Kinder nicht
unähnlich, bei denen vom *Learning Development Service* (Lernentwicklungsdienst) Lernunfähigkeit diagnostiziert wurde.

June bekam noch am gleichen Tag einen Termin, und eine Stunde später wußten wir Bescheid: Die Krustenbildung an ihren Augenlidern war ein einwandfreies Symptom für die Existenz einer Allergie. Dr. Hartwright verordnete entsprechende Medikamente und empfahl June, sich nach der Heimkehr in Cleveland umfassenden Allergietests zu unterziehen. Dieser Rat und einige der Behandlungsempfehlungen in Edgar Cayces Readings erwiesen sich als unschätzbar wertvoll und brachten sie auf den Weg zur Genesung.

Die ersten tastenden Schritte waren gemacht! Ich begriff allmählich, daß ich durch meine Träume tatsächlich Zugang zu höherem Wissen und zu Wahrnehmungen erlangen konnte, die im Wachbewußtsein jenseits meines Kenntnisbereichs lagen. Ich erkannte auch die volle Bedeutung einer Feststellung, die Edgar Cayce gegenüber einer seiner paranormalen Schülerinnen geäußert hatte. »Die Funktion der Träume«, hatte er gesagt, »besteht nicht allein in der Lösung von Problemen, sondern auch darin, den Träumer zu seinem vollen Format als Mensch zu erwecken.«[2]

Daß ich den Gedanken akzeptierte, meine Träume könnten künftige Ereignisse vorhersagen, lenkte meine Schritte offenbar auf den richtigen Weg. Ich fing an, jeden Morgen meine Träume aufzuschreiben. Und gleichzeitig mit der Eröffnung meines Traumtagebuchs setzte ein seltsames Phänomen ein: Ich träumte nicht mehr nur, sondern erinnerte mich beim Erwachen auch genau an alle nächtlichen Geschichten, deren Zeuge ich geworden war. Noch erstaunlicher fand ich, daß ich fast immer die Bedeutung von neunzig Prozent des Materials kannte, das durch mich an die Oberfläche gelangte, ohne erst mühsam meine Bücher über Traumsymbole studieren zu müssen. Natürlich stand ich gelegentlich vor einer schwierigen Deutungsfrage, aber mit der Zeit schaffte ich es, alle meine persönlichen Traumsymbolassoziationen zu beherrschen. Im allgemeinen verließ ich mich, was die richtige Deutung von Träumen anbelangte, auf meine Intuition.

Als ich lockerer gegenüber mir selbst und meinen nächtlichen Ausflügen auf den Schauplatz der Zukunft wurde, gelang es mir auch, meine lebhaftesten präkognitiven Traumerlebnisse vergangener Jahre objektiver zu sehen. Drei der dramatischsten hatte ich trotz wiederholter Verdrängungsversuche nicht vergessen. Ein prophetischer Traum von 1958 hatte vom Kauf eines Grundstücks und vom Bau unseres Hauses am James River bei Williamsburg, Virginia, gehandelt.

Der Traum:

Unser Haus am Fluß
Jim und ich sitzen auf einer schönen Terrasse über einem Fluß und frühstücken. Wir befinden uns in einer der herrlichsten Gegenden, die ich je gesehen habe. Ich bin beeindruckt von ihrer bewaldeten Schönheit. Links von der Terrasse erstreckt sich ein üppig grünes Moor.

Das Glück und die Heiterkeit, die ich während dieses Traums empfand, verspürte ich noch Wochen danach.

Ich war damals vierundzwanzig. Mein Mann und ich wohnten in Rochester, New York, wo wir die Colgate Rochester Divinity School (Theologieschule) besuchten. Wir hatten beide das College of William and Mary in Williamsburg, Virginia, absolviert und das milde Klima dieser Stadt genossen. Nach einem eisigen Winter im kalten Norden beschlossen wir, den Sommer in einer wärmeren Gegend zu verbringen. Wir bewarben uns im Williamsburger Inn-Schwimmbad als Rettungsschwimmer und wurden engagiert.

Während dieses Sommers fuhren wir einmal von Richmond heim und sahen plötzlich an der Straße ein Schild, auf dem Ufergrundstücke zum Verkauf angeboten wurden. Da wir als Collegestudenten vier Jahre in Williamsburg gelebt hatten, meinten wir, alle Stellen am Fluß zu kennen, die als Bauland vorgesehen waren; doch das Gelände hier war uns beiden fremd. Geld für ein Haus besaßen wir nicht, weil wir ja noch studierten, und wir rechneten auch nicht damit, in den nächsten Jahren genügend Geld für ein eigenes Heim zu verdienen. Aus reiner Neugier bogen wir von der Hauptstraße nach rechts ab. Die schmale Zufahrt folgte mehreren Windungen des James River und endete auf einem Steilufer, von dem aus man eine der breitesten Stellen des Flusses überschaute. Jim und ich stiegen aus dem Wagen. Es war ein unglaublich schöner Anblick.

Wir schlenderten am Uferabhang entlang, und ich wandte mich nach links. *Vor mir lag, als spiegle es sich in meinem inneren Auge, das üppig grüne Moor, das ich in meinem Traum gesehen hatte! Ich wußte sofort, daß dies die Stelle war, wo wir in meinem Traum auf der Hausterrasse gesessen und gefrühstückt hatten.* Ich erzählte Jim von meiner Traumvision. Er schlug vor, wir sollten uns nach dem Preis der Parzellen erkundigen, vielleicht wolle meine oder seine Familie investieren. Das Grundstück war jedoch offensichtlich für uns bestimmt, denn als wir den Makler aufsuchten, erfuhren wir zu unserer Freude, daß wegen eines kleinen Problems mit der Zufahrt kaum Interesse an dem Bauland bestand.

Mit Hilfe unseres Anwalts, der die Verlegung der alten Zufahrt erreichte, und mit Hilfe eines kleinen Erbes, das mir meine Tante hinterließ, konnten wir alle Hürden aus dem Weg räumen, und so wurden wir 1959 stolze Besitzer von eineinhalb Morgen Land am James River. Drei kurze Jahre später, als mein Mann eine Stellung als Dozent am Christopher Newport College erhielt, kehrten wir mit unserem neugeborenen Sohn nach Williamsburg zurück und begannen genau jenes Haus zu bauen, das ich in meinem Traum gesehen hatte. Waren wir vom Zufall an den Standort unseres künftigen Heims geführt worden, oder war es Synchronizität gewesen? Heute würde ich sagen, letzteres.

Einen der unvergeßlichsten Träume, den vielleicht visionärsten meines ganzen Lebens, hatte ich 1954, mit zwanzig Jahren. Ich habe die Traumszene noch genau im Gedächtnis:

Der Zukunftsschleier
Ich sehe eine Engelsgestalt vor einem schwarzen Vorhang stehen. Sie dreht sich zu mir und fragt: »Möchtest du die Zukunft sehen?« Dann beginnt sie die Falten des Vorhangs beiseite zu ziehen. Ich weiß, daß hinter dem Vorhang die Zukunft der ganzen Menschheit in ihrer Gesamtheit liegt und daß ich, wenn ich sie beobachten will, nur meinen Blick auf die Lücke im Vorhang richten muß. Ich mache die Augen zu!

Mit zwanzig bekam ich also schon Hinweise auf meine paranormalen Fähigkeiten, aber ich verschloß, wie der Traum lebhaft darstellt, noch sechsundzwanzig Jahre die Augen davor!

Wachgerüttelt hat mich, so glaube ich, schließlich der Traum, den ich »der Praxiseinbruch« nenne. Die Ereignisse und die damit verbundenen Gefühle waren derart eindringlich, daß ich die außergewöhnlichen Inhalte meiner Träume nicht länger verleugnen konnte. Ich arbeitete zu der Zeit in einem großen Bürogebäude, umgeben von Ärzten, Psychologen, Zahnärzten und anderen Akademikern. Als der besagte Traum auftrat, hatten ein Psychiater und mehrere Psychologen die an meine Praxis angrenzenden Räume gemietet. Der Traum:

Der Praxiseinbruch
Ich öffne die Tür zum Wartezimmer und gehe direkt in mein Sprechzimmer. Ich bemerke ein großes, klaffendes Loch in der Wand zwischen meinem Sprechzimmer und dem benachbarten. Ich sage: »Bob, wir können mit diesem Loch da keine vertraulichen Geschäfte abwickeln.«

Er antwortet: »Gib nicht mir die Schuld. Es waren die Leute, die dich vor kurzem besucht haben.«

Ich erwachte mit einem Gefühl der Bangigkeit und Verwirrung. Der Traum war so real gewesen, daß ich den Eindruck hatte, mich tatsächlich in der Praxis befunden zu haben. Noch seltsamer kam mir die Unruhe vor, die mich nicht losließ und die immer stärker wurde, je näher ich dem Bürogebäude kam. Als ich die Tür zu meiner Praxis öffnete, bemerkte ich sofort, daß etwas nicht stimmte. *Ich trat in mein Sprechzimmer und sah in der Decke ein riesiges Loch zwischen meinem Zimmer und dem Nebenraum klaffen.* Die Polizei sagte mir nach gründlicher Untersuchung, daß die Einbrecher wahrscheinlich auf Drogen in der angrenzenden Praxis des Psychiaters spekuliert und sich durch die Decke Zugang verschafft hätten. Der Schrecken und der Schock über dieses dramatische Ereignis bewirkten bei mir zweifellos mehr als alle meine üblichen präkognitiven Träume vergangener Jahre.

Wenn ich heute zurückblicke, wird mir deutlicher bewußt als je zuvor, daß meine paranormale Entwicklung weitgehend von der Förderung durch die beiden wichtigen männlichen Einflüsse in meinem Leben abhing: von meinem Vater Thomas Clifford Laurent und meinem Mann James C. Windsor. Ersterer vererbte mir die paranormale Begabung, letzterem verdanke ich meine Fortschritte in ihrer Nutzung.

Mein Vater war ein hochintelligenter Mann von starker Religiosität; mehr als dreißig Jahre bekleidete er in der First Presbyterian Church in Rahway, New Jersey, das Amt des Kirchenältesten. Über ein Jahrzehnt diente er im Komitee des CVJM, außerdem unterstützte er tatkräftig zahlreiche soziale und sportliche Aktivitäten, die mit dem Gesellschaftsleben unserer Kirche verknüpft waren. Ich erinnere mich, daß ich ihm als achtjähriges Mädchen zu Baseballspielen nachlief und begeistert klatschte, wenn ihm ein Lauf gelang oder er einen Flugball im linken Feld fing.

Als ich etwas älter war, ermutigte er mich, in seine Fußstapfen zu treten und Sport zu treiben. Ich liebte Basketball und war in meinen letzten beiden Jahren an der High-School Mitglied der Mannschaft der First Presbyterian Church. Nun war es an meinem Vater, am Spielfeldrand zu sitzen und unsere Mannschaft anzufeuern, die zwei Jahre hintereinander den ersten Platz in unserer Liga erspielte.

Auch beim Lernen erhielt ich von ihm die größte Unterstützung. Wenn ich etwas nicht verstand oder abends bei einer Hausaufgabe ein kleines Problem hatte, wandte ich mich oft ratsuchend an ihn. Doch statt mir die Antwort zu geben, erörterte er die Sache mit mir, und gewöhnlich kam ich nach einer Weile dann selbst auf die richtige Lösung. Als Kind sah ich in ihm die Quelle allen Wissens. Zwischen uns beiden bestand ein enges Band.

Meine Schwester war das Kind meiner Mutter – musikalisch, extrovertiert und immer von einer Freundesschar umgeben, genau wie meine Mutter. Ich war die Tochter meines Vaters, der sich auf akademischem Gebiet und im Sport auszeichnete, aber immer ein ziemlich scheuer, in sich gekehrter Mensch blieb. Zwischen meiner Schwester und mir gab es eigentlich keine Rivalität; unsere Persönlichkeiten ergänzten einander. Ich kann aufrichtig sagen, daß sie in meiner Kindheit und Jugend eine meiner besten Freundinnen war und noch heute ist.

In meiner Jugend und während der Jahre, in denen ich für meine beiden kleinen Kinder sorgte, traten zahlreiche Begebenheiten auf, die mir hätten klarmachen müssen, daß mein Vater ein Sensitiver war. Oft rief er mich überraschend im College an, wenn ich vor einem scheinbar unlösbaren akademischen oder sozialen Problem stand. Er sagte dann: »Ich habe vergangene Nacht einen Schneetraum von dir geträumt, Joan, und will nur fragen, ob ich helfen kann.« (»Schneetraum« war der Ausdruck, wie ich später erfuhr, den er für Präkognition benutzte. Er erzählte mir oft, Schneeträume seien in der Familie Laurent gang und gäbe.) Bei Krankheiten meiner Kinder hatte er ebenfalls Schneeträume, auch einige Male, als ich selbst erkrankt war.

Immer kam dann dieser geheimnisvolle Anruf von ihm, jedesmal genau auf dem Höhepunkt der Krankheit. Die Stimme am anderen Ende der Leitung fragte besorgt: »Wie steht es in Virginia? Bist du krank? Nach meinem Gefühl rührt dein gesundheitliches Problem von geistiger und körperlicher Erschöpfung her. Wenn du bestimmte Dinge ißt (eine genaue Diätanweisung folgte) und täglich drei bis fünf Kilometer spazierengehst, wirst du dich schnell besser fühlen.« Befolgte ich seinen Rat, ging die Krise sofort vorüber, und ich erlangte meine volle körperliche und seelische Gesundheit wieder.

Erst kurz vor seinem letzten Lebensjahr kam es zu dem Gespräch zwischen Vater und Tochter, das schon dreißig Jahre früher hätte stattfinden sollen. Vielleicht weil er dem Tode nahe war, weil ich mit meinen präkognitiven Träumen rang und meine paranormalen Fähigkeiten sich seit zwölf Monaten rapide entfalteten, führten wir das längst fällige Gespräch. Mein Mann und ich besuchten meinen Vater an seinem dreiundachtzigsten Geburtstag. Ich hatte mich endlich entschlossen, mit ihm über meine präkognitiven Träume zu reden. Ich fand ihn in seinem Schlafzimmer, er saß ganz allein dort, während die anderen in der Küche geschäftig Vorbereitungen für sein Geburtstagsessen trafen. Zögernd begann ich die Ereignisse des vergangenen Jahres zu schildern. Noch bevor ich meinen Bericht beendet hatte, unterbrach er mich erregt und sagte: »Akzeptiere die Gabe, die du erhalten hast, und danke Gott jeden Abend für diesen Segen. Die Schneeträume, die ich immer erwähnt habe, waren genau die Art präkognitiver Träume, die du hast. Sie liegen bei uns in der Familie. Durch sie wußte ich es immer, wenn du in Schwierigkeiten warst und Hilfe brauchtest.«

Ich schaute ihn an, sprachlos vor Verblüffung. »Warum hast du mir das nicht schon vor Jahren gesagt?« brachte ich schließlich hervor. »Das hätte mir oft Angst erspart und es mir viel leichter gemacht, die Träume zu verstehen und zu akzeptieren.«

Er schüttelte ernst den Kopf und antwortete bewegt: »Dinge paranormaler Natur waren in meiner Zeit tabu. Ich habe zwar nicht über meine Gabe geredet, mich aber ihrer immer bedient, wenn es möglich war, um Verwandten und Freunden zu helfen, die es brauchten. Ich glaube, es ist eine spirituelle Gabe, die vom Allmächtigen kommt. Ich habe versucht, meine Dankesschuld ihm gegenüber durch mein Tun und die Teilnahme am Leben unserer Kirche zu bezahlen.«

Nun war es also endlich draußen! Ich war in der Tat die Tochter meines Vaters. Die Gabe, die er zeitlebens besessen und genutzt hatte, ging jetzt auf mich über. Dies merkte ich mit jedem Jahr deutlicher.

Mein Vater litt in seinen letzten drei Lebensjahren an der Parkinsonschen Krankheit und verlor allmählich die Kontrolle über seine Muskeln; er wurde immer unbeweglicher, bis er dann buchstäblich verhungerte, weil er seine Halsmuskeln nicht mehr bewegen konnte. Meine Träume registrierten seinen körperlichen Verfall ständig und lieferten mir oft Empfehlungen, wie man es ihm bequemer machen und Linderung verschaffen konnte. Ich gab sie ihm weiter, genau wie er mir in meinen Jugend- und ersten Erwachsenenjahren die seinen weitergegeben hatte. Während seines letzten Lebensjahres wußte ich intuitiv, daß sich meine paranormalen Fähigkeiten rasch entwickelten. Es war, als gingen sie von ihm auf mich über.

Mein Vater starb am 26. Januar 1983, doch ich bin tief in meiner

Seele absolut sicher, daß er trotzdem bei mir bleibt und mich auf dem Weg weiterführt, den er so viele Jahre gegangen ist.

Ich erbte die sensitive Begabung zwar von meinem Vater, aber sechsundvierzig Jahre lang ruhte sie ungenutzt in mir. Ohne das Interesse und die Unterstützung meines Mannes, ohne die ständig aus seinem schöpferischen Geist strömenden erneuernden Ideen wäre ich wahrscheinlich eine erfolglose Beraterin geblieben und säße heute noch in dem bequemen, sicheren Nest, das ich mir geschaffen hatte. Mein Mann drängte mich fortwährend, ungeachtet meiner gelegentlichen Einwände, den nächsten Schritt in unserer paranormalen Entwicklung zu tun. Er ermutigte mich, die von der ARE gesponserten Tagungen über Träume, ASW, Prophezeiung, Diät und Ernährung zu besuchen. Die Informationen, die ich auf diesen Tagungen erhielt, und die dort entstehenden Freundschaften erwiesen sich nicht nur als persönlich wertvoll, sondern wurden zum integrierten Bestandteil meiner paranormalen Fortschritte; ohne sie wäre der jeweils nächste Schritt nicht getan worden.

Nur weil mein Mann darauf bestand, setzten wir uns mit Roger und Nancy Pile in Verbindung, die zum Vorstand des Zentrums für nichtphysikalische Wissenschaften gehörten, und fuhren zu einem dreitägigen Intensivkurs zu ihnen nach Chester, um die praktische Anwendung unserer »ungezähmten paranormalen Fähigkeiten« zu lernen. Ich bin überzeugt, daß ich ohne mein Vertrauen in das meisterliche Können meines Mannes als Hypnotiseur und ohne seine rationale, wissenschaftliche Einstellung zu dem Phänomen »paranormale Readings« (die in einem späteren Kapitel behandelt werden) nicht den Mut aufgebracht hätte, mich auf das geheimnisumwitterte Gebiet des Trancezustandes zu wagen. Für den, der an echte Partnerschaft und an Seelengefährten im Leben glaubt, verkörpern mein Mann und ich diesen Glauben überzeugend.

Warum schreibe ich dieses Buch? Meine sämtlichen Angehörigen und Freunde, die mich genau kennen, werden bestätigen, daß ich extrem schüchtern bin und im persönlichen Leben Verlangen nach Zurückgezogenheit habe. Warum sollte ich sie aufs Spiel setzen und ein Porträt zeichnen, das mich selbst enthüllt? Meine Erfahrungen in den vergangenen drei Jahren und die Erfahrungen anderer, die inzwischen meine engen Freunde wurden, brachten mich zu der festen Überzeugung, daß ich auf meiner paranormalen Odyssee nicht allein bin, sondern, wie RUTH MONTGOMERY es ausdrückte, »Weggefährten« habe.

Für Sie schreibe ich meine Geschichte in diesem Buch auf. Wenn ich Ihnen verständlich machen kann, wie wichtig es ist, die in Träumen erhaltenen Informationen aufzuzeichnen, zu deuten und danach zu handeln, und wenn ich Sie zu der Erkenntnis bringen kann, daß die Lösungen für viele Probleme wirklich im eigenen Ich liegen, dann sind Sie durch die Lektüre dieses Buches ein besserer Mensch geworden.

Der Entschluß, mein Privatleben und meine Gedanken der Welt zu enthüllen, fiel mir nicht leicht. Doch der spirituelle Inhalt von mehr als fünftausend aufgezeichneten Träumen und das Niveau gültiger parapsychischer Informationen, die während der paranormalen Readings durch mich strömten, gaben mir die Gewißheit, daß das Paranormale wirklich der Seele zugehört. Weil das so ist, sollte man ihm sowohl in wissenschaftlichen als auch in religiösen Kreisen die Achtung und Ehrerbietung bezeigen, die es verdient. Wenn ich, indem ich meine Träume und meine paranormale Arbeit der kritischen Prüfung durch die Gesellschaft aussetze, dieses zweifache Ziel erreiche, waren die langen Stunden der Vorbereitung und der Seelenforschung, die der Schreibarbeit vorausgingen, wirklich sinnvoll genutzt. Ein Zitat aus HARMON HARTZELL BROS Buch *Traumdeutungen in Trance* umreißt meine Beweggründe für die Veröffentlichung dieses Buches vielleicht am besten: »Kein Leben war voll gelebt, das nicht für andere gelebt wurde.«[3]

Wie Sie bemerken werden, wenn Sie sich in das Buch vertiefen, unterteilt es sich in meine persönlichen Erfahrungen und in die Erörterung verschiedener Theorien und geistiger Konstruktionen. Der zweite Abschnitt ist unmittelbar aus meinen eigenen Forschungen und meinem Literaturstudium während der letzten drei Jahre erwachsen. Durch eine derartige Unterteilung hoffe ich, den Lesern ein tieferes Verständnis der Themen vermitteln zu können, als es durch die bloße Schilderung meiner Erlebnisse möglich gewesen wäre.

2

Eine Untersuchung paranormaler Readings

Niemand entgeht sich selbst.

HARMON H. BRO, Traumdeutungen in Trance

Bis zum Frühherbst 1981 hatte ich mich daran gewöhnt, daß fast jede Nacht künftige Ereignisse Eingang in meine Träume fanden. Seit mehreren Monaten schrieb ich nach dem Erwachen nicht nur meine Traumbilder auf, sondern bemühte mich auch, alle Ereignisse, die mir präkognitiver Natur zu sein schienen, genau zu beschreiben und ihnen ein Datum beizugeben. Ich hatte inzwischen auch genügend Vertrauen zur Gültigkeit meiner prophetischen Träume erlangt, um die darin enthaltenen Informationen an meine Familienmitglieder, an Verwandte und Freunde weiterzugeben, besonders wenn es sich bei den Informationen um geschäftliche Tips handelte, um gesundheitliche Ratschläge, Hinweise auf günstige oder Warnungen vor ungünstigen Bedingungen, die ihr persönliches Leben betrafen. *Dies war der letzte Test für mich: die Enthüllung meiner verborgenen Visionen.* Solche Enthüllungen verlangten nicht nur, daß meine Psyche ihre innersten Gedanken preisgab, sondern gaben mich auch der Lächerlichkeit preis, wenn sich meine Vorhersagen als falsch erwiesen. Glücklicherweise kannten meine Informationsquellen die Zukunft ziemlich genau. Deshalb erntete ich für meine Traumdeutungen Dank von vielen Seiten und nur selten Spott. Zu diesem Zeitpunkt hatte ich den Eindruck, endlich den Übergang vom Status einer hartnäckigen Skeptikerin zu dem einer wahren Gläubigen an höhere Führung erfolgreich vollzogen zu haben.

Der friedliche Zustand von Stabilität, in dem ich mich damals befand, sollte jedoch nur eine vorübergehende Ruhepause auf meiner paranormalen Reise sein. Der erfinderische und stets suchende Geist meines Mannes ersann ohne mein Wissen bereits herausfordernde neue Aufgaben für uns.

»Schatz«, fragte er eines Morgens mit liebevollster Stimme, »was würdest du davon halten, wenn ich dich hypnotisierte, um zu prüfen, ob du im Trancezustand ebensolche präkognitive Informationen empfangen kannst wie in deinen Traumepisoden?«

Oh, Schatten von FRANZ ANTON MESMER! Das war der unerfreulichste Vorschlag, den mir mein Mann je gemacht hatte. Ich erinnerte mich lebhaft an die Bilder des berühmten Meisterhynotiseurs (1734–1815) in den Psychologiebüchern, die ich studiert hatte. Er war darauf in seinem wehenden schwarzen Cape zu sehen gewesen und hatte seine Patienten, die in Wannen saßen, umgeben von Metallstäben, »mesmerisiert«. (Damals glaubte man, Metallstäbe seien dem hypnotischen Magnetisierungsverfahren förderlich.) Zugegeben, ich reagierte hier übertrieben, aber die Vorstellung jagte mir wahrlich Angst ein, jemand könne Macht über meinen Geist ausüben, und sei es mein Mann, der mein volles Vertrauen genoß.

»Besten Dank, Liebling«, flötete ich im gleichen Ton, »aber ich ziehe meine Träume dem Trancezustand vor, bei ihnen fühle ich mich sicherer.«

»Ich glaube nicht, daß du die Natur der Hypnose wirklich verstehst«, widersprach Jim liebenswürdig. »Du wirst überhaupt nicht in meiner Macht sein, ich werde nur als dein Führer fungieren. Du kannst die Tiefe deiner Trance bestimmen und dich jederzeit aus ihr lösen. Jede Hypnose ist in Wahrheit Selbsthypnose. Du wirst die ganze Zeit über die Kontrolle haben. Wir können sogar ein Tonband laufen lassen und die Sitzung aufzeichnen, wenn du Angst vor dem hast, was ich sagen könnte.« Seine Worte stimmten mich nicht um.

Lassen Sie mich unsere Schritte kurz nachzeichnen. Mein Mann hatte im vergangenen Jahr mehrere von der *Amerikanischen Gesellschaft für klinische Hypnose* geförderte Kurse besucht und mit der

Anwendung der dort erlernten Techniken in seiner Beratungspraxis begonnen. Er war inzwischen ein sehr guter Hypnotiseur geworden. Ich staunte, wenn er erzählte, wie präzise sich einige seiner Patienten im Hypnosezustand an traumatische Ereignisse aus ihrer Kindheit erinnerten, deren Auftauchen in die bewußte Realität sie bisher effektiv abgeblockt hatten. Diese verdrängten Traumata hatten im gegenwärtigen Gefühlsleben der Patienten negativen Einfluß ausgeübt, bis die entscheidenden Fragen durch hypnotische Regression direkt angegangen und wirksam behandelt worden waren. Mein Mann vertrat die wohlbegründete Meinung, daß solche hypnotische Selbstkonfrontationen die Therapiedauer seiner Patienten generell um die Hälfte verkürzten. Doch trotz des Vertrauens, das ich zu seinen beruflichen Fähigkeiten hatte, machten mir die mit dem Trancezustand verknüpften unbekannten Elemente angst.

»Nun gut, du übervorsichtiges Weib«, sagte Jim, »laß es mich wissen, wenn du bereit bist, an unserem Gemeinschaftsunternehmen mitzuwirken.« Das unverhüllte Amüsement in seinem Gesicht erwuchs aus der engen Verbindung zwischen uns während vierundzwanzig Ehejahren. Er wußte genau, daß es nur eine Frage der Zeit war, bis meine intellektuelle Neugier mein Bedürfnis nach Sicherheit besiegen würde und unser Experiment beginnen konnte.

Es war seit jeher meine Methode, am Beginn eines Projekts alle Aspekte gründlich zu prüfen und erst dann wirklich anzufangen. Dieses Unternehmen stellte keine Ausnahme dar. Ich hatte im Arbeitszimmer meines Mannes auf dem dritten Regal mehrere Bücher über Hypnose stehen sehen. Weil ich auf gar keinen Fall merken lassen wollte, daß mein Widerstand so schnell schmolz, wartete ich jeden Tag geduldig, bis Jim zur Arbeit weggegangen war, und studierte dann ein Buch nach dem anderen durch, um wenigstens die elementaren Begriffe der Hypnose zu beherrschen. Oft zog ich mich in die entfernteste Ecke unserer Schwimmbadumrandung zurück, wenn ich das Material las. Dieser Platz ist für mich einer der erholsamsten rund um unser Haus, dort empfinde ich die positivsten Schwingungen. In der angenehmen Umgebung begann mein Unsicherheitsgefühl zu weichen, und während ich

mir ein Kapitel nach dem anderen vornahm, erschien mir die
Vorstellung, den Trancezustand zu erleben, immer weniger be-
drohlich. Aussage um Aussage in den Büchern bestätigte das
Prinzip, daß jede Hypnose in Wahrheit Selbsthypnose sei. Der
Vorgang war relativ ungefährlich, wenn sich die hypnotisierte
Versuchsperson in den Händen eines fähigen Hypnotiseurs befand. Besonders ermutigte mich ein Abschnitt über Selbsthypnose
im *Handbook of Hypnosis for Professionals* von ROY UDOLF.
Einer der Vorteile in der Anwendung der Selbsthypnose war laut
ihm, daß sie in der Versuchsperson »ein Gefühl der Selbstbeherr-
schung und Kontrolle sowie ein das Ego aufbauendes Unabhän-
gigkeitsgefühl«[1] erzeugte. Diese Aussage tat ihre Wirkung. Wenn
ich ungefährdet in den Trancezustand sinken, genauso gefahrlos
wieder daraus erwachen und dabei die völlige Kontrolle über
meine Gedanken und Taten behalten konnte, besaß ich die Sicherheit, um die es mir ging. Ich war jetzt bereit, den nächsten Schritt
in meiner paranormalen Entwicklung zu wagen.

»Jim, Liebling«, beichtete ich eines Abends nach dem Essen auf
unserer Terrasse, »ich habe einige der Bücher über Hypnose aus
deiner Bibliothek gelesen. Nach reiflicher Überlegung und sorg-
fältiger Abwägung aller Aspekte bin ich mit deinem Vorschlag
einverstanden und bereit, bei einem solchen Experiment mitzumachen.«

Seine Augen funkelten voller Vorfreude. »Großartig!« rief er.
»Wir wollen sofort anfangen.« Er hatte von vornherein gewußt,
daß er siegen würde.

»Ich muß darauf bestehen, daß die Sitzung auf Band aufgezeichnet wird«, sagte ich in dem Versuch, aus der Asche meiner
Niederlage ein bißchen Würde zu retten.

»Überhaupt kein Problem«, erklärte er, und bevor ich auch nur
den Tisch abdecken konnte, stellte er schon das Aufnahmegerät
für unsere erste paranormale Reading-Sitzung zurecht.

Wenn es je zögernde Hellseher gab, dann war ich einer. Ange-
sichts der Begeisterung meines Mannes wandte ich alle Hinhalte-
taktiken an, die mir einfielen. Aber der Moment der Wahrheit
kam schließlich, und ich sollte bald erkennen, wie falsch mein

Gebaren war. Ich setzte mich in unseren bequemen Sessel und wartete.

»Entspanne dich und atme mehrmals tief«, begann Jim.

Ich gehorchte.

»Stell dir jetzt eine schöne Szenerie vor, die dir gefällt und in der du dich wohl fühlst. Entspanne dich und laß dich von der Sonne wärmen. Vergegenwärtige dir das und empfinde es stark.« Seine Stimme schien weiter wegzurücken. Ich sah mich sofort am Schwimmbecken, an einem vertrauten Platz und in Sicherheit.

»Jetzt werde ich von zehn rückwärts bis eins zählen. Bei jeder Zahl wirst du feststellen, daß dir wohler ist und du entspannter bist als je zuvor in deinem Leben.« (Dies klang sehr gut für mich, denn gewöhnlich befinde ich mich in einem Zustand übertriebener Aktivität.) Ich beschloß, mich dem Gefühl hinzugeben.

»Zehn, neun, acht, sieben.« Jims Stimme wurde immer schwächer, und ich hatte das Gefühl, mein Körper werde bei jeder Zahl leichter.

»Sechs, fünf, vier.« Ich schwebte jetzt fast.

»Drei, zwei, eins!« Mir war, als hätte ich meinen Körper verlassen, und dies war das angenehmste Gefühl, das ich je erlebt hatte. Plötzlich begannen vor meinen Augen farbige Szenen aufzublitzen. Zuerst wirkten sie verschwommen, doch nach und nach wurden sie schärfer. Die Stimme meines Mannes unterbrach meine Konzentration: »Kehre zu deinem zehnten Geburtstag zurück und beschreibe die Szene.«

Sogleich sah ich mich um etwa sechzig Zentimeter kleiner und in einem rosaroten Kleid mit aufgestickten Rosenknospen. Ich stand vor einem Geburtstagskuchen mit zehn Kerzen. Meine Schwester war neben mir, und meine Mutter wartete darauf, den Kuchen anschneiden zu können. Ich sah meine Cousins, Cousinen, Onkel und Tanten am Tisch sitzen und hörte sie singen: »Happy Birthday.« Sie schauten mich erwartungsvoll an, denn ich sollte die brennenden Kerzen ausblasen. Ich beschrieb Jim die Szene in allen Einzelheiten. Die Stimme, mit der ich sprach, schien mir zu gehören, doch sie formte die Worte in geflüsterten Silben und sehr langsam, sozusagen im Kriechtempo.

»Erinnerst du dich, ob du als Kind ein solches Kleid hattest?«
fragte Jim.

»Aber sicher«, antwortete ich eindringlich. (Ich wünschte, Sie
wüßten, wie eindringlich man im tiefen Trancezustand wird!)

»Jetzt möchte ich, daß du in der Zeit vorwärts gehst«, wies mich
Jims Stimme an. »Schau, ob du irgendwelche bedeutende künftige
Ereignisse sehen kannst, die einem von uns in den nächsten Wochen
widerfahren. Auf diese Weise werden wir darauf vorbereitet sein.«

Erwartete er wirklich, daß ich das konnte? Bevor ich den Ge-
danken zu Ende gedacht hatte, sah ich mich mit meinem blauen
Kombi aus unserer Einfahrt biegen und eine schneebedeckte Straße
hinauffahren. Plötzlich geriet ein Vorderrad auf eine Eisplatte. Der
Wagen rutschte und landete im Graben. Dann erschien die zweite
Szene, in der ich mit meiner Schwester Arlene Helmus telefonierte.
Ich hörte zu, während sie begeistert berichtete, daß meine Nichte
Kirsten im College für ihre Studienleistung ausgezeichnet worden
war.

Jim machte aufgeregt Notizen und stellte unser Tonband neu ein,
um sicherzugehen, daß es meine leise Stimme auch wirklich
aufzeichnete.

»Was siehst du in meiner Zukunft voraus?« Im nächsten Augenblick erschienen zwei weitere deutliche Ereignisse vor meinen
Augen. Im ersten sah ich Jim und mich im Hotel Roanoke beim
Abendessen einen guten Freund begrüßen. Das zweite drehte sich
um antike Möbel. Jim saß auf einer altmodischen Couch, stand
plötzlich auf und ging zu einem Schreibtisch, an dem eine Frau in
geblümter Bluse arbeitete; er neigte sich zu ihr und fragte sie etwas.
Keine dieser Szenen ergab für mich einen Sinn, aber ich berichtete
Jim wiederum genau, was ich sah.

»Das ist genug für heute. Ich wecke dich jetzt aus der Trance.«
Nun hörte ich Jims Stimme lauter, doch der Zukunftsschauplatz
fesselte mich dermaßen, daß ich nicht recht wußte, ob ich schon in
die Wirklichkeit zurückkehren wollte. Die ganze Zeit über hörte ich
Jim vorwärts zählen.

»Eins, zwei, drei, vier, fünf.« Ich erwachte langsam und wurde
mir bewußt, daß ich in unserem Wohnzimmer saß.

»Sechs, sieben, acht, neun, zehn.« Ich öffnete die Augen und gewahrte mit leicht verschommenem Blick das triumphierende Gesicht meines Mannes.

»Du warst für die Hypnose eine gute Versuchsperson.« Seine Stimme bebte vor Erregung. Ich bemerkte, daß die gewöhnlich ruhige, heitere Art meines Mannes einer Freude gewichen war, wie sie oft mit einer erfolgreichen Unternehmung einhergeht.

»Jetzt müssen wir warten.« Er belohnte mich mit einer innigen Umarmung. Ein mehr als reichlicher Lohn für alle die eingebildeten Prüfungen und Drangsale, mit denen ich mich in den Wochen vor meinem ersten Ausflug in die geheimnisvolle, doch unglaublich faszinierende Welt paranormaler Readings herumgeschlagen hatte.

Mehrere Monate vergingen, ohne daß sich eines der vorhergesehenen Ereignisse verwirklichte. Eines Morgens dann, als ich den Rolladen vor dem Fenster hochzog, erwartete mich ein vertrauter Anblick. Während wir schliefen, hatte ein Schneesturm eingesetzt, und jetzt bedeckten die funkelnden weißen Kristalle die Erde bereits über zehn Zentimeter hoch.

»Aha!« dachte ich, »du mußt vorsichtig sein, wenn du die Shellbank Road hinauffährst, sonst landest du im Graben.« Ich fuhr vorsichtig, nicht schneller als fünfzehn Stundenkilometer, doch als ich um unsere Kurve schlich und auf die Hauptstraße einbiegen wollte, drehte das rechte Vorderrad auf einer Eisplatte durch, unser blauer Kombi geriet ins Schleudern, und im nächsten Moment rutschten meine Tochter Robin und ich seitlich in den Graben. Als ich ausstieg und mir die Bescherung anschaute, war mir gleich klar, daß es unmöglich war, den Kombi ohne Abschleppwagen aus dem Graben zu bekommen. Robin und ich gingen zu Fuß heim, um den Pannendienst anzurufen.

Die Frage, die dieser Zwischenfall aufwarf, verfolgte mich. Hätte ich etwas tun können, um den Unfall zu vermeiden? Gründliches Durchdenken der Ereignisse, die zu dem »Ausrutscher« geführt hatten, brachten mich zu der Erkenntnis, daß der Unfall auch durch anderes Verhalten nicht zu vermeiden gewesen wäre – außer durch Zuhausebleiben natürlich, aber das kam nicht in Frage. Darum zog ich den Schluß, daß das Vorhersehen des

Ereignisses eher dazu dienen sollte, mich vorzubereiten, als dazu, den Unfall zu verhüten.

Am Freitag der gleichen Woche klingelte das Telefon, als ich an unserem Eßtisch die Erziehungsberichte über jene Kinder fertigstellte, die ich in dieser Woche beurteilt hatte. Ich nahm den Hörer ab, und am anderen Ende der Leitung erklang zu meiner Freude die Stimme meiner Schwester Arlene.

»Rate mal, was passiert ist, Joan.« Die Worte meiner Schwester klangen aufgeregt. (Ich hatte das deutliche Gefühl, genau zu wissen, was kommen würde.) »Kirsten hat den Panhellenischen Preis für den Studienanfänger mit dem besten Notendurchschnitt am Davis College bekommen. Wir sind sehr stolz auf sie. Sie wollte, daß wir dich anrufen. Es ist erst gestern bekanntgegeben worden.«

Selbstredend teilte ich den Stolz meiner Schwester auf die Leistung meiner Nichte. Kirsten war immer eine äußerst reife, gewissenhafte Schülerin gewesen, die hohe Anforderungen an sich stellte. Durch diese Ehrung war ihr die gebührende Anerkennung zuteil geworden.

»Sag Kirsten, daß sie die Auszeichnung voll und ganz verdient«, antwortete ich. Wir unterhielten uns dann über andere Familienangelegenheiten, und nach zwanzig Minuten schwesterlicher Plauderei legte ich den Hörer auf. Stumm vor Verblüffung saß ich auf der Kante meines Bettes, denn ich hatte soeben erfahren, daß Vorhersage Nummer zwei eingetroffen war.

Die Vorhersagen drei und vier verwirklichten sich kurz darauf. Mein Mann war zum Vorsitzenden eines Sonderkomitees ernannt worden, das über die Zulassung eines Colleges zum Südlichen College- und Schulverband entscheiden sollte. In dieser Eigenschaft mußte er für vier Tage nach Tennessee zu einem Beurteilungsverfahren. Wir studierten die Karte und stellten fest, daß man mit dem Auto von Williamsburg zwei Tage dorthin brauchte. Das brachte uns auf die Idee, Arbeit mit Vergnügen zu verbinden. Ich würde mitfahren, und wir würden unterwegs im Hotel Roanoke in Roanoke, Virginia, übernachten.

Im Lauf der Jahre waren Jim und ich wegen seiner beruflichen

Verpflichtungen als praktizierender Psychologe schon durch ganz Virginia gefahren. Wir hatten das Glück gehabt, gleich anfangs zu einer Tagung eingeladen zu werden, die im Hotel Roanoke stattfand. Seit damals verbindet unsere Familie sozusagen eine Liebesaffäre mit dem Hotel. Erinnerungen an köstliches Essen in der ruhigen Eleganz des im Régencestil eingerichteten Restaurants gingen mir durch den Kopf. Nach dem erlesenen Mahl hatte uns spätnächtliches Schwimmen im azurblauen Hallenbad des Hotels die nötige Bettschwere für erquickenden Schlaf gebracht. Diese angenehmen Eindrücke verstärkten meinen Wunsch noch, den bezaubernden Ort wieder einmal zu besuchen.

Nachdem wir für das leibliche Wohl unserer Tochter Robin vorgesorgt und unser Gepäck im blauen Kombi verstaut hatten, brachen wir auf. Die Fahrt durch die Berge Virginias bot immer wieder prächtige Blicke auf die Landschaft. Wie früher oft, so hielten wir auch diesmal auf dem Afton Mountain an, um die atemberaubende Aussicht aus der Vogelschau zu genießen. Von unserem günstigen Standort sahen wir, soweit das Auge reichte, Dutzende winziger Farmen, die wie Quadrate einer Steppdecke wirkten.

Am Nachmittag trafen wir im Hotel Roanoke ein und fuhren, nachdem mein Mann uns an der Rezeption angemeldet hatte, mit dem Lift in unser Zimmer, wo wir unsere Sachen auspackten. Als wir uns zum Abendessen umzogen, bekam ich plötzlich das Gefühl, diese Szene sei mir irgendwie vertraut.

»Erinnerst du dich an meine paranormale Impression über das Abendessen im Hotel Roanoke?« fragte ich meinen Mann. Ich drehte mich vom Spiegel zu ihm um und erkannte an seiner Miene sofort, daß auch er dieses Gefühl des Déjà-vu hatte, daß auch ihm war, als habe er das Ganze schon einmal erlebt.

»Was meinst du, wen wir sehen werden?« fragte ich weiter.

»Pudere deine Nase fertig, dann werden wir hinuntergehen und es herausfinden«, rief er.

Wir fuhren mit dem Lift nach unten in die Halle und schauten uns um. Im Speisesaal setzte man uns in eine ruhige, von Kerzenlicht erhellte Ecke an einem Fenster, vor das schwere Vorhänge gezogen waren. Die Kellnerin nahm unsere Bestellung auf. Ich lehnte mich zurück, um einem melodiösen alten Lied aus den fünfziger Jahren zu lauschen, das eine Drei-Mann-Kapelle jenseits der Tanzfläche spielte. Der Druck der Arbeitswelt schien in dieser ruhigen Atmosphäre völlig unwirklich. Ich schloß die Augen. Als ich sie wieder öffnete, sah ich am Eingang zum Speisesaal einen großen Mann stehen, der auf seine Tischreservierung fürs Abendessen pochte.

»Siehst du auch, wen ich sehe?« Ich gab Jim ein Zeichen.

»Henry Hecker, ausgerechnet!« Henry ist einer der besten Audiologen in unserer Gegend. Jim und ich arbeiten seit Jahren eng mit ihm zusammen, überweisen ihm Patienten, bei denen wir vermuten, daß sie an Hörschäden leiden. Er entdeckte uns, winkte uns einen Gruß zu und ging mit seinen Begleitern an seinen Tisch. Später erfuhren wir, daß er an einer Audiologie-Tagung teilnahm, die im Hotel stattfand, und am nächsten Tag einen Vortrag halten sollte.

»Vorhersage Nummer drei«, sagte Jim mit einem selbstsicheren Lächeln.

Am folgenden Morgen setzten wir in aller Frühe unsere Fahrt nach Tennessee fort. Nachdem Jim mich in unserem Motelzimmer untergebracht hatte, ging er zur Abendversammlung des Zulassungskomitees. Gegen dreiundzwanzig Uhr kam er wieder, erfreut über die Wahl von Mitarbeitern und deren Bereitschaft, sich in dem Beurteilungsprozeß nach Kräften einzusetzen.

Tags darauf teilte ich meine Zeit zwischen der Abfassung eines Berichts und einem Stadtbummel. Gegen sechzehn Uhr kehrte ich ins Motel zurück, um mich vor dem Abendessen auszuruhen. Ich döste offenbar ein, denn eine Stunde später weckte mich ein sanfter Stoß.

»Rate mal, was ich heute gesehen habe«, sagte Jim. »Deine antike Couch. Dem College hat ein reicher Wohltäter eine Sammlung wertvoller Antiquitäten vermacht. Mehrere Stücke daraus hat man ins Vorzimmer des Rektors gestellt. Ich saß auf der Couch, während ich auf den Plan mit den Vormittagsterminen wartete. Nach ein paar Minuten rief mich die Sekretärin des Rektors zu sich, um mir die Liste zu geben, und ich bemerkte, daß sie eine geblümte Bluse trug. Das ›dritte Auge‹ hat wieder richtig gesehen«, fügte er neckend hinzu.

Unsere Durchschnittsleistung beim ersten Versuch betrug vier Treffer in vier Vorhersagen.

Jim hatte damals viel mehr Zutrauen zu meinen paranormalen Fähigkeiten als ich selbst. Mehr als ein Jahr mit einer wöchentlichen hypnotischen Trance und Perioden starker Selbstzweifel sollten vergehen, bevor ich endlich die Gültigkeit meiner paranormalen Readings akzeptierte.

Der Geist meines Mannes arbeitet wie ein präziser, ordentlicher Computer; Jim plante bereits weiter. Wenn es im Bereich meiner Möglichkeiten läge, überlegte er, Ereignisse für uns beide vorauszusehen, müßten wir als nächsten Schritt unserer paranormalen Entwicklung nun untersuchen, ob ich auch die Zukunft für enge Freunde und Verwandte paranormal lesen könne. Weil unsere Kinder die engsten Verwandten waren, wählte Jim sie als Versuchspersonen für unser nächstes Experiment aus.

Erlauben Sie mir, hier abzuschweifen und Ihnen meine Sprößlinge vorzustellen. Eine der Segnungen, die ich in meinem Leben erhielt, ist das Geschenk zweier wunderbarer Kinder. Mein Sohn Jimmy, am 30. April 1984 vierundzwanzig Jahre alt, studiert an der Universität von Richmond im zweiten Jahr Jura. Während seiner vier College-Jahre an der James Madison University wurde er mit besonderen Aufgaben betraut, und sein Name erschien in seinem letzten Jahr dort im *Who is Who in American Colleges and Universities.* Er ist nicht nur sehr diszipliniert im Studium, sondern zeigt auch den starken Wunsch, anderen zu helfen. Dieses Charaktermerkmal führte unter anderem bei seiner Studentenverbindung sowie im Studentenausschuß der James Madison University (JMU) zu seiner Wahl in diverse Führungspositionen. Nach meinem Gefühl widerspiegelt sich diese Charaktereigenschaft auch in seiner Berufswahl.

Meine Tochter Robin ist ein sorgloses Wesen von siebzehn Jahren. Als Studentin im höheren Semester an der Walsingham Academy in Williamsburg tut sie es ihrem Bruder gleich, sie erhält genau wie er häufig Auszeichnungen für ihre akademische Leistung. Doch damit endet die Ähnlichkeit zwischen den beiden. Sie ist äußerst sportlich und kommt mir wie die verkörperte Energie vor. Ihre Interessen gelten vor allem Schwimmen und Joggen, dazu liebt sie es, Anführerin der Claque bei Sportveranstaltungen zu sein. Sie ist stolz darauf, daß sie dieses Jahr Beraterin ihrer Kommilitonen war. Immer lächelnd, eilt sie mit wehendem blondem Haar von einer Aktivität zur nächsten und überläßt es ihren Eltern, zu Hause für sie als eine Art Sekretäre die vielen Anrufe entgegenzunehmen, die in ihrer Abwesenheit kommen. Mit ihren knapp einssechzig ist sie unsere »Kleine«, die personifizierte »Freude unseres Lebens«.

Es drängte mich, die Persönlichkeit meiner Kinder eingehend zu schildern, damit Sie die Ereignisse besser verstehen, die ich nun beschreiben werde. Zu der Zeit, da sie sich zutrugen, stand Jim kurz vor dem Abschluß an der JMU, und Robin war im zweiten Jahr an der Walsingham Academy.

Wir gingen wieder genauso vor wie bei der ersten paranormalen Reading-Sitzung. Jim wählte eine einfache Einleitungsmethode, und wieder hatte ich den Eindruck, mein Bewußtsein löse sich von meinem Körper. Es war das angenehmste aller Gefühle, doch bevor ich mich tief in die köstlichen Empfindungen sinken lassen konnte, wurde erneut eine Serie filmähnlicher Bilder auf mein Gesichtsfeld projiziert. Durch diese Ansammlung geistiger Szenen drang aus der Ferne Jims Stimme, die mich ständig führte.

»Wir machen jetzt ein Reading für Robin Joan Windsor, wohnhaft Shellbank Drive hundertdreißig in Williamsburg. Beschreibe eingehend, was du beobachtest, schildere mir alle Impressionen, die sich für sie in ihrem augenblicklichen und späteren Leben als nützlich erweisen.«

Sogleich wurde ein einziges Bild vor meinem geistigen Auge klar und scharf. Robin stand vor mir an einem Strand und sprach mit einem jungen Mann, dessen Gesicht mir nicht bekannt war. Ich war sicher, daß sein Name mit D begann. Hieß er vielleicht Drew?

Ein zweites paranormales Bild löste das erste ab. Ich atmete erschrocken ein, als ich sah, wie Robin das Gleichgewicht verlor und vom Rand eines Schwimmbeckens ins Wasser fiel. Doch ich wußte, daß sie sich in keiner Gefahr befand.

Das dritte und letzte Bild rückte ins Blickfeld. Robin wischte geschäftig Tische ab, obwohl sie sich, nach der Umgebung zu schließen, nicht in einem Restaurant befand. Ich gab meine Impressionen Jim weiter.

»Entspanne dich jetzt«, wies seine Stimme mich an, »mach deinen Geist leer von allen vorhergehenden Informationen. Schau, ob du deine Aufmerksamkeit auf James Laurent Windsor, wohnhaft am selben Ort, konzentrieren kannst. Schildere mir alle Impressionen, die du von seinem gegenwärtigen und späteren Leben empfängst.«

Wieder leuchtete die »Filmleinwand« auf, und dann erschien mein Sohn mit einer hübschen Blondine. Das Gesicht kannte ich nicht, aber sie trug eine rot-blaue Uniform mit einem R auf der Brust. Sie lachte über einen Witz, den Jimmy erzählt hatte, und schien sich in seiner Gesellschaft zu sonnen.

Das Bild verschwamm. Angst erfaßte mich. Ich hatte das deutliche Gefühl, daß Jimmy krank sei. Die Krankheit schien seine Augen zu betreffen, und ein Krankenhaus spielte eine Rolle. »Großartig!« dachte ich, »wer braucht denn so was!« Doch ich berichtete meine Beobachtungen getreulich Jim, und das Schlußbild verschwand.

Der Schock der letzten Impression hatte meine Trance abgeschwächt, so daß ich binnen weniger Sekunden aus meinem veränderten Bewußtseinszustand auftauchte. Jim hatte meine neuen Vorhersagen aufgezeichnet, und nun wollten wir geduldig abwarten, ob sich etwas tat. Vorsichtshalber riefen wir Jimmy im College an und drängten ihn, auf seine Gesundheit zu achten. Er versprach es uns fest.

Zwei der fünf beobachteten Ereignisse trafen sehr bald ein. Im Spätfrühling 1982 nahm Robin an kirchlichen Einkehrtagen teil. Sie gehörte dem Reinigungskomitee an und wischte nach dem Abendessen die Tische ab. Am Samstag, während der Einkehr, begannen sie und ein Kamerad einen Stoßwettkampf, und sie fiel voll angekleidet ins Schwimmbecken. Lachend tauchte sie auf! Die

Strandszene mit »Drew« verwirklichte sich später, im Sommer, als sie eine ARE-Tagung in Virginia Beach besuchte. Der sechzehnjährige Sohn eines anderen Tagungsteilnehmers wurde ein guter Freund Robins, doch sein Name war David, nicht Drew.

Jimmys blonde Freundin hieß Lisa. Er lernte sie im Herbst 1982 an der Universität von Richmond kennen. Die rot-blaue Uniform trug sie als Anführerin einer Claque. Diese Szene verwirklichte sich mehrere Monate nachdem ich sie vorausgesehen hatte.

Leider muß ich berichten, daß auch meine Vorahnung von einer Krankheit Jimmys keine Ausgeburt meiner Phantasie war. Im April 1982 erwarteten wir Jimmys Heimkehr für die Frühlingsferien. Als wir eines Tages von der Arbeit zurückkamen, stand sein Wagen in unserer Zufahrt. Wir gingen durch die Hintertür ins Haus und sahen ihn zu unserer Freude am Küchentisch sitzen.

»Hallo, liebe Eltern!« begrüßte er uns begeistert, machte jedoch keine Anstalten, aufzustehen und uns ungestüm zu umarmen, wie er es sonst immer tat.

Mein mütterlicher Instinkt sagte mir, daß etwas nicht stimmte. Ich schaute ihm in die Augen und fragte: »Was ist los?«

Er grinste töricht und antwortete: »Ich bin gestern abend gefallen und habe mir offensichtlich den Knöchel verstaucht.« Er zog sein Bein, das unter dem Tisch verborgen gewesen war, hervor und zeigte uns seinen Knöchel, der dick war wie eine Bowlingkugel. »Es schmerzt nicht sehr.« Seine Stimme strafte seine Worte Lügen. »Ich kann bloß nicht auftreten.«

Wir fuhren ihn sofort ins Gemeindekrankenhaus von Williamsburg, wo der diensthabende Arzt das verletzte Gelenk röntgte. Wie sich herausstellte, hatte er eine Haarrißfraktur. Er bekam für sechs Wochen einen Gips.

Ich habe diesen Zwischenfall ausführlich geschildert, um aufzuzeigen, daß paranormale Impressionen nicht immer hundertprozentig genau sind. Ich hatte zwar die Situation richtig vorausgesehen, aber die Verletzung betraf sein Bein und nicht seine Augen. Nach meiner Meinung hatte ich wahrscheinlich seinen benommenen Zustand nach dem heftigen Sturz aufgefangen, als ich auf seine Augen »blickte«, statt auf seinen Knöchel. Dieser Irrtum bewirkte, daß ich mir der Fehlbarkeit paranormaler Impressionen stärker bewußt wurde als zuvor. Es ist ein guter Grundsatz, ein Reading mit der Vorstellung anzugehen, *dies könnte die Zukunft möglicherweise bringen*, und nicht mit dem Gedanken, *dies wird kommen*.

Nachdem es mir gelungen war, die zweite Frage über die Wirksamkeit meiner paranormalen Fähigkeiten zufriedenstellend zu beantworten, formulierte Jim eine dritte. Konnte ich für Verwandte und Freunde nicht nur Readings geben, wenn sie in der Nähe weilten, sondern auch, wenn sie weit weg lebten? Für unser drittes Projekt wählten wir meine Schwester Arlene Helmus als Versuchsperson. Zum einen war sie eine Verwandte, zum anderen lebte sie in Orinda, Kalifornien, sozusagen einen Kontinent entfernt von unserem Heim in Williamsburg, Virginia. Weiter weg konnte in Amerika niemand von uns wohnen, es sei denn, er wäre auf dem Pazifik zu Hause. Es drängte mich, mit meiner Schwester über unser Vorhaben zu reden, denn sie war zeitlebens meine Vertraute gewesen, und ich brauchte außer meinem Mann und Partner, mit dem ich unsere Entdeckungen erörtern konnte, dringend eine weitere vertraute Seele. Ich wählte ihre Nummer, und nach mehrmaligem Klingeln meldete sie sich.

»Eben dachte ich daran, daß ich dich anrufen könnte, aber diesmal wartete ich deinen Anruf ab«, sagte sie lachend. Wir scherzen seit langem immer darüber, daß gewöhnlich, wenn die eine an die andere denkt, bald deren Anruf kommt. Auch darin offenbart sich das enge Band zwischen uns.

Wir unterhielten uns eine Weile, dann holte ich tief Luft und fragte zögernd: »Würdest du mich noch als deine Schwester betrachten, wenn du wüßtest, daß ich sensitiv bin?«

Am anderen Ende der Leitung herrschte Schweigen. Meine Schwester hatte mit mir immer am gleichen Strick gezogen, bei allem, was wir taten, ob wir unseren Nachbarn Limonade verkauften oder als Tambourmajoretten nebeneinander in der Kapelle des William and Mary College marschierten. Auch meine Schwester hatte von unserem Vater jahrelang die Schneetraum-Anrufe erhalten, genau wie ich. Schließlich beendete sie ihr Schweigen: »Ich vermute schon lange, daß du das bist.« Sie kicherte. »Wie sonst

hättest du immer wissen sollen, was ich denke und tue? Erzähl mir
alles darüber.« Ich stieß einen Seufzer der Erleichterung aus.

Nun durfte ich nicht nur unser Geheimnis mit meiner Schwester
teilen, sondern auch ihre Meinung über Angelegenheiten einholen,
die ich bislang nur mit Jim hatte erörtern können.

Nachdem ich sie über unsere bisherigen Experimente unterrich-
tet hatte, schilderte ich ihr unser laufendes Projekt. Sie erklärte sich
sofort bereit mitzumachen und versprach außerdem, uns das nötige
Feedback für die Bestätigung oder Widerlegung von Jims Hypothese zu liefern.

Zwei Tage nach meinem Telefongespräch mit Arlene führten wir
das Reading für sie durch. Das gleiche Verfahren wie zuvor
versetzte mich diesmal schneller in Trance. Inzwischen hatte ich
eine Vorstellung von dem veränderten Bewußtseinszustand, der
erreicht werden mußte, bevor ein Reading beginnen konnte. Jims
Stimme lenkte meine Konzentration auf Ereignisse, die innerhalb
der nächsten Wochen im Leben meiner Schwester geschehen
konnten, und wieder sah ich vor meinem geistigen Auge eine
Vielzahl leuchtender Bilder künftiger Eventualitäten, die noch in
Raum und Zeit schlummerten. Ich gab folgende Impressionen an
Jim weiter:

1. Einer von Arlenes drei Pudeln schien krank zu sein.
2. Ich sah Arlenes Mann Weldon, wie er ihr ein kleines Päckchen
   gab, das einen vasenähnlichen Gegenstand für den Haushalt
   enthielt.
3. Ein Blumenstrauß erschien.
4. Ich hatte das Gefühl, irgend jemand gerate beim Besteigen von
   Arlenes und Weldons Segelboot in leichte Gefahr.
5. In einem der Schlafzimmer schien es ein neues Kissen oder eine
   neue Tagesdecke zu geben.
6. Arlene und Weldon hatten Gäste zum Abendessen. Eine Dame
   in einem blauen Kleid saß rechts neben Arlene am Eßtisch.
7. Arlene besuchte eine Versammlung, an der mehrere Damen
   teilnahmen.
8. Arlene sah ein gewaltiges Feuer oder ein brennendes Gebäude.

Diese Impressionen wurden aufgezeichnet, und nachdem Jim um Führung in einigen persönlichen, uns selbst betreffenden Fragen gebeten hatte, hörte ich seine inzwischen vertraute Anweisung, in die Welt der Realität zurückzukehren.

Wir erörterten, wie sich die Verifizierung unseres Experiments am besten durchführen ließe, und beschlossen, unserer Versuchsperson die Liste mit den Vorhersagen mehrere Wochen vorzuenthalten. Auf diese Weise würden sich die vorhergesehenen Ereignisse unbeeinflußt von Arlenes Bemühen um Erfolg abspielen.

Etwa einen Monat nach dem Reading rief ich meine Schwester an und erstattete ihr Bericht über unsere Prophezeiungen. Sie bestätigte erregt die meisten, doch bei einigen gab es zeitliche Abweichungen und Fehldeutungen der visuellen Bilder.

1. Cinnamon, Arlenes ältestem Pudel, wurde vor einigen Wochen ein gutartiger Tumor komplikationslos entfernt.
2. Weldon hatte Arlene zum Muttertag eine Tasse mit dem Aufdruck »Mom« geschenkt.
3. Arlene hatte ihrer Tochter Kirsten für ihren Gesang in einer College-Aufführung einen Blumenstrauß überreicht.
4. Ein Freund begleitete Weldon zum Segelboot der Familie und rutschte aus, als er an Bord ging. Er fing sich an der Reling und vermied so einen schweren Sturz.
5. Arlene hatte für Dana eine neue Tagesdecke gekauft. Das war zwei Monate vor dem Reading gewesen, ich war also auch in der Zeit zurückgegangen.
6. Der weibliche Abendessensgast in Blau war tatsächlich da gewesen, hatte aber links neben Arlene gesessen und nicht zu ihrer Rechten.
7. Arlene hatte keine Frauenversammlung besucht, wollte es aber in zwei Wochen tun.
8. Das verblüffendste aller Vorkommnisse war das letzte. Uns erstaunte daran am meisten, daß es Weldon gewesen war, der ein Feuer im Verbindungstunnel zwischen Oakland und San Francisco, wo nach einer Explosion mehrere Autos in Brand geraten waren, miterlebt hatte. Das Fernsehen hatte landesweit von dem

großen Unglück berichtet, und ich erinnerte mich, daß unser Regionalsender Bilder von der Katastrophe gebracht hatte. Arlene erzählte mir, sie sei später durch den Tunnel gefahren und habe beim Anblick der geschwärzten Wände vor Entsetzen gezittert. Die beobachteten Bilder wichen zwar wegen der mit dem Unglück verbundenen heftigen Gefühle in einigen Punkten vom tatsächlichen Geschehen ab, aber dieses Ereignis war eines der eindringlichsten in Arlenes Leben während der vergangenen Wochen.

Das Reading beeindruckte uns und ließ uns zu dem Schluß gelangen, daß Jims Theorie, derzufolge Readings für Freunde und Verwandte an fernen Orten möglich waren, wirklich stimmte.

Ich erkannte jetzt, daß ich, um bei den Readings noch Besseres zu leisten, nach Möglichkeit täglich üben mußte. Zu diesem Zweck lernte ich, mich mit Techniken der Selbsthypnose in tiefe Trance zu versetzen. Bald stellte ich fest, daß ich allein »Kurzreadings« durchführen und die empfangenen Impressionen anschließend aufzeichnen konnte. Der ständige Umgang mit diesen »Kurzreadings« lieferte mir eine Methode zur Bestimmung der Genauigkeit meiner Vorhersagen und gab mir Vertrauen zu meinen Fähigkeiten sowie die Gewißheit, daß ich sie richtig anwendete. Überflüssig zu sagen, daß jene Periode nicht leicht für mich war, aber ich hatte die feste Unterstützung meines Mannes und meiner Schwester. Die Begeisterung und Erregung der beiden verliehen mir die nötige Energie und spornten mich an.

An diesem Punkt muß ich zwei weitere Personen erwähnen, die bei meiner paranormalen Entwicklung eine wichtige Rolle spielten. Die eine ist Dr. JoAnne Squires, mit der ich seit zwölf Jahren beruflich zusammenarbeite, die andere Betty Hall, meine Sekretärin seit 1979.

JoAnne ist Psychologieprofessorin am Christopher Newport College und psychologische Beraterin beim Lernentwicklungsdienst seit dessen Gründung. Sie besitzt einen scharfen Verstand und einen analytisch geübten Geist. Wir sind enge Freundinnen, seit wir uns vor fünfzehn Jahren kennenlernten. Ich erinnere mich nicht, daß während dieser ganzen Zeit je ein ungutes Wort zwischen uns gefallen wäre, mit einer Ausnahme. Bei einem Mittagessen diskutierten wir einmal über den Erfolg der Reagan-Administration und waren nach zwei Stunden noch genauso unterschiedlicher Meinung wie zu Beginn der Debatte. Als die präkognitiven Träume und das Studium des Paranormalen immer mehr zum festen Bestandteil meines Lebens wurden, wandte ich mich in meinem Freundeskreis den beiden Personen zu, die mein absolutes Vertrauen genossen.

Die Intuition sagte mir, daß ich, wenn ich meine Erfahrungen als Sensitive und meine Vorhersagen JoAnne mitteilte, zum Dank eine analytische Bewertung der angefallenen Daten und dazu konstruktive Vorschläge für die künftige paranormale Weiterentwicklung erhalten würde. So trafen wir uns nun jeden Freitagnachmittag im Trellis, einem Gourmet-Restaurant für Naturkostanhänger, und nahmen ein köstliches Mahl ein, bei dem wir die Ereignisse der vergangenen Woche erörterten. Unsere Gespräche drehten sich um JoAnnes Arbeit am College, um unsere Kinder, um Angelegenheiten seelisch-geistiger und körperlicher Gesundheit, für die wir uns beide zutiefst interessierten, und um die geheimnisvolle Welt des Paranormalen. Ich gab ihr oft die Aufzeichnung eines für sie gemachten »Kurzreadings«, und an den nachfolgenden Freitagen gab sie mir dann getreulich ihre Antworten und Kommentare hinsichtlich der Genauigkeit meiner Prophezeiungen. Ich sah voraus, daß sie im Frühling und Sommer drei mehrtägige Reisen machen würde, sah ihre Tochter Anne in einem gelb-schwarzen Lastwagen, den das College kaufte, und bediente sie mit mehreren gültigen Gesundheitstips. Regelmäßig bekam ich von ihr entweder die Bestätigung für die Richtigkeit der Vorhersagen oder die Mitteilung, daß ich mich geirrt hätte. Jede von uns schöpfte aus diesen Treffen unermeßlichen Nutzen, doch ich habe nicht den geringsten Zweifel daran, daß ich die größere Nutznießerin war.

Betty Hall begann im Mai 1979 für mich zu arbeiten.

Als ich Betty einstellte, hatte ich nicht die leiseste Ahnung, daß sie während der nächsten fünf Jahre in meinem Leben eine unendlich wichtige Rolle spielen sollte. Wir mochten einander auf den ersten Blick, und die Beziehung, die sich zwischen uns entwickelte, war eher Freundschaft als ein Arbeitgeber-Arbeitnehmer-Verhältnis. Ich vertraute ihr einige meiner präkognitiven Träume an, als ich darin Informationen über die Gesundheit ihrer Angehörigen erhielt. Anfangs war sie skeptisch, doch als Jim und ich uns immer mehr in unsere paranormale Arbeit versenkten, hatte sie Gelegenheit, sich von der Echtheit der Vorhersagen zu überzeugen. Ihre Haltung änderte sich. Sie begann bald, als mein Gewissen zu fungieren, mahnte mich zur Mäßigung, wenn ich meines Erfolges zu gewiß wurde, und munterte mich auf, wenn ich von Ungereimtheiten in den Informationen oder von Fehldeutungen erfuhr und verzweifelt die Hände hob. Die Fragen, die ich mir auf ihre Veranlassung stellte, waren immer zweckdienlich und trafen das Wesentliche.

»Wo steht in der Bibel, daß man die Zukunft vorhersagen soll?«

»Welche Einstellung hast du zu dem Unheil, das du voraussiehst? Sollst du die Menschen darüber informieren, und wenn ja, wie?«

»Wie würdest du Visionen einer Tragödie in deiner eigenen Familie behandeln?«

»Bist du objektiv? Sag nur, was du siehst. Schrecke nicht vor unangenehmen Ereignissen zurück, sonst minderst du die Genauigkeit und Nützlichkeit der Readings!«

»Wie lassen sich diese Readings so nützen, daß sie anderen ein Höchstmaß an Gutem bringen?«

»Sei vor allem dir und deinen eigenen Werten treu!«

Jeder dieser Sätze grub sich in meinen Geist ein, blieb dort haften und wurde innerlich erörtert, bis eine zufriedenstellende Lösung gefunden war, die mit meiner ethischen und religiösen Lebensphilosophie in Einklang stand. Betty ist sich wegen ihrer Wesensart ihres gewaltigen Beitrags zu unserer paranormalen Arbeit nicht bewußt. Wenn ich ihr für ihre Ermutigung zu danken versuche, schaut sie mich zu meinem Amüsement jedesmal seltsam an und fragt: »Wieso?«

Eines der Grundprinzipien des Paranormalen ist, daß gute oder schlechte Dinge, die man anderen antut, zehnfach zum Agierenden zurückkommen. »Was der Mensch sät, das wird er ernten« (Brief an die Galater 6,7). Ich konnte wiederholt beobachten, daß dieses Axiom stimmt, und die Begebenheit, die ich nun schildern werde, veranschaulicht das ausgezeichnet.

Im Frühling 1982 bekam Bettys Schwiegertochter Patricia Hall entsetzliche Schmerzen in der rechten Wade. Keine der traditionellen medizinischen Behandlungen brachte ihr Linderung, das Leiden wich nicht. Die Angelegenheit zog sich etwa sechs Wochen hin, und in dieser ganzen Zeit war ich durch die täglichen Gespräche mit Betty genau im Bilde über Pats verzweifelte Lage. Nach den sechs Wochen kam Betty zögernd zu mir.

»Glaubst du, daß ein Reading über Pats Leiden uns irgendwelche Antworten geben würde?« fragte sie.

»Das kann ich nicht mit Sicherheit sagen«, antwortete ich, »aber wenn du meinst, daß Jim und ich helfen können, würden wir mehr als gern unsere Quelle um Informationen bitten. Garantien gibt es freilich nicht, denk daran. Glaubst du, daß Pat etwaigen Vorschlägen zustimmen würde?«

Nach fast einjähriger Arbeit auf dem Gebiet des Paranormalen wußte ich mit Sicherheit, daß der Erfolg eines paranormalen Readings weitgehend vom Glauben des Klienten an den Vorgang abhing.

»Sie hat nichts zu verlieren«, erklärte Betty. »Sie leidet ständig arge Schmerzen, und ich meine, daß sie für jede Art Behandlung zugänglich ist, die ihr wenigstens etwas Linderung verschafft.«

Ich sicherte ihr zu, das Reading vorzunehmen. Beim Abendessen planten Jim und ich es für den folgenden Abend ein. Vor dem Schlafengehen bat ich um Führung durch ein Traumerlebnis und durch das bevorstehende Reading. Ich hatte das Gefühl, es könne nicht schaden, möglichst viele Ideen einzuholen. Der Traum, den ich in der Nacht hatte, enthielt genaue Empfehlungen für die Heilung von Pats Bein. Ich nannte ihn »Das verstimmte Klavier« und notierte das symbolische Material:

Das verstimmte Klavier
Ein Klavier erscheint, das verstimmt ist. Eine der Saiten hat ihre

Spannung verloren, und die schwachen Schwingungen erzeugen
einen zu niedrigen Ton. Die Saite muß nachgestellt und wieder
richtig gespannt werden.

Nach meinem Verständnis verkörperten die Saiten und Tasten des
Klaviers Pats Rückenmark und Wirbelsäule. Die zu niedrigen Töne
stellten schwache Nervenenergien oder Schwingungen dar, zu
denen es kam, weil ein Teil der Wirbelsäule nicht richtig ausgerichtet war. Folglich würde die Einrichtung der Wirbelsäule Pats
körperliches Leiden heilen.

Der in dem Traum enthaltene Rat legte die Konsultation eines
Chiropraktikers nahe. Das Reading, das wir am folgenden Abend
machten, stimmte mit der Behandlungsverordnung aus dem Traum
überein. Dies überraschte uns keineswegs, denn die durch Träume
und paranormale Readings übermittelten Informationen stammen
aus der gleichen Quelle. Ich verspürte jedoch ein gewisses Unbehagen, weil ich in meinem ganzen bisherigen Leben keinen Kontakt
mit Chiropraktikern gehabt hatte.

Mir fiel ein Gespräch mit einer Kollegin meines Mannes aus der
psychologischen Universitätsabteilung ein. Sie hatte gleich mir an
einem zystischen Brustfibrom gelitten und mir eine Chiropraktikerin und Ernährungsexpertin namens Dr. Genevieve Haller empfohlen, die in Virginia Beach wohnte. Da ich damals kerngesund
war, hatte ich den Namen in meinem Gehirn unter »künftige
Heilbehandlungen« gespeichert und meine Aufmerksamkeit anderen Dingen zugewandt. Jetzt trat der Name in mein Bewußtsein,
und ich erinnerte mich, daß Frau Dr. Haller sehr von den
Diätvorschriften Edgar Cayces eingenommen war. Ich schrieb
ihren Namen auf einen Zettel und legte ihn in meine Aktentasche,
um ihn Betty zu geben, nachdem ich ihr die Inhalte meines
Klaviertraums und meines paranormalen Readings kurz geschildert hatte.

Betty war begeistert über den Rat unserer Quelle und ging mit
dem Zettel zu ihrem Schreibtisch, um sich Dr. Hallers Name und
Adresse zu notieren. Als sie den Zettel studierte, fiel ihr plötzlich
der ortsansässige Chiropraktiker Dr. William Scanlan ein, dessen

Praxis nur etwa fünf Minuten von ihrer Wohnung entfernt war. Sie fragte mich, ob ich etwas über ihn wisse. Ich mußte zugeben, daß ich mich zwar für Frau Dr. Hallers Kompetenz verbürgen konnte und die Meinung dieser Kollegin Jims über sie achtete, aber praktisch nichts von Dr. William Scanlan wußte; ich hatte nur gelegentlich seinen Namen von hiesigen ARE-Mitgliedern gehört, die lobend über ihn sprachen.

Betty beschloß, sich zunächst einmal bei Dr. Scanlan einen Termin für Pat geben zu lassen, weil seine Praxis so nahe lag. Wenn die Behandlung nichts nützte, konnte sie immer noch mit Pat nach Virginia Beach fahren und bei Frau Dr. Haller Hilfe suchen. Betty rief Pat an, um ihr die positiven Ergebnisse unserer paranormalen Nachforschungen zu berichten, und Pat meldete sich gleich noch für den Nachmittag bei Dr. Scanlan an.

Abends um acht bekam ich einen alarmierenden Anruf von Betty.

»Pats Bein fühlt sich schlimmer an als vor dem Besuch bei Dr. Scanlan«, sagte sie verzweifelt.

Auch mich erfaßte Verzweiflung, denn ich hatte das Gefühl, die Hauptschuldige dieser Verschlimmerung von Pats Leiden zu sein. Während mein Schuldgefühl rapid wuchs, versuchte mir meine innere Stimme klarzumachen, es sei dringend notwendig, daß Pat die Behandlung bei Dr. Scanlan fortsetze. Ich überlegte, daß Pats Zustand vielleicht schlimmer werden mußte, bevor er sich besserte. (Diese Überlegung erwies sich später als richtig.) Nachdem ich Bettys Befürchtungen zerstreut hatte, so gut es ging, drängte ich sie, Pat zu einem weiteren Besuch bei Dr. Scanlan zu veranlassen. Pat suchte ihn auf, und zu ihrer Überraschung war die Behandlung diesmal weit weniger schmerzhaft. Die quälenden Schmerzen, an denen sie seit mehr als zwei Monaten litt, begannen nachzulassen.

Bei dieser zweiten Konsultation schaute sich Dr. Scanlan zusammen mit Pat ihr Röntgenbild an und zeigte ihr die Stelle ihres Rückgrats, die verschoben war. Seiner fachlichen Meinung nach verursachte diese Verschiebung Pats schmerzhaftes Leiden. Eine Reihe chiropraktischer Einrichtungen im Lauf von fünf Monaten machten schließlich ihrem Elend ein Ende. Pat ist heute kerngesund und sucht den Chiropraktiker Dr. Scanlan nur noch gelegentlich zum »Nachstimmen« auf.

Welchen Nutzen zog ich selbst aus solchen Begebenheiten? Im Juli 1982 bekam ich wieder eine Zyste. Diesmal jedoch lag sie so, daß die Rizinusölbehandlung, die beim letztenmal gewirkt hatte, nicht half. Mein Heilversuch mit den Packungen scheiterte. Daraufhin bat ich meine Quelle erneut um Führung und wirksame Behandlung. Als Reaktion auf meine Bitte hatte ich zwei Träume.

Schrumpfung der Zyste
(25. Juli 1982)
Eine Frau hat eine Zyste. Eine hübsche, orientalisch aussehende Frau mit heilenden Händen sagt, daß sie zum Schrumpfen gebracht werden kann.

Behandlungstermin bei Genie
(25. Juli 1982)
Ich sehe den Namen Genie, *der zwischen anderen Namen auf meinem Terminkalender steht.*

Ein Kurzreading im Zusammenhang mit den beiden Träumen ergab, daß die Zyste operativ dräniert oder durch entsprechende Ernährung behandelt werden konnte.

Ich studierte meine Träume noch einmal und erkannte, daß mit dem Namen Genie auf meinem Terminkalender niemand anderer als Dr. Genevieve Haller gemeint sein konnte, die Chiropraktikerin und Ernährungsexpertin, die mir einst empfohlen worden war. Ich wäre nie auf die Idee gekommen, chiropraktische Hilfe zu suchen, hätte ich nicht Pat Halls erstaunliche Genesung erlebt. Und obwohl ich seit einigen Jahren überzeugt bin, daß die Ernährung eine wichtige Rolle bei der Aufrechterhaltung der körperlichen Gesundheit spielt, dachte ich nicht an eine Diät als Mittel gegen meine Zyste.

Ein Besuch bei unserem Hausarzt Dr. Bell ergab, daß chirurgische Methoden zur Dränage der Zyste angewandt werden konnten, doch ich folgte lieber meinen inneren Anstößen und entschied mich für die chiropraktisch-ernährungswissenschaftliche Behandlung.

Bei der ersten Konsultation untersuchte mich Frau Dr. Haller gründlich, dann wies sie mich auf die fünf Schwachstellen an meinem Körper hin. Es waren genau jene Stellen, die mir seit meiner Kindheit immer wieder einmal Schwierigkeiten gemacht hatten. Die Ergebnisse einer Haaranalyse klärten Frau Dr. Haller über meine Ernährungsmängel auf. Sie arbeitete einen Diätplan mit zusätzlichen Vitamingaben für mich aus, bestellte mich für die nächste Zeit einmal wöchentlich zu chiropraktischen Einrichtungen und versicherte mir, daß die Behandlung, wenn ich dabei bliebe, mein Leiden heile.

Ich wurde also ihre willige Patientin und sie meine Wunderheilerin. Bis Ende September schrumpfte meine Zyste auf die Hälfte ihres ursprünglichen Umfangs ein, und eine leichte Hypoglykämie, die zu starken Stimmungsschwankungen geführt hatte, war unter Kontrolle. Außerdem war meine Tochter nach vier kurzen Behandlungen von Rückenproblemen geheilt, die sie seit dem elften Lebensjahr geplagt hatten. Eines Tages musterte ich bei der Behandlung das Gesicht Dr. Hallers und erkannte plötzlich, daß sie der Frau mit den heilenden Händen, bei der ich in meinem Traum »Schrumpfung der Zyste« Hilfe gesucht hatte, verblüffend ähnlich sah. *Ich war wirklich zehnfach belohnt worden!*

Lassen Sie mich die Gelegenheit benutzen, hier Mißdeutungen vorzubauen, zu denen mangelndes Verständnis manche Leser verleiten könnte. Ich befürworte keineswegs, daß künftig jeder statt einer medizinischen Behandlung eine chiropraktische sucht. Tatsächlich sind gekonnte ärztliche Diagnosen und medizinische Behandlungen unerläßlich, wenn man sich beständiger körperlicher Gesundheit erfreuen will. Mein eigener Arzt ist die beste Bestätigung dafür, und viele wertvolle berufliche Hinweise erhielt ich von Kinderärzten, die zu den großartigsten Menschen zählen, denen ich je begegnete. Es gibt jedoch Alternativverfahren, die man in Erwägung ziehen kann, wenn die Behandlung nach der traditionellen Medizin nicht hilft.

Im Frühling 1982 gewann ich dank der Unterstützung, des

Verständnisses und der Liebe, die mir meine Angehörigen und engen Freunde so reichlich entgegenbrachten, Vertrauen zu meinen Fähigkeiten, und ich begann, die Welt des Paranormalen von einem spirituelleren Standpunkt aus zu sehen. Im Lauf der letzten acht Monate hatte ich eine umfassende Bibliothek mit Werken über paranormale Themen erworben, und als ich dann Seite um Seite las, stieß ich immer wieder auf Aussagen, die eigens für mich geschrieben schienen. Dazu zählten besonders die folgenden:

»Was für einen Menschen ›der Stein, über den man stolpert‹ gewesen« ist, kann »eine Stufe zur Liebe und Hilfe für andere werden«.[2]

»Wir alle lernen nur durch Erfahrung. Zu Glauben oder Verständnis gelangen wir, indem wir einen Schritt nach dem anderen machen.«[3]

»Es liegt am einzelnen, durch Verständnis seiner selbst und seines Mitmenschen seinen eigenen Daseinsgrund zu finden, sein eigenes Schicksal zu formen – mit Hilfe eines lebendigen Gottes.«[4]

Nun begann ich wirklich zu glauben, daß das Paranormale dem Bereich der Seele zugehört.

3

Besuch im Zentrum für nichtphysikalische Wissenschaften

»Ich werde dir alle Dinge in dein Gedächtnis bringen, die du für die Entwicklung deiner Seele, deines Geistes, deines Körpers brauchst.«

MARY ELLEN CARTER, Prophezeiungen in Trance

Im Sommer 1982 war ich endlich soweit, daß ich die mit erfolgreichen paranormalen Readings verknüpften Grundtechniken beherrschte und mich bei ihrer Anwendung sicher fühlte. Jim hatte mich äußerst gut geschult, und ich bildete mich ständig durch das Lesen von Büchern über die Entwicklung paranormaler Fähigkeiten weiter. Was wir jetzt brauchten, war ein erfahrener Lehrer, der Ordnung in unsere primitiven Techniken brachte und sie verfeinerte. Ein solcher »Meister« taucht angeblich auf, wenn man bereit ist. Bei uns war dies der Fall, wir fanden in ROGER und NANCY PILE gleich zwei hervorragende Lehrer.

Ich bin fest davon überzeugt, daß im Leben nichts aus Zufall geschieht. Folglich sind Menschen, die während der Übergangsphasen unseres Daseins in unser Leben treten, in Wirklichkeit Mentoren, deren Aufgabe es ist, uns bei der Neuordnung unseres Wertkodex zu helfen, damit wir den an uns gestellten Herausforderungen besser gerecht werden können. Weil ich diese Überzeugung habe, sah ich es nicht als Zufall an, daß ich SANDRA GIBSONS Buch *Beyond the Mind* (Jenseits des Geistes) entdeckte und kaufte.

Wie schon erwähnt, stöbere ich chronisch in Buchhandlungen. Der Einkaufsausflug ins Warenhaus Miller and Rhoads in Richmond, während mein Mann an einer Versammlung der Behörde für geistige Gesundheit teilnahm, stellte keine Ausnahme dar. Ich musterte die Werke, die seit meinem letzten Besuch neu hinzugekommen waren, und da fiel mein Blick auf Sandra Gibsons Buch. Im Untertitel wurde es als Anfängerhandbuch für paranormale Entwicklung angekündigt. Ich blätterte es durch, las hier und dort einen Absatz und gelangte nach und nach zu der Erkenntnis, daß sich die paranormalen Erfahrungen der Autorin nahezu mit den meinen deckten. Ohne zu zögern, kaufte ich das Buch, und weil ich eine Vielleserin bin, war ich in zwei Tagen durch. Den Abschnitt, in dem Sandra Gibson ihre Methode der Durchführung paranormaler Readings beschreibt, fand ich überaus wertvoll; was sich jedoch für unsere künftige Entwicklung als noch weit wertvoller erwies, das war der Hinweis auf Einrichtungen für paranormale Schulung, unter denen auch das Zentrum für nichtphysikalische Wissenschaften in Chester, Connecticut, genannt wurde.

Das Zentrum leiteten Roger S. Pile, Sr., und Nancy J. Pile gemeinsam; beide schienen wirklich qualifiziert, Kurse zur Schulung paranormaler Fähigkeiten abzuhalten. Roger bot Unterricht im Heilen und in paranormaler Beratung bei geschäftlichen Angelegenheiten an, und Nancy war ein Tieftrance-Medium, arbeitete als sensitive Beraterin und hielt außerdem am örtlichen College Vorlesungen über Parapsychologie. Sandra Gibson kannte die beiden persönlich, hatte bei ihnen Unterricht genommen und widmete in ihrem Buch der Philosophie und den Aktivitäten der beiden mehrere Seiten. Sie nannte auch andere Sensitive und Medien, nicht nur das Ehepaar Pile, aber von allen Personen, die sie erwähnte, zogen mich Roger und Nancy Pile unerklärlich an. Außerdem führte sie ein gutes Dutzend Einrichtungen zur paranormalen Fortbildung an. Nachdem ich mit Jim darüber gesprochen hatte, ob es ratsam sei, nähere Informationen anzufordern, wählte ich einige Institutionen aus, deren Programme den Kriterien am nächsten kamen, die Jim und ich als wichtig für unser künftiges geistiges Wachstum ansahen. Diese Institutionen schrieb ich an und bat um Prospekte sowie Auskunft über die angebotenen Kurse, die Hauptthemen und die Kosten.

Mittlerweile war es mir zur abendlichen Gewohnheit geworden, vor einer wichtigen Frage immer durch den Trauminkubationsprozeß um Führung zu bitten. Es war schwierig, aus einer Reihe unbekannter Namen erfahrene Lehrer herauszupicken, und ich wußte, daß ich spirituelle Lenkung brauchte. Darum richtete ich einen Appell an meine Führungsquellen und bat sie, mein Vorgehen entsprechend zu steuern. In dem Traum, den ich daraufhin hatte, sah ich ein grünes Holzhaus an einem Fluß. Ich war fast sicher, daß es in Connecticut stand, schrieb einen Bericht über die Vision in mein Traumtagebuch und ließ Platz für spätere Eintragungen über die Richtigkeit oder Unrichtigkeit der Impressionen.

Nach zwei Wochen begannen Prospekte und Kursangebote einzutreffen. Eine der Institutionen schickte einen durchdachten Plan für einen Heimstudiumkurs. Eine andere bot Kurse an, die von hochqualifizierten Lehrern abgehalten wurden, und das Themengebiet umfaßte genau, was ich brauchte; doch die Preise waren weit überzogen.

Schließlich kam auch die Broschüre vom Zentrum für nichtphysikalische Wissenschaften, und zwar mit einem persönlichen

Schreiben Roger Piles. Zu dem Angebot zählten unter anderem Kurse mit dem Titel »Gesundheit, Heilen und Wohlbefinden« sowie »Paranormale Entwicklung«. Das klang faszinierend, und die Kosten lagen im Rahmen unserer Möglichkeiten. (Später erfuhr ich, daß Roger die Preise für seine Readings und Kurse vernünftig ansetzt, damit die Kosten kein Hinderungsgrund sind, wenn jemand seine Dienste in Anspruch nehmen will.) Jim und ich waren beeindruckt von seiner intellektuellen, dabei spirituell ausgerichteten Einstellung zu Beratung und paranormalen Readings. Er schrieb:

Unsere Methode ist es, ein paranormales oder mediumistisches »Reading« durchzuführen, um möglichst schnell zum Kern des Problems vorzudringen. Die Informationen kommen aus dem Innersten der Person, aus der Seele des Klienten oder Sitzungsteilnehmers, wenn Sie wollen, und werden ihm vom Medium verbal vorgetragen, damit sie ins Bewußtsein dringen. Auf diese Weise wird der Verteidigungsmechanismus des Ego wirksam umgangen. Nur jene Informationen, die der Sitzungsteilnehmer zu dem Zeitpunkt wissen muß, kommen durch. Gewöhnlich kennt der Sitzungsteilnehmer die Informationen im tiefsten Inneren bereits, und das Medium dient nur als Verstärkung und Bestätigung.

Eine unserer Regeln lautet, daß der Sitzungsteilnehmer bereit sein muß, sich selbst zu helfen. Er muß die Verantwortung und die Aufsicht über seine eigene Richtung im Leben übernehmen. An ihm ist es, die Entscheidung zu treffen und den Akt der Durchführung zu vollziehen – die beiden wesentlichen Voraussetzungen für Veränderung und Wachstum. Wie bieten entsprechende Techniken zur Selbstentdeckung und eigenen Vervollkommnung an, aber wir lassen nicht zu, daß wir zur Krücke werden. Wird ein Teilnehmer abhängig und ist nicht bereit, seine Richtung zu ändern, lassen wir ihn sofort los, bis er sich dafür entscheidet, eine positivere und konstruktivere Haltung einzunehmen. Unsere Rolle ist vorwiegend die von Führern.

Weil wir alle das bekommen, worum wir bitten, frage ich meine Schüler immer: »Warum bitten Sie um dieses Problem, diese

Probleme – oder diese Reihe von Problemen?« Es ist eine sehr
wirksame Weise, den Teilnehmer so weit zu bringen, daß er die
Beziehung von Ursache und Wirkung zwischen seinen Problemen
und der Richtung sieht, die er eingeschlagen hat. Negatives Denken
erzeugt negatives Handeln, genau wie Liebe Liebe erzeugt. Wir
müssen jedoch zuallererst uns selbst lieben, bevor wir andere lieben
können. Ich spreche von Liebe auf einer »Seins«-Ebene.[1]

Rogers und Nancys Philosophie war vereinbar mit den Idealen, an
die Jim und ich uns während der vergangenen fünfzehn Jahre in
unseren Beratungspraktiken gehalten hatten. Deshalb kamen wir
zu dem Ergebnis, daß wir sowohl vom Kurs der beiden zur Entwicklung paranormaler Fähigkeiten als auch vom Gedankenaus-
tausch mit ihnen viel profitieren könnten.

Aus der Broschüre, die Roger Pile seinem Brief beigelegt hatte,
ersahen wir, daß es für uns wegen der großen Entfernung unmöglich war, uns zu den regulären Kursen anzumelden. Jim und ich
hatten jedoch anläßlich unserer Silberhochzeit eine Fahrt zum
Ames Farm Inn geplant, einem zauberhaften, abgeschiedenen
Touristenort am Ufer des Lake Winnipesaukee bei Laconia, New
Hampshire. Ich war seit meinem siebten Lebensjahr immer wieder
dort gewesen, und später dann hatten mein Mann und meine
Kinder das Gasthaus genauso lieben gelernt wie ich.

Die Fahrt von Virginia zum Lake Winnipesaukee dauert normalerweise siebzehn Stunden. Aus der Karte ersahen wir, daß sich
Chester in Connecticut als Etappenziel zur Übernachtung eignete.
Darum schrieb ich einen Brief an die Piles und fragte an, ob es
möglich sei, für uns einen speziell auf unser Interessensgebiet
zugeschnittenen dreitägigen Intensivkurs zu veranstalten. Fast
postwendend erhielt ich eine Zusage und eine kurze Skizzierung
des Kursverlaufs. Wir sollten unser Tonbandgerät mitbringen,
damit wir die Sitzungen aufzeichnen und später abspielen konnten,
wenn wir mehr Zeit hatten, das Wesentliche der Vorträge in uns
aufzunehmen und zu verarbeiten.

Wir schmiedeten Pläne für die Reise, die wir auf die erste
Augustwoche gelegt hatten. Uns erfüllte freudige Erwartung, in

die sich allerdings leichte Verwirrung mischte. Der Ablauf der Ereignisse fügte sich so, als habe ein Meisterplaner alles arrangiert (vermutlich mit beträchtlicher Hilfe meiner unsichtbaren Berater), sollten wir doch tatsächlich mit zwei Menschen, von denen wir bis vor zwei Monaten nichts gewußt hatten und die wir auch jetzt noch nicht persönlich kannten, drei Tage lang paranormale Angelegenheiten erörtern.

Mein Mann, der wie immer die Herausforderungen des Augenblicks annahm, schlug mir vor, ein paranormales Reading über unseren Besuch im Zentrum für nichtphysikalische Wissenschaften zu machen. »Es wird zwei Zwecken dienen«, sagte er. »Erstens wird es uns Hinweise geben, ob wir damit den richtigen Schritt tun oder nicht. Zweitens können wir feststellen, ob du in der Lage bist, Readings auch für uns nicht nahestehende Personen zu geben, über die wir nur wenig wissen.«

Ich war mit dem Vorschlag voll und ganz einverstanden, setzte mich in meinen Lieblingssessel, den ich inzwischen als meinen »Trancestuhl« betrachtete, und bereitete mich auf das Reading vor. Mit Hilfe Jims, der als mein allgegenwärtiger Führer fungierte, versank ich in angenehme Gefühle, die eine Bewußtseinserweiterung auslösten. Ich fühlte mich in einen anderen Bereich versetzt. Jim wies mich an, meine Aufmerksamkeit auf Roger und Nancy Pile zu konzentrieren, und ich gab für diese beiden ungewöhnlichen Menschen folgende Readings (am 25. Juli 1982):

Reading für Roger Pile
1. Ein großer Mahagonyschreibtisch nimmt in seinem Arbeitszimmer eine Menge Platz ein.
2. In dem Zimmer gibt es viele Bücherregale.
3. Roger ist in den Fünfzigern und hat weißes Haar.
4. Er ist, was das Paranormale angeht, extrem genau.
5. Er bietet Unterricht in Bild-Readings.
6. Er wird Bücher über Ernährung, Yoga, paranormale Readings und Meditation empfehlen, die wir lesen sollen.
7. Rogers Haus liegt an einem Fluß, und auf der rechten Seite steht ein Baum.

8. Hinter dem Haus scheinen Gartenmöbel aus Rotholz zu stehen.
9. Das Haus ist einstöckig und hat einen grün-weiße hölzerne Seitenverkleidung.
10. Weiße Läden schmücken die Fenster. Das Haus steht an einer Ecke.
11. Roger besitzt heilende Hände und ist ein guter Lehrer.
12. Er wird uns lehren, unser Inneres zu erschließen.
13. Er legt beim Heilen Nachdruck auf wiederholte Vergegenwärtigungsübungen.
14. Ich sehe Preise für läuferische Leistungen.

Reading für Nancy Pile
1. Nancy hat helles, lockiges Haar und ein einnehmendes Lächeln.
2. Sie ist einsachtundsechzig groß und von mittlerer Statur.
3. Sie kocht ausgezeichnet und leidenschaftlich gern.
4. Nancy besitzt überragende Fähigkeiten als Medium.
5. Viele unserer drängendsten Fragen wird sie beantworten, wenn wir eine Liste vorbereiten.
6. Nancy hält an einem örtlichen College Vorlesungen über Parapsychologie, wozu auch ein Meditationstraining gehört.
7. Tätigkeiten, die mit geistiger Gesundheit zusammenhängen, interessieren sie.
8. Ein Reading wird für uns durchgeführt werden, das uns Führung im Hinblick auf die einzuschlagende Richtung gibt.
9. Wir korrespondieren nach unserem Besuch bei den Piles mit ihnen.
10. Nancy arbeitet in ihrem Garten, und bei ihr gedeiht alles hervorragend.
11. Sie gibt Jim Empfehlungen zur Steigerung der Kreativität.
12. Nancy tendiert zu Ideen der Ganzheitsmedizin.
13. In einem ihrer Fingerknochen scheint ein Haarrißbruch erkennbar, der verheilt ist.
14. Sie hat ein angenehmes Wesen und ein fröhliches Lachen.

Gegen Ende des Readings erklärten meine inneren geistigen Führer unmißverständlich, daß unser Besuch im Zentrum für nichtphysikalische Wissenschaften ein lohnendes Unternehmen sein werde, das uns sogar noch größere Achtung vor dem Paranormalen verschaffen und uns befähigen werde, neues Verständnis in unserer spirituellen Entwicklung zu erlangen.

Am 3. August fuhren wir ab nach Chester in Connecticut. Unterwegs machten wir Station in Rahway, wo wir übernachteten und meinen kranken Vater besuchten. Tags darauf fanden wir ohne Schwierigkeiten den Weg nach Chester, mußten aber im Stadtzentrum nach dem Deep Hollow Drive fragen. Laut der Auskunft eines Einheimischen hatten wir noch etwa zweieinhalb Kilometer bis zum Ziel unserer Reise vor uns. Wir folgten seiner Wegbeschreibung und erreichten die gesuchte Straße ohne weitere Verzögerung.

»Glaubst du, daß du das Haus erkennst, wenn du es siehst?« fragte Jim, als wir den Deep Hollow Drive hinunterfuhren.

»Ich bin mir nicht sicher«, antwortete ich zögernd, »aber ich sag es dir, wenn ich ein Haus sehe, das jenem aus dem Reading ähnelt.«

Wir fuhren um eine Kurve.

»Da ist es!« rief Jim aufgeregt und deutete auf ein grün-weißes zweistöckiges Haus, »ich erkenne es nach deiner Beschreibung.« Er zeigte auf ein Gebäude zu unserer Linken. Das Haus glich aufs Haar jenem, das ich im Trancezustand gesehen hatte, nur war es zweistöckig statt einstöckig. Die Fenster hatten weiße Läden, und auf der rechten Seite stand eine hohe Kiefer. Als wir in die Einfahrt einbogen, sah ich keine drei Meter vor mir Nancys kleinen Gemüsegarten.

Die Haustür ging auf, ein großer grauhaariger Mann erschien, kam auf uns zu und streckte uns grüßend die Hand hin.

»Sie müssen die Windsors aus Virginia sein. Willkommen im Zentrum für nichtphysikalische Wissenschaften. Ich bin Roger Pile. Nancy und ich freuen uns über Ihren Besuch.« Seine Stimme war warm und freundlich, und seine Augen strahlten, während er sprach. Ich hatte mir Roger Pile nach meinem Reading als Mann in den Fünfzigern vorgestellt, doch seine jugendliche Erscheinung und seine sprühende Vitalität ließen mich an der Richtigkeit meiner paranormalen Impression zweifeln.

»Nancy ist in der Stadt, sie macht Besorgungen, wird aber bald kommen«, fuhr er fort. »Wir wollen unterdessen hineingehen und uns miteinander bekannt machen.« Er führte uns ins Haus, deutete auf ein Sofa und forderte uns auf, es uns bequem zu machen, während er Eistee zubereitete. Nach kurzer Zeit trat er mit den Erfrischungen ins Wohnzimmer, setzte sich uns gegenüber und schilderte in kurzen Zügen seine Vergangenheit.

Er war lange ein erfolgreicher Geschäftsmann gewesen, doch vor acht Jahren hatten ihn Anforderungen und Umstände in der Industrie frustriert, und er hatte sich gesagt, zum Leben müsse mehr gehören als nur der Erwerb materiellen Besitzes. Ein Bekannter schlug ihm damals vor, sich von einem angesehenen Medium ein Reading geben zu lassen. Dieses Reading und seine Freundschaft mit dem Medium hatten dann sein ganzes Leben verändert. Er entdeckte, daß er selbst unerschlossene sensitive Fähigkeiten besaß und begann, sein transpersonales Bewußtsein zu entwickeln. Was als Steckenpferd angefangen hatte, war bald zum Vollzeitberuf geworden. Er und seine Frau Nancy gründeten das Zentrum für nichtphysikalische Wissenschaften, um der wachsenden Nachfrage nach seinen Diensten besser gerecht werden zu können.

Das Zentrum offerierte zur Zeit Unterricht im Heilen, in der Bewältigung von Streß, in der Entwicklung paranormaler Fähigkeiten, in medialen Fähigkeiten und Meditation. Da Jim selbst Parapsychologie gelehrt hatte, freute er sich darauf, seine Ideen mit Roger erörtern zu können. Nicht lange, und die beiden waren in ein Gespräch über parapsychologische Fragen vertieft. Während ich bequem zurückgelehnt ihrer lebhaften Unterhaltung lauschte, spürte ich, daß Roger ungeheure Energie umfloß. Ich bemerkte dieses Phänomen oftmals bei dynamischen Persönlichkeiten, doch die von ihm ausgehende Energie schien den ganzen Raum zu füllen.

»Hallo, alle miteinander!« Der herzliche Gruß riß mich aus meinen Gedanken. Ich schaute zur Tür, durch die eben Nancy Pile eingetreten war. Ihr Aussehen entsprach den im Reading erhaltenen Angaben, nur hatte sie langes braunes Haar. (Zwischen unserem ersten Besuch und unserem zweiten auf der Rückreise vom Ames Farm Inn ließ sie es kurz schneiden.) Sie entschuldigte sich für ihre Verspätung und nahm sogleich am Gespräch teil, äußerte im Lauf der Diskussion ihre persönlichen Gedanken über paranormale Themen.

An Nancy beeindruckten mich vor allem ihr gewinnendes Lächeln, ihr fröhliches Lachen. Kein Wunder, daß ihre Persönlichkeit bei dem Reading am 25. Juli solch tiefen Eindruck auf mich gemacht hatte. Amüsiert registrierte ich, daß sie Roger oft hänselte, sich über ihn lustig machte und die Stimmung auflockerte, wenn seine Kommentare übereifrig wurden und er sich zu ernst nahm.

»Kommen wir jetzt zur Sache«, schlug Roger schließlich vor und führte uns ins Nebenzimmer, in dem das Ehepaar seine Seminare und Workshops abhielt. Ich bemerkte gleich beim Eintreten auf dem Kaminsims mehrere Trophäen.

»Haben Sie die bei Laufwettbewerben gewonnen?« fragte ich zögernd.

»Nein, beim Schwimmen, als ich noch um einiges jünger war«, antwortete Roger. (Der falsche Sport, notierte ich im Geist.)

Durch die Gittertür auf der Rückseite des Hauses konnte ich einen Fluß sehen, dessen Wasser über tief unter der Oberfläche liegende Steine plätscherte. Nancy folgte der Richtung und erklärte: »Jetzt ist der Fluß friedlich, aber im Juni hatten wir eine Überschwemmung, da wurde er zu einem tobenden Strom, der alles mitriß, was ihm in den Weg kam. Auf den Grundstücken unserer Nachbarn richtete er großen Schaden an. Uns muß irgend etwas geschützt haben.« (Ich erinnerte mich an meinen Traum von der Überschwemmung im Mai, der später beschrieben wird, und fragte mich, ob er irgendwie mit der Überschwemmung hier in Verbindung stand.)

Jim und ich setzten uns Roger und Nancy gegenüber. Jim stellte unser Tonbandgerät auf, und Roger gab uns den Kursplan für die nächsten drei Tage sowie eine Liste mit Büchern, deren Lektüre er empfahl. Sie umfaßten allen Themen, die ich vorausge-

sehen hatte. Ich kannte nur ein Viertel der Werke und freute mich
darauf, in der nächsten Zeit die anderen zu lesen.

Roger begann die Vortragsreihe für uns mit Informationen über
Körperkommunikation und Geistheilung, anschließend behandelte
er die Quellen paranormaler Energie sowie die Methodologie und
Philosophie paranormaler Readings. Rogers Wissen war so viel-
seitig und umfassend, daß ich seine Vorträge hier unmöglich vollständig wiedergeben kann. Deshalb habe ich aus unserem dreitägigen Seminar einige Glanzlichter ausgewählt, die nach meiner
Ansicht die Vielfalt der erörterten Themen anschaulich darstellen.

Über Körperkommunikation, Krankheit und Geistheilung
*Alles auf der Welt besteht aus Energie. Unser Körper arbeitet auf
Energiebasis, so daß ein normaler Energiestrom durch das Aurafeld
fließt. Unser Körper weiß, daß er vergänglich ist, unsere Seele ist
unsterblich. Deshalb ist es in unserem Interesse, uns um die
Aufrechterhaltung bester körperlicher Gesundheit zu bemühen.*

*Emotionen sind dem Körper zugehörig. Sie umfassen Zorn, Groll
und Haß sowie Optimismus und Liebe. Die negativen Emotionen
erzeugen in unserem Körper Angst, die wiederum den normalen
Energiestrom abblockt. Kommt es zu einer solchen Blockierung,
sendet der Körper ein SOS-Signal, mit dem er um Hilfe bei der
Wiederherstellung des Stoffwechselgleichgewichts und der Harmonie bittet. Eine Reihe körperlicher Symptome scheint als »physisches
Barometer« für die Bestimmung des bereits eingetretenen Scha-
densausmaßes zu dienen. Der Schaden reicht von leichtem Zittern
und chronischen Kopfschmerzen bis zu Organstörungen (beispielsweise Geschwüren, Herzattacken) und Knochenzersetzung. Läßt
man den Prozeß ungehindert fortschreiten, tritt schließlich der Tod
ein.*

*Körperliche Heilung baut die durch Ängste erzeugten Blockie-
rungen ab. Der paranormale Heiler liefert reichlich paranormale
Energie, die die Schwingungen des Körpers verändert und Heilkraft in die Zellen sendet. Der Geistheiler tut gut daran, jeden
Patienten erst durch ein paranormales Reading zu beurteilen, um
zu ermitteln, welchen Problemen der Betreffende aus dem Weg zu*

gehen versucht. Die Probleme sind verantwortlich für die Energie-blockierungen. Ist einmal die Ursache bestimmt, und besteht seitens des Patienten die Bereitschaft zur Änderung und zur Übernahme der Verantwortung für sein Leben, kann der Degenerationsprozeß aufgehalten werden. An diesem Punkt wird der Geistheiler zum Heilkanal; durch das Band, das zwischen ihm und seinem Patienten entstanden ist, findet die körperliche und spirituelle Heilung statt, und der normale Energiestrom setzt wieder ein.[2]

HEILUNG DURCH DAS WORT
Beratung ist eine Form der paranormalen Heilung. Sie heilt den Geist – oftmals die wichtigste aller Heilungen.

Bei der Beratung kommt jene positive Energie ins Spiel, die Liebe heißt. In der Beratungsbeziehung wird diese positive Energie dazu benutzt, den verzweifelten Geist des Patienten zu heilen. Der Heilwunsch des Beraters erfüllt das Verlangen des Patienten nach Hilfe. Die Energien zur Heilung kommen vom Berater, doch es liegt am Patienten selbst, die Arbeit zu leisten, die für den Eintritt der Heilung nötig ist.[3]

QUELLEN PARANORMALER ENERGIE
Folgende Gegebenheiten liefern reichlich paranormale Energie. Man braucht die Quellen nur anzuzapfen.
1. *Immergrüne Pflanzen: Die Nadeln immergrüner Pflanzen speichern die Sonnenenergie. Wenn ein Mensch findet, daß sein Energiespiegel niedrig ist, wirkt ein langer Spaziergang in einem Nadelwald lindernd. Man kann auch einen Nadelbaum »umarmen«, wenn es einem gleichgültig ist, was die Nachbarn denken.*
2. *Sonnenenergie: Ein Spaziergang im Freien ist eine ausgezeichnete Art, Energie zu tanken, wenn man die Hände nach oben dreht, so daß die Handflächen Energie-Empfänger werden.*
3. *Holz: Wenn Sie ein Haus bauen oder sich ein neues Heim suchen, sollten Sie darauf achten, daß ein oder zwei Räume ganz aus Holz bestehen (zum Beispiel eine holzverkleidete Stube). Solche Räume sind eine unerschöpfliche Vitalitätsquelle.*
4. *Barfußgehen am Strand: Hier kommt der Prozeß der Reflexo-*

*logie ins Spiel. Der Sand wirkt massierend und sendet positive
Schwingungen in alle Körperteile, wodurch das Gleichgewicht
und die Harmonie wiederhergestellt werden.*

5. *Atemgymnastik: Das hilfreichste Atemschema ist jenes, bei dem
vier-zwölf-acht gezählt wird. Atmen Sie ein, während Sie bis
vier zählen, halten Sie dann die Luft an, bis Sie bis zwölf gezählt
haben, und atmen Sie anschließend aus, während Sie bis acht
zählen. Die sollten Sie siebenmal wiederholen. Das Atemschema
trägt zum Aufbau eines Vorrats paranormaler Energie bei, aus
dem Sie bei Bedarf schöpfen können.*[4]

ÜBER PARANORMALE READINGS
*Der paranormalen Gelehrsamkeit sind keine Grenzen gesetzt
außer jenen, die Sie sich selbst auferlegen.*

Sie sind für sich die einzige Autorität.

*Das Verlangen nach Wissen und der Wunsch zu helfen sind
Voraussetzungen für ein gutes paranormales Reading. Dies gilt
gleichermaßen für den Durchführenden und den Empfänger des
Readings.*

*Angst verschließt sämtliche Türen zum Paranormalen. Der
Schlüssel zum meisterlichen paranormalen Reading liegt in Entspannung und Gewährenlassen. Je mehr Sie von sich selbst in das
Reading einbringen, desto unzuverlässiger wird es. Sie tragen jedes
denkbare Wissen in sich. Vertrauen Sie sich selbst.*[5]

PHILOSOPHIE DES PARANORMALEN
Warum wir unsere paranormalen Talente entwickeln sollten
*Unsere paranormalen Fähigkeiten – über die wir alle verfügen – sind
keine Geschenke. Wir besitzen zwar nicht alle die gleichen Fähigkeiten oder haben sie zumindest nicht im gleichen Maße, aber sie sind
genauso ein Bestandteil unseres Wesens wie die fünf körperlichen
Sinne. Allerdings liegen sie im Gegensatz zu diesen brach, weil wir sie
nicht einsetzen. Warum nicht? Wir haben Angst vor ihnen, fürchten
ihren Einsatz, weil die meisten von uns ihr Leben von anderen Menschen lenken lassen, von anderen Menschen abhängig sind. Würden
wir diese Fähigkeiten aktivieren, könnten wir unabhängig werden*

und wären dann gezwungen, Entscheidungen zu treffen und die Lenkung unseres Lebens selbst in die Hand zu nehmen.

Wir benutzen unsere fünf körperlichen Sinne, um auf der physischen Ebene zu leben, zu lernen und zu wachsen; wir benutzen die nichtphysischen oder paranormalen Sinne, um auf der spirituellen Ebene (die wir nicht sehen, spüren oder berühren können, von der wir jedoch wissen, daß sie da ist) zu existieren, zu lernen und zu wachsen. Es ist an der Zeit, daß wir die beiden Ebenen vereinen und so den neuen Himmel und die neue Erde in uns selbst zusammenfügen. Wenn wir das tun, kommen wir ins Gleichgewicht und in Einklang mit jedweder Schöpfung – haben Teil an all ihrer Macht und Glorie.

Die Entwicklung unserer paranormalen Fähigkeiten ist somit eine gute Gelegenheit, uns zu einem ganzen, unversehrten Wesen zu entwickeln, das mit seiner Umgebung in Frieden und Harmonie lebt, weil es diese Umgebung ohne Schliche, Manipulation oder Mühe beherrscht!

Wie in allen Dingen, ist Gleichgewicht von größter Wichtigkeit. Die ausschließliche Konzentration auf Spirituelles ist genauso unproduktiv wie eine völlige Ausrichtung auf das Körperliche. Wir existieren in beiden Welten und müssen deshalb alle unsere Sinne, die körperlichen wie die nichtkörperlichen, entwickeln und einsetzen. Wenn wir dies tun, werden wir (zu unserem größten Erstaunen) entdecken, was für ein schönes, kreatives Wesen wir in Wirklichkeit sind! Wenn wir also bereit sind, uns selbst zu trauen und an uns zu glauben, uns zu verstehen und zu akzeptieren, uns zu lieben (nicht zu verabscheuen), werden wir Frieden, Freude und anderen Lohn ernten, der unsere kühnsten Träume übersteigt. Denken Sie daran, wir alle sind Kinder des Vaters, jeder von uns trägt den Samen des Göttlichen in sich. Ob wir diesen Samen brachliegen lassen und ihn nicht nähren oder ob wir ihn mit Liebe begießen und ihm unsere ganze Aufmerksamkeit widmen, so daß er mit der Zeit keimen und zur vollen Reife heranwachsen kann – das entscheidet jeder für sich selbst![6]

Während unseres restlichen Aufenthalts versenkten wir uns alle

vier wechselweise in die Psyche der anderen, registrierten wir im
Geist Ähnlichkeiten und Unterschiede zwischen unseren Lebens-
philosophien und unserem Verständnis des Paranormalen. Die
Piles unterrichteten uns über Themen wie die menschliche Aura,
Geistheilen, den Prozeß der Reinkarnation, höhere Dimensionen
des Bewußtseins, mediale Arbeit, Psychometrie und Bild-Reading.

Am letzten Morgen des dreitägigen Kurses wurde ich aufgefor-
dert, mittels eines Bildes, das ich in der Hand hielt, ein paranormales Reading zu geben. Roger fungierte als mein Führer und Lehrer,
machte mich auf gewisse Unzulänglichkeiten in meiner Tranceein-
leitung aufmerksam und gab Empfehlungen zur Verfeinerung der
»rohen« Techniken, die ich bislang angewandt hatte. Schritt für
Schritt belebte er mein Zutrauen zu mir selbst, anfangs durch
häufige ermutigende Kommentare zu meinen Äußerungen im
Reading, später durch echte Anerkennung und Achtung vor den
Fähigkeiten, deren Entfaltung er erlebte.

Danach versenkte sich Nancy Pile in Trance und gab uns in
einem paranormalen Reading folgende Ratschläge im Hinblick auf
unseren augenblicklichen Entwicklungsstand:

NANCY PILES READING
*Was zur Zeit stattfindet, ist eine Übergangsphase, in der das
Bewußtsein nicht nur an Tiefe, sondern auch an Weite gewonnen
hat. Sie brachte eine Neubestätigung älterer Vorstellungen und eine
Öffnung für Vorstellungen, die neu sind. Die erste Reaktion darauf
ist großes Unbehagen, der Versuch, den Mantel abzuwerfen, der
Ihnen umgelegt wurde. Darum möchte ich zu Ihnen über das
sprechen, was jetzt erreicht werden soll.*

*Jetzt ist die Zeit, da Sie mit diesem Prozeß bekannt werden. Jetzt
ist die Zeit, da Sie mit sich selbst so bekannt werden sollen, daß Sie
akzeptieren und geduldig sind. Ich lächle über die Worte »geduldig
sein«, weil wir sie oft hören. Es ist keine leichte Aufgabe, mit sich
selbst geduldig zu sein.*

*Sobald der Begriff in unser Bewußtsein dringt, möchte man, daß
er in unserem Geist wie durch Zauber verwirklicht wird; doch so
einfach funktioniert das nicht, weil eine Änderung der gewohn-*

heitsmäßigen Handlungen erfolgen muß. Weil sich diese in einem längeren Zeitraum gebildet haben, dauert es auch einige Zeit, sie zu neuen Mustern und neuen Gewohnheiten zu ordnen; darum müssen Sie sich selbst Zeit für die Anpassung geben.

Diese besteht in der Formung eines neuen Denkmusters, das um so mehr Energie empfängt, je mehr Sie an es denken. Wenn also für Sie die Zeit kommt, es in physische Wirklichkeit umzusetzen, werden Sie es so mit Energie umkleidet haben, daß es wirklich sein wird und Sie leicht in es hineintreten können. Es wird Ihnen fast vertraut vorkommen, aber zum jetzigen Zeitpunkt existiert dieses Gefühl der Vertrautheit nicht und darum auch kein Trostgefühl. Nach meinem Standpunkt ist jetzt die Zeit der Bewertung und des Nachdenkens über viele Dinge; haben Sie darum Geduld mit Ihrer eigenen Zögerlichkeit! Das ist gesund. Sie, Joan, haben sich das Privileg dieser Zögerlichkeit nicht gestattet. Sie haben sich vorgenommen, alle diese neuen Möglichkeiten in Ihr Bewußtsein zu holen und sie fast gleichzeitig in die Praxis umzusetzen. Dies ist Ihr Stil, und er ist gut für Sie, nur führt er dazu, daß Sie sich sehr oft selbst anzweifeln. Diese Selbstzweifel sind Bestandteil Ihres Verhaltensmusters; sie sind Bestandteil des Verstandes, den Sie bei der letzten Inkarnation mitbekommen haben. Die Lektion, die Sie während dieser Lebensspanne lernen müssen, ist Selbstbewertung ohne Selbstgeißelung. Sie machen Schritte in dieser Richtung, indem Sie es wagen, Ihren Impressionen zu trauen, und dadurch sind Sie in sehr kurzer Zeit beträchtlich gewachsen. Ihr einziges Problem ist, daß Sie sich dem anpassen und einen Sinn darin finden müssen. Im Augenblick sind Sie sozusagen am Sortieren, und Sie versuchen, einen persönlichen Kodex aus all dem zu formulieren, was Ihnen widerfahren ist. Das ist gut so, aber noch einmal lautet meine Botschaft: Seien Sie dabei geduldig mit sich selbst! Das ist es, wozu die Zeit jetzt dient. Sie ist eine Zeit der Bewertung und des Wachstums.

Sie beide sind stark auf Menschen ausgerichtet, aber das verlagert sich mehr auf eine geistig-spirituelle Ebene. Darum hat sich der Mittelpunkt Ihrer Dienste etwas verlagert gegenüber dem, was Sie früher taten. Hier ist die Gedankenkommunikation äußerst wich-

tig. Ihre ganzen Zweifel an diesem Prozeß sind nichts anderes als Teil der Formulierung einer neuen Art Weltsicht für Sie beide, und diesen Prozeß machen andere genauso durch wie Sie.[7]

Damit endete das Reading und auch unser Aufenthalt bei Roger und Nancy. Die Trauer über den Abschied wurde jedoch gemildert durch ein Gefühl grenzenlosen Optimismus, denn als die Gestalten des Ehepaars Pile hinter uns verschwanden, wußten Jim und ich genau, daß wir am Beginn einer lohnenden Freundschaft mit diesen beiden verwandten Seelen standen.

4

Die Hollis-Readings

Zuerst muß sich der Träumer ändern und wachsen. Anschließend muß er einen Weg finden, durch bescheidenes Dienen jene Menschen an seinem Wachstum teilhaben zu lassen, die ihm im täglichen Leben am nächsten stehen.

HARMON H. BRO, Traumdeutungen in Trance

In der Rückschau gesehen, scheinen der Sommer und der Herbst 1982 eine Periode ununterbrochener paranormaler Schulung gewesen zu sein. Die Monate vergingen seinerzeit mit dem Besuch von ARE-Tagungen, dem Nachdenken über Themen, die vor einem Jahr meinem Lebensstil völlig fremd gewesen waren, und der Knüpfung von Freundschaften mit Menschen, die nicht nur meine neue Philosophie teilten, sondern Fähigkeiten besaßen, die sie ergänzten. Bis zu diesem Zeitpunkt war ich vorwiegend eine Vermittlerin paranormaler Informationen gewesen. Dank der neuen Beziehungen wurde ich nun zur Empfängerin paranormalen Wissens, das mir bis dahin nicht zugänglich gewesen war.

Ich hatte die Ehre, MARK THURSTON und HARMON BRO kennenzulernen, aus deren literarischen Werken ich im vorliegenden Buch immer wieder zitiere. Zu meiner Freude stellte ich fest, daß beide sogar noch angenehmer und anregender waren, als ich sie mir vorgestellt hatte.

Die ARE-Tagung *ASW und Prophezeiung* bot mir Gelegenheit, Vorträge von ALBERT BOWES, einem praktizierenden Medium aus Florida, und von CHARLES THOMAS CAYCE, dem Enkel EDGAR CAYCES und gegenwärtigen ARE-Präsidenten, zu hören. Ich war beeindruckt von Albert Bowes' Humor und der Weisheit in seinem Vortrag *Meine Erfahrungen als Berufsmedium.* Bowes unterstrich folgende Punkte:

Die paranormale Fähigkeit eines Menschen ist eine Gabe, die er mit anderen gemein hat.
Jedes Reading ist einmalig, weil jeder Mensch einmalig ist.
Jedes Reading sollte mit einem Gebet beginnen.
Die Menschen werden nie erwachsen. Wir alle sind lernende und wachsende Kinder.
Das Gefühl der Erschöpfung, das mit Unglücklichsein einhergeht, kommt daher, daß es anstrengend ist, unglücklich zu sein!
Man sollte seine Religion leben oder sie ablegen.
Seien Sie stolz auf Ihre Einzigartigkeit. Die Wahrheit setzt sich letztendlich immer durch.[1]

Charles Thomas Cayces Vortrag fand ich informativ und voller Denkanstöße. In *Probleme auf dem Weg der paranormalen Entwicklung* legte er seine Gedanken über verschiedene Quellen paranormaler Informationen dar (wie der Leser feststellen wird, sind sie etwas anders als jene, die in dem Kapitel »Psychometrie und paranormale Readings« erörtert werden). Fünf Quellen erwähnte er kurz:

1. *Das eigene Unterbewußtsein*: Es umfaßt Träume und steht mit den persönlichen Erfahrungen im Leben in Beziehung.
2. *Das eigene Unbewußte*: Es steht mit früheren Existenzen in Beziehung. Längere Perioden der Kontemplation oder wieder-

holte Kontemplation können solche paranormale Erfahrungen ins Bewußtsein holen.

3. *Außersinnliche Wahrnehmung*: Dazu gehören Telepathie (Geist), Hellsehen (Ereignisse) und Präkognition (die Zukunft).

4. *Das kollektive Unbewußte*: Mit dieser Quelle kann in einem Traum oder im Trancezustand Verbindung aufgenommen werden.

5. *Verschiedene Quellen*: Erörterung von Problemen im Traumzustand mit den Toten können wirklich sein.[2]

Im Anschluß daran erklärte Charles Thomas Cayce, welch große Bedeutung Motivation und Selbstdisziplin für die paranormale Entwicklung haben. Er empfahl, die eigenen Erfahrungen aufzuzeichnen, sich einer kleinen Gruppe zur Stärkung des Paranormalen anzuschließen und der spirituellen Arbeit jeden Tag eine regelmäßige Zeitspanne zu widmen. Wie er sagte, kann der Sensitive seine Genauigkeit steigern, wenn er innerlich ruhig und mit seinem Leben zufrieden ist; ohne Vertrauen zur eigenen Person und zu seiner Quelle jedoch wird er kaum Fortschritte erzielen. Die Bemerkung, mit der er seinen Vortrag *Synchronizität und Divination* beendete, machte nachhaltigen Eindruck auf mich: »Es gibt keine einfache Form der Zukunftsvoraussage. Jeder Mensch muß experimentieren, bis er herausgefunden hat, was bei ihm am besten funktioniert.«[3]

In der Woche vom 19. bis 25. September veranstaltete die ARE eine Tagung über »Die Anwendung neuzeitlicher Heiltechniken«. Ich meldete mich an, weil ich das Gefühl hatte, nach einem solchen Kurs meine eigene Gesundheit besser erhalten und die ganzheitlichen Gesundheitsregeln und Verfahren, die ich dort lernte, in meiner Beratungspraxis anwenden zu können.

Als Redner waren unter anderem Dr. NORMAN SHEALY, Direktor des Shealy-Schmerz-und-Gesundheits-Rehabilitationsinstituts in Springfield, Missouri, und meine Freundin Dr. GENEVIÈVE HALLER vorgesehen. Ich kannte Frau Dr. Hallers Kompetenz als Chiropraktikerin und Ernähungsexpertin, doch von Dr. Shealy wußte ich nichts, darum las ich voll Interesse die Schilderung seines

Werdegangs. Er war Neurochirurg und promovierter Psychologe. Seine Klinik behandelte Patienten, die an chronischen Erkrankungen litten, nach biogenischen Gesichtspunkten. Diese umfaßten »Selbsthilfe durch Suggestion, Weckung von Körperbewußtsein, Übernahme der Verantwortung für die eigene Gesundheit und das eigene Wohlbefinden sowie Nutzung der geistigen Vorstellungskräfte zum Aufbau der Gesundheit.«[4] Wegen der Geschehnisse des Vorjahrs interessierte mich seine Betrachtungsweise besonders. Ich traf in meinem Arbeitsplan die nötigen Vorkehrungen und freute mich immer mehr auf die Tagung.

Am Abend vor dem Beginn bekam ich während meiner täglichen Meditation eine wichtige Botschaft. Meine innere Informationsquelle teilte mir mit, daß ich auf der Tagung eine »sensitive Person« kennenlernen würde, die sich für Jim und mich als äußerst wertvoll bei unserer augenblicklichen und künftigen paranormalen Forschung erweisen werde. Ich hätte eine solche Person eher bei der vorausgegangenen Tagung über »ASW und Prophezeiung« erwartet, doch nach mehr als einem Jahr richtiger Tips schien es mir klug, die Botschaft meines unsichtbaren Führers zu beachten und nach einer solchen Person Ausschau zu halten.

Für Montag waren Dr. Shealys Vortrag *Ernährung: Richtig essen, um richtig zu denken* und ein Ernährungs-Workshop mit Dr. Haller angesetzt. Am Dienstagvormittag führte Dr. Shealy Übungen zur Verbesserung der körperlichen Gesundheit vor, und ich staunte über eine Akupunkturdemonstration von Roger Jahnke. Bis zum Ende der Vorträge am Nachmittag hatte ich einige interessante Tagungsteilnehmer kennengelernt, doch die geheimnisvolle »sensitive Person« befand sich meines Erachtens nicht darunter. Der Mittwoch verlief ereignislos, und ich begann, allmählich am Auftauchen dieser Person zu zweifeln.

Am Donnerstag parkte ich morgens meinen Wagen vor dem Tagungsgebäude und ging auf die Treppe zu. Einige Meter vor mir bemerkte ich eine zierliche Frau mit kastanienbraunem Haar, die ich auf Anfang Dreißig schätzte. Außer ihrem Notizbuch trug sie mehrere Bücher über Akupressur und Reflexologie unterm Arm. Als sie zur Seite blickte, bemerkte ich, daß sie meiner Schwägerin

Florence Mathis verblüffend ähnlich sah, wenn sie auch jugendlicher wirkte. Spontan rief ich sie an; sie drehte sich um und blieb stehen. Nun erkannte ich, daß sie schon die ganze Woche an der Tagung teilgenommen hatte, sie hatte jedoch immer auf der anderen Seite des Raumes gesessen.

»Hat Ihnen die Tagung bis jetzt gefallen?« fragte ich.

»Sehr«, antwortete sie, »besonders beeindruckt bin ich von Dr. Shealys Einstellung zur ganzheitlichen Gesundheit.« Sie deutete auf die Bücher unter ihrem Arm. »Die habe ich für eine Freundin gekauft. Sie interessiert sich sehr für diese Themen.«

Wir öffneten die Tür des Gebäudes und traten in die Halle. »Sitzen Sie bei jemand Bestimmtem?« fragte sie zögernd.

»Nein, keineswegs«, antwortete ich, erfreut darüber, den Vormittagsvortrag in solch liebenswürdiger Gesellschaft hören zu können.

Im Vortragssaal setzten wir uns ziemlich weit nach vorn. Dr. Shealy begann gerade seine Ausführung über »Selbstregulierung: Vermeidung des Ausbrennens«. Ich hörte aufmerksam zu, denn viele der Patienten meines Mannes zeigten einige der Symptome, die er beschrieb. Seine Vorstellungen konnten bei der Behandlung verwertet werden.

»Angst ist die Wurzel aller unserer Lebensprobleme. Wir haben Angst, das Leben, die Gesundheit, Liebe, Geld oder moralische Werte zu verlieren. Wenn ein Mensch seine Angst identifizieren kann, wird er besser damit fertig.«

Dr. Shealy nannte drei Mittel gegen solche Angst:

1. *Eingeständnis*: Stellen Sie sich dem Problem. Dabei müssen Sie vielleicht einen Kompromiß eingehen.
2. *Scheidung mit Freude*: Fertigen Sie eine Liste der damit verknüpften Plus- und Minuspunkte an. Wenn nach eingehender Meditation die Minuspunkte bei weitem die Pluspunkte überwiegen, lösen Sie die Bande oder Verbindungen.
3. *Akzeptieren und vergeben*: Wirkliches Vergeben kann in einer anderen Person eine Veränderung bewirken.

Als Mittel gegen die körperliche Erschöpfung empfahl Dr. Shealy sieben Maßnahmen:

1. *Schlafen Sie jede Nacht sieben bis acht Stunden.* Schlaflosigkeit läßt sich durch folgende Dinge besiegen:
   a) Koffein nach fünfzehn Uhr vermeiden.
   b) Nur zwei Tassen Kaffee oder Tee am Tag trinken.
   c) Zucker meiden. Er beeinträchtigt den Tryptophan-Stoffwechsel.
   d) Meiden Sie alle Schlaftabletten. Keine Schlaftablette bringt wirklich erholsamen Schlaf.
   e) Kein Valium einnehmen.
   f) Keine Barbiturate einnehmen.
   g) Viel Bewegung.
   h) Einnahme von drei bis zehn Gramm Tryptophan eine halbe Stunde vor dem Schlafengehen, dazu hundert bis zweihundert Milligramm Vitamin-B-Komplex.
   i) Dreißig bis fünfundvierzig Minuten Meditation und Biogenik täglich.
   j) Zwei Stunden vor dem Schlafengehen ohne Alkohol.
   k) In schweren Fällen medizinisch-therapeutischer Elektroschlaf.
2. *Rauchen Sie nicht.* Damit schaden Sie nicht nur sich selbst, sondern allen Menschen in Ihrer Umgebung.
3. *Trinken Sie Alkohol nur in Maßen.* Zwei Drinks am Tag könnten sein: etwa ein Drittel Liter Wein und Bier.
4. *Sorgen Sie dafür, daß Ihr Körpergewicht nicht mehr als zehn Prozent vom Idealgewicht abweicht.*
5. *Verschaffen Sie sich genügend Bewegung:* Machen Sie die Aerobik-Übungen, die vorhin vorgeführt wurden.
6. *Reduzieren Sie Fette und Salz in Ihrer Kost auf ein Minimum.*
7. *Machen Sie mindestens eine halbe Stunde täglich geistige Selbstregulierungsübungen in irgendeiner Form.*

Sein Vortrag endete mit dem Rat: »Gehen Sie nie mit einem Gefühl des Grolls in Ihrem Inneren oder in Ihrer Umgebung zu Bett.«[5]

Die Tagung wurde bis zum Nachmittag unterbrochen. Meine neue Bekannte und ich überquerten die Atlantic Avenue, betraten den Speisesaal des Marshall's Hotels, wählten uns aus einer Vielzahl appetitlicher Gerichte etwas aus und trugen unsere Tabletts dann auf die Hotelterrasse, um genüßlich am Meer zu essen. Unser Gespräch brach keine Sekunde ab.

Ich erfuhr, daß die Frau, die ELIZABETH HOLLIS hieß, dreißig Jahre alt war und in Charlotte, Nordkarolina, wohnte. Ihr Ehemann John war Geschäftsmann, und die beiden hatten eine vier Monate alte Tochter namens Caroline. Sie selbst hatte das William and Mary College mit Französisch als Hauptfach absolviert und einige Jahre später an der Old Dominion University ihren Magister als Beraterin gemacht.

»Sie werden es nicht glauben«, sagte ich, »aber ich habe ebenfalls das William and Mary College mit Französisch als Hauptfach absolviert und ebenfalls meinen Erziehungsmagister für Beratung und Führung gemacht.« Sie schüttelte ungläubig den Kopf.

Wir stellten weitere Vergleiche zwischen uns an und fanden noch viele andere Parallelen. Sie erzählte mir, daß ihr Mann ein kleines Flugzeug fliege. Mein Mann war seit jeher vom Fliegen fasziniert, hatte jedoch nie Zeit gehabt, den Flugschein zu machen. Ich schilderte ihr meine Beratungspraxis, und sie beschrieb mir ihre Stellung bei der Bell Telephone Company. Zur Zeit jedoch hatte sie wegen der Geburt ihres Kindes Urlaub.

»Interessieren Sie sich für Astrologie?« fragte sie.

Mein Wissen über Astrologie hatte auf einem Stecknadelkopf Platz.

»Darüber weiß ich sehr wenig«, bekannte ich.

Sie vertraute mir an, daß sie sich seit ihrer Kindheit brennend dafür interessierte und häufig für ihre Angehörigen und Freunde Karten ausarbeitete. Die darin enthaltenen Informationen stimmten oft sehr genau, doch ihr war klar, daß sie über die betreffenden Personen irgendwie mehr wußte, als sie durch normale astrologische Kanäle erfahren konnte.

Als wir ihre Theorien über astrologische Karten und deren Beziehung zu den Persönlichkeiten der betreffenden Menschen erörterten, wurde Elizabeths Ton lebhafter, und ihre Augen funkelten. Die Förmlichkeit, die zwischen Fremden besteht, verschwand völlig, und sie zeigte nun köstlich treffend Humor.

»Vielleicht sind Sie eine Sensitive«, sagte ich schließlich halb scherzend und wartete auf ihre Reaktion.

»Daran habe ich noch nie gedacht«, entgegnete sie, »wissen Sie etwas über Sensitive?«

Ich holte tief Luft und zog dann für sie ein Resümee der Ereignisse, die sich während des vergangenen Jahres in meinem Leben zugetragen hatten. Wieder schüttelte sie ungläubig den Kopf.

»Was würden Sie davon halten, wenn wir astrologische Karten und paranormale Readings für unsere nächsten Angehörigen austauschten?« fragte ich. »Auf diese Weise könnten wir unsere Arbeit gegenkontrollieren, und ich könnte feststellen, ob und in welchem Maß Sie sensitiv sind.« Sie erklärte sich sofort einverstanden.

Als wir einander die Adressen und andere Informationen gaben, die wir für die Readings und die astrologischen Karten brauchten, merkte ich plötzlich, daß die zweistündige Mittagspause fast vorbei war. Wir hatten uns die ganze Zeit über so lebhaft unterhalten, daß uns kaum Zeit zum Essen geblieben war.

»Es ist seltsam«, meinte Elizabeth, »normalerweise bin ich anderen gegenüber ziemlich schüchtern, aber uns beiden scheint der Gesprächsstoff nicht auszugehen. Sind wir uns schon einmal irgendwo begegnet?«

Ich versicherte ihr, daß ich sie noch nie gesehen hatte, daß aber auch sie mir irgendwie bekannt vorkäme.

»Vielleicht haben wir uns in einem früheren Leben mal getroffen«, meinte sie lachend, als wir aufstanden, um ins Tagungsgebäude zurückzukehren.

Frau Dr. Haller hielt einen Workshop über »Körpersprache und Gesundheitsprobleme« ab, der von zwei bis drei Uhr dauerte, und den wir beide sehr informativ fanden. Damit endete das Tagungsprogramm, und unsere Wege trennten sich. Ich fuhr heim nach Williamsburg und stellte mir vor, wie aufgeregt Jim sein würde, wenn ich ihm berichtete, was sich heute abgespielt hatte. War

Elizabeth Hollis die sensitive Person, deren Erscheinen meine Quelle vorausgesagt hatte? Die Zeit würde es an den Tag bringen.

Nach einer knappen Woche traf ein Brief von Elizabeth ein, in dem sie schrieb, sie habe begonnen, mit ihren Träumen zu arbeiten und finde diese Arbeit faszinierend und erleuchtend. Die Fotos, um die ich sie für die Readings gebeten hatte, lagen bei. Ich musterte John Hollis fremdes Gesicht aufmerksam und fragte mich, was für eine Art Persönlichkeit sich wohl hinter seinem Grinsen verberge. Der Brief endete mit dem Versprechen, unsere astrologischen Karten würden in Bälde kommen.

Eine weitere Woche verstrich, es war so schnell Donnerstag, daß ich das Gefühl hatte, die vier Tage seien zu einem einzigen verschmolzen. Am Spätnachmittag schaute ich auf dem Heimweg in mein Postschließfach und fand darin einen großen braunen Umschlag, der in Charlotte, Nordkarolina, abgestempelt war. Spannung und Freude erfaßten mich. Ich fuhr heim, deponierte all die Dinge, die ich in den vergangenen neun Stunden zusammengetragen hatte, auf dem Bett und öffnete rasch den Umschlag. War es Elizabeth wirklich möglich, die Persönlichkeit jedes Familienmitgliedes nur anhand des Namens sowie des Datums, Zeitpunkts und Orts der Geburt genau zu beschreiben? Bald würde ich die Antwort wissen.

JOAN RUTH WINDSOR · *Sie ist praktisch, arbeitsam, konservativ und großer Selbstdisziplin fähig. Im Mittelpunkt ihres Interesses stehen gesundheitliche Fragen. Möglicherweise besteht die Neigung, geistig, physisch und emotional Dinge in sich zu verschließen. Dies trägt zur Entstehung von Zysten bei. Es ist wichtig, daß sie lernt, Emotionen in gesunder Weise zu äußern und sich von schädlichen geistigen Prozessen zu lösen.*

Unübliche spirituelle Fähigkeiten existieren. Sie besitzt schöpferische Talente. Sie erlebt geistige Abenteuer, die ungewöhnlich sind, und sie möchte sie analysieren und verständlich machen.

Viel religiöses und philosophisches Suchen, verbunden mit dem Wunsch, den wahren Sinn des Lebens zu finden.[6]

Diese Persönlichkeitskarte entsprach genau meiner Vorstellung von mir selbst und den Aussagen meiner Angehörigen und engen Freunde über mich. Ich gebe es zwar ungern zu, aber auch die wenig schmeichelhaften Züge waren charakteristisch für mich. Ich las weiter:

JAMES CLAYTON WINDSOR · *Charmant, extrovertiert und gesprächig, so ist dieser Mann zu beschreiben. Er hat ein warmherziges, großzügiges Naturell und liebt Wertschätzung. Er kann stolz und verspielt sein, doch er besitzt Würde.*
    Jim dürfte in Ehe und Beruf ungewöhnliche Partner haben.
    Ihn beschäftigen viele »neuzeitliche« Dinge. Seine Energie richtet er auf höhere Bildung, Philosophie und Religion. Er inspiriert andere zu einem ethischen Verhalten und Tun und versucht, diese Philosophie auch selbst zu leben. Er bleibt zeitlebens ein Schüler, der sich hohe Ziele gesteckt hat und sie wahrscheinlich erreichen wird.[7]

Diese Worte ließen meinen Mann vor mir lebendig erstehen. Ich hatte auch das Gefühl, seinen ungewöhnlichen Ehepartner zu kennen.
    Nicht minder treffend waren die astrologischen Karten, die Elizabeth für Jimmy und Robin erstellt hatte. (Der Leser wird sich an die Beschreibung meiner Kinder in Kapitel 2 erinnern.)

JAMES LAURENT WINDSOR · *Er ist praktisch und ehrgeizig – ein beharrlicher Arbeiter und reich an Ideen. Seine Lebensorientierung ist ähnlich wie die seiner Mutter, aber weniger komplex. Er liebt einen guten verbalen Meinungsaustausch und drückt sich selbst mündlich äußerst gewandt aus. Erzählt er gern Witze? (Und ob!)*
    Er zeigt gute Managerfähigkeiten und erwartet, daß die Menschen ihr Bestes geben. Er besitzt ein starkes Verantwortungsgefühl.
    Er versteht sich glänzend mit seiner Schwester.
    Er verfügt über eine Menge Energie. Er hat die Fähigkeit, Dinge affektiv umgestalten zu können.[8]

ROBIN JOAN WINDSOR · *Sie ist warmherzig, extrovertiert und freundlich. Ihr Aussehen wirkt anziehend. Sie lenkt ihre Energie auf mehrere Dinge gleichzeitig, anstatt sich über einen längeren Zeitraum auf eine Sache zu konzentrieren. Ihre Stimmung wechselt häufig. Sie liebt es, unter Menschen zu sein und unterhält sich gern mit allen. Könnte sein, daß sie das etwas übertreibt.*

Sie lernt rasch und besitzt einen scharfen Verstand. Sie ist wißbegierig und interessiert sich für alles und jeden.[9]

Ich legte die vier Karten beiseite. Staunen über ihre Zuverlässigkeit erfüllte mich, und nach ihrem gründlichen Studium war ich fast sicher, daß Elizabeth einen Großteil der Information, die ihre astrologischen Readings enthielten, aus paranormalen Quellen schöpfte.

Nachdem Elizabeths Material vorlag, war jetzt ich an der Reihe. Jim zeigte sich ungewöhnlich erfreut über die Bedingungen des Hollis-Windsor-Austauschs, denn er entdeckte in der Vereinbarung einen zusätzlichen Vorteil. Ich hatte mich auf der ARE-Tagung in Virginia Beach mehrere Stunden mit Elizabeth unterhalten; unser Gespräch hatte sich auf unsere Arbeit, das Paranormale und gesundheitliche Themen konzentriert, so daß sie für mich keine völlig fremde Person mehr war. Über John Hollis wußte ich jedoch nur, daß er gern flog und ein einnehmendes Lächeln hatte. Deshalb gelangte Jim zu dem Schluß, daß sich hier eine ausgezeichnete Gelegenheit bot, meine Fähigkeit zu testen, Readings für fremde Menschen zu geben.

Am 16. Oktober 1982 nahm ich in meinem bequemen Sessel Platz und bereitete mich auf das Reading vor. Mit gespannter Aufmerksamkeit betrachtete ich Johns Gesicht, das mich von dem Foto in meiner linken Hand angrinste. Lagerten in den dunklen Winkeln meines Unterbewußtseins irgendwelche Informationen über ihn, die mir Elizabeth vielleicht gegeben hatte? Ich fand absolut nichts! Und wenn mir das nun auch im Reading passierte? Es überlief mich kalt. *Dies war der entscheidende Test meiner Fähigkeiten.* Nach mehreren tiefen Atemzügen begann ich mich zu entspannen und unterwarf mich Jims vertrauten Anweisungen. Unsere Quelle lieferte uns bereitwillig folgende Readings:

John Hollis

Körperliche Gesundheit
John trägt gelegentlich eine Brille mit schwarzer Fassung. Ich bin nicht sicher, ob er sie zum Sehen braucht oder nicht.

Er hat eine äußerst kräftige Lunge und ist sehr ausdauernd. Das kommt vom Schwimmen und von sportlichen Spielen. Er ist überaus sportlich.

Er gibt sich aus und hebt vielleicht Gewichte. Könnte sein, daß er Handball spielt.

Er hat sich einmal beim Sport einen Finger verletzt.

Er neigt zu schwachen Knöcheln beim Laufen und Joggen.

Er arbeitet gern an Autos. Ich sehe ihn an einem kleinen ausländischen Wagen mit geöffneter Motorhaube. Er scheint eine Menge von Motoren zu verstehen.

Er ist ein ausgeglichener Mensch und mit der Welt im Einklang.

Manchmal fühlt er sich »eingesperrt«. Dies ist der Grund, warum er gern fliegt, denn dabei ist man so frei und losgelöst.

Künftige Ereignisse
Er wird eine Geschäftsreise übers Land machen.

Ich sehe ihn in seinem Büro. Es befindet sich in einem hohen Gebäude mit viel Glas.

Er hat einen großen Schreibtisch mit einer Holzplatte.

In seinem Büro gibt es ungewöhnliche Bilder von Vögeln oder Tieren.

Zur Feier einer Beförderung findet eine Abendgesellschaft statt.

Wir könnten im Lauf der Jahre gute Freunde werden.

Elizabeth Hollis

Körperliche Gesundheit
Es besteht eine Neigung zur Verengung der Kehle und zu Halsschmerzen, wenn sie einen Nasenrachenkatarrh hat.

Pfirsiche und alkalireiche Lebensmittel würden ihr guttun.

*Später in diesem Jahr wird sie im linken Unterkiefer Zahn-
schmerzen haben.*

*Abgesehen von unbedeutenden Problemen ist sie im allgemeinen
recht gesund.*

Persönlichkeit und gegenwärtige Ereignisse

Sie ist ein glücklicher Mensch und hat viel Mitgefühl mit anderen.

*Wir mochten einander sofort, weil wir viel gemeinsam haben,
besonders aber eine ähnliche Einstellung zum Leben.*

*Sie ist sehr mütterlich. Sie würde ihrem Baby gern mehr Zeit
widmen, hat aber das Gefühl, arbeiten zu müssen.*

*Mit den Fähigkeiten, die sie besitzt, würde sie sich gut für
irgendeine Art von Beratung, Erziehungs- oder Spieltherapie
eignen.*

Die Wahl liegt bei ihr. Sie hat die Anlage zum Heilen.

*Sie ist der Liebling ihres Vaters, eines großen grauhaarigen,
teilweise kahlen Mannes.*

Ihre Beziehung zu John ist sehr eng.

*Die beiden ergänzen einander. Sie ist eine Idealistin und unter-
sucht neue Ideen, und zwischen ihnen herrscht Geben und Nehmen. Er ist analytischer.*

*Ich sehe die beiden in einem Flugzeug. Sie reisen geschäftlich und
zum Vergnügen nach Hot Springs und steigen in einem Hotel ab.*

*Ich sehe Elizabeth an einem Strand, sie hebt ihr Baby hoch in die
Luft. Es könnte einer der Strände Karolinas sein. Sie haben
vielleicht ein Häuschen gemietet, oder es ist das Häuschen eines
Freundes oder einer Familie.*

*Das Haus der Hollis' ist zweistöckig und beige gestrichen. Oben
ist eine Holzverkleidung und an der Rückseite eine Sonnenveranda.*

Die Farbe Beige findet sich im ganzen Haus.

*Die Sonnenveranda hat breite Glasfenster und blaugemusterte
Bodenfliesen.*

Künftige Ereignisse

John und Elizabeth besuchen uns noch vor Weihnachten.

*Ich sehe uns vier während ihres Besuches hier zusammen essen,
und Robin paßt unterdessen auf Caroline auf.*
*Elizabeth ist eine gute Versuchsperson für Regressionen in frühere
Leben.*
*Ihrer astrologischen Tätigkeit wird in Zukunft Erfolg beschieden
sein.*

Diese Readings schienen umfassender zu sein als alle bisherigen. Sie
enthielten Angaben über physische Gegebenheiten, dazu Gesund-
heitsempfehlungen, Äußerungen über Persönlichkeitsmerkmale
und zentrale Lebensfragen sowie eine Vielzahl faktischer Informationen, die verifiziert werden konnten.

Ich brachte die Readings in eine logische Form, Betty tippte sie
ab, dann sandte ich sie mit einem ausführlichen Brief, in dem ich
mich zu den astrologischen Karten äußerte, an Elizabeth. Wieder
wartete ich ungeduldig.

Eine Woche verging, kein Brief kam. Unsere Besorgnis wuchs.
Ende der zweiten Woche dann fand ich in meinem Postschließfach
einen dicken Umschlag mit Elizabeths Handschrift. Hastig riß ich
ihn auf und verschlang den Inhalt. Sie schrieb:

Fand eben Ihre Readings in der Post vor. Ich beginne mit John:
*Seine Brille ist dunkelbraun, und er braucht sie eigentlich nicht,
weil er gut sieht. Sie ist eine Art Angewohnheit. Er verletzte sich
öfters einen Finger beim Baseball und zog sich eine Knöchelverlet-
zung zu, die ihn noch beim Joggen schmerzt. Er hat in der High-
School viel Sport betrieben, und wir spielten eine Zeitlang Racket-
ball, doch er verletzte seinen Knöchel immer wieder, darum gaben
wir es auf.*
*Er ist ein liebevoller Sohn. Er liest viel über Fliegen und
Geschichte, besonders über den Sezessionskrieg sowie den Ersten
und den Zweiten Weltkrieg. Er ist mechanisch begabt, und wir
haben einen blauen VW Golf, an dem er gelegentlich arbeitet.*
*Er liebt offene Räume mehr als geschlossene – ein Grund, warum
wir die Sonnenveranda mit zehn Zwei-Meter-Fenstern bauten.*
Er arbeitet in einem fünfstöckigen Gebäude mit Glasfenstern

rundherum. Auf seinem Schreibtisch gibt es mehrere Bilder von
Flugzeugen, darunter einem ungewöhnlichen, und von Vögeln der
kalifornischen Küste.

Nun kannte ich also den »Fremden«, dessen Persönlichkeit sich
hinter der Fotografie verbarg. Es war, als begegnete ich einem alten
Freund, den ich einst gut gekannt hatte, an den ich mich aber wegen
der verstrichenen langen Zeit nicht mehr allzu deutlich erinnerte.
Elizabeths Stimme klang in meinen Ohren: »Vielleicht in einem
anderen Leben.«

Ich wandte meine Aufmerksamkeit wieder den vollgeschriebenen Seiten mit Elizabeths Kommentaren zu und las weiter:

Halsweh habe ich tatsächlich oft, und ich träumte einmal, daß sich
meine Kehle verenge und ich nicht atmen könne. Am Tag nach dem
Traum bekam ich Halsschmerzen, die ich mit Vitamin C und Yoga-
Übungen bekämpfte. Ich werde nun in meinem Cayce-Material
nach alkalischen Nahrungsmitteln forschen.

Ein rechter unterer Backenzahn, der sehr empfindlich ist, macht
mir zunehmend Schwierigkeiten; ich habe für Ende November
einen Termin beim Zahnarzt.

Gelegentlich treten bei mir Magenstörungen auf, aber sie sind,
glaube ich, eine Folge von zu vielem Essen.

Ich bin noch nicht bereit, eine Entscheidung über meine berufli-
che Laufbahn zu treffen. Warten wir erst mal ab, was die nächsten
sechs Monate bringen.

Mein Vater und ich stehen einander sehr nahe, wir mögen uns
wirklich gern. Er ist grauhaarig und wird teilweise kahl – nicht
groß, wirkt aber so, weil er ziemlich schlank ist.

Ihre Bemerkungen über den Analytiker John und die Idealistin
Elizabeth sind absolut treffend. Die Strandszene interessierte mich
sehr, denn sie gilt für die Gegenwart, die Vergangenheit und die
Zukunft. Wir mieteten im September ein Häuschen in Nags Head,
Nordkarolina, und dort besuchten uns Freunde und Verwandte.
Vor ein paar Wochen fuhren wir zu Freunden in Carolina Beach bei
Wilmington, Nordkarolina. Wir werden das Wochenende des Ern-

tedankfestes in ihrem Haus verbringen, um das Haus und den Hund zu hüten. Andere Freunde haben uns eingeladen, sie in Hot Springs zu besuchen, aber unsere diesbezüglichen Pläne sind noch in der Schwebe.

Das Haus der Hollis'
Es ist ein zweistöckiger Ziegelbau mit einer beigen Holzverkleidung, einer Sonnenveranda auf der Rückseite und einem Zaun um die Terrasse! Der Teppichboden ist im größten Teil des Hauses beige. Das Blau kommt durch verschiedene Fotografien hinein, die ich gemacht oder gekauft habe. Die »Wände« der Veranda sind große durchsichtige Sturmfenster, und der Boden dort ist braun – nicht blau, aber ob Sie es glauben oder nicht, ich habe gestern abend zu John gesagt, daß ich mir dort draußen einen blauen oder grünen Teppich wünsche. Wir haben auch ein beige-blaues Sofa hinausgestellt.

Künftige Ereignisse
Wir hatten geplant, entweder an einem Wochenende im November, an einem der beiden vor dem Erntedankfest, nach Williamsburg zu kommen oder aber am Samstag, den 4. Dezember, weil wir dann in Norfolk sein werden. Würde Ihnen einer der Termine passen?[10]

Ich war begeistert von der Aussicht, einen oder zwei Tage mit diesen faszinierenden Menschen zu verbringen. (Und ich sollte John endlich von Angesicht zu Angesicht kennenlernen.)

Briefe gingen hin und her, es wurde telefoniert, und nach vielen Beratungen und Überprüfungen der jeweiligen Terminpläne einigten wir uns auf den 11. Dezember für den Besuch der beiden. Ich freute mich so sehr, daß ich schon mehrere Wochen vorher mit den Vorbereitungen anfing.

Elizabeth hatte in ihrem letzten Brief Interesse an Regressionen in früheres Leben geäußert. Ich fragte Jim, ob eine solche Sitzung möglich sei. Er fand sich sofort bereit dazu, zumal er vermutete, daß Elizabeth ähnlich suggestibel sei wie ich, weil unsere Persönlichkeiten und unsere Lebensorientierung starke Parallelen aufwiesen. Auch John stellte sich als Versuchsperson zur Verfügung, doch wegen seines analytischen Verstandes hatten wir beide das Gefühl, er sei schwerer in einen zufriedenstellenden Trancezustand zu versetzen.

Am Abend vor dem festgesetzten Besuchstag schaltete ich die Dreiundzwanzig-Uhr-Nachrichten ein, weil ich wußte, daß bei dem im Dezember rasch wechselnden Wetter leicht ungünstige Flugbedingungen für Johns kleine Maschine entstehen konnten. Bangigkeit erfaßte mich, als der Wetterbericht das Nahen eines Tiefdruckgebiets ankündigte und vor einem schweren Schneesturm am Samstagvormittag warnte – dem ersten dieses Spätherbstes.

»John wird bei dem Wetter nicht fliegen«, meinte Jim, der an die Warnungen seines Fluglehrers vor Flügen bei schlechtem Wetter dachte.

Mein bewußter Verstand neigte dazu, Jim recht zu geben. Doch irgendwo in den tieferen, kenntnisreicheren Schichten glaubte ich, daß nichts außer dem Weltuntergang Elizabeth daran hindern könne, den Besuchstermin einzuhalten. Die Annahme erwies sich als richtig. Am Samstag, dem 11. Dezember, setzte das Flugzeug der Hollis' trotz eines heftigen Regensturms, der später zum Schneesturm werden sollte, um fünfzehn Uhr unerschrocken auf der kleinen Landebahn in Williamsburg auf, und gleich darauf hörte ich Elizabeths aufgeregte Stimme am Telefon. »Hallo«, sagte sie, »hier ist Elizabeth Hollis mit zwei anderen Personen, die Sie noch nicht kennen. Wir haben schrecklichen Hunger. Können Sie uns zum Abendessen aufnehmen?«

Jim und ich fuhren eilends zum Flugplatz. Eine Viertelstunde später traten wir in den kleinen Raum, in dem gelandete Passagiere bleiben können, bis sie eine Transportmöglichkeit in die Stadt gefunden haben. Geduldig warteten Elizabeth und John dort mit ihrer kleinen Tochter Caroline.

Elizabeth streckte zum Gruß beide Hände aus und stellte uns ihre »bessere Hälfte« vor. Ich hätte John auch erkannt, wenn er nicht neben Elizabeth gestanden wäre. Er hatte ein noch jungenhaft hübsches Gesicht und offene braune Augen. Seine zierliche Frau überragte er um gut dreißig Zentimeter, und an seinem athletischen

Körperbau sah man sofort, daß er in jüngeren Jahren ein ausgezeichneter Sportler gewesen sein mußte. Das Anziehendste an ihm war jedoch sein Grinsen. Es bildete den Mittelpunkt seines Wesens, war Ausdruck seiner Heiterkeit, seines gesunden Sinns für Humor, seiner Offenheit und seiner alles umfassenden Liebe zum Leben im allgemeinen. Kein Wunder, daß diese Seite seiner Persönlichkeit in dem Reading so stark zum Ausdruck gekommen war. Auch wenn ich zu dem Zeitpunkt nichts über John gewußt hätte, wäre er mir auf den ersten Blick sympathisch gewesen.

Elizabeth hüllte Caroline fest in ihren rosaroten wattierten Anzug, dann gingen wir im beißenden Wind vorsichtig zu unserem weißen Auto, denn inzwischen hatte sich der Boden mit einer dünnen Eisschicht überzogen. Auf der Fahrt nach Hause drehte sich das Gespräch darum, wie wir die kurze Zeit unseres Beisammenseins am fruchtbarsten nutzen konnten. Wir beschlossen, daß Jim nach dem Essen eine hypnotische Altersregression versuchen sollte, zuerst mit Elizabeth und dann mit John, weil Elizabeth unbedingt herausfinden wollte, ob sie schon früher einmal auf dieser Erde gelebt hatte. Wir nahmen uns fest vor, den eingehenden Informationen gegenüber aufgeschlossen zu sein, obwohl zu dem Zeitpunkt keiner von uns stark an die Echtheit solcher Regressionen in vergangene Leben glaubte.

Beim Essen unterhielten sich unsere Männer über die Freuden des Fliegens; Elizabeth und ich sprachen über Traumdeutung, Naturkostrezepte und darüber, welche Themen in dem neugeschaffenen Parapsychologiekurs behandelt werden sollten, den Jim und ich im Frühling am Christopher Newport College halten wollten. Jim und ich sind dafür bekannt, daß wir bei einer angeregten Unterhaltung stundenlang am Eßtisch sitzen bleiben, doch an diesem Wochenende war die Zeit kanpp, darum standen wir nach eineinhalb Stunden auf und gingen ins angrenzende Wohnzimmer. Das Feuer verbreitete warmes Licht, es ließ den Raum einladend und behaglich wirken.

»Wollen Sie die erste sein, Elizabeth?« fragte Jim und bedeutete ihr mit einer Geste, sich in meinen »Trancesessel« zu setzen.

Elizabeth gab jedoch unserer Couch den Vorzug, nahm darauf

Platz und lehnte sich bequem zurück. Ich setzte mich in meinen
»Trancesessel«, der auf der gegenüberliegenden Zimmerseite
stand, und John hockte sich mit untergeschlagenen Beinen zu Jims
Linken auf den Boden. Ich fand die Sitzung unglaublich faszinie-
rend. Bis zu diesem Abend hatte immer ich als »paranormaler
Empfänger« gedient, jetzt bot sich mir die Gelegenheit, den ganzen
Vorgang zu beobachten.

Jim wandte seine übliche Technik der Hypnose-Einleitung an,
und Elizabeth fügte sich ihm willig. Nach wenigen Minuten war sie
in tiefer Trance.

»Kehren Sie zu Ihrem zehnten Geburtstag zurück und schildern
Sie die Ereignisse dieses Tages«, wies Jim sie an. Elizabeth be-
schrieb eine ähnliche Szene wie ich in unserer ersten Trancesitzung.
Anschließend forderte Jim sie auf, ihren Geist leer zu machen, in
die Zeit vor ihrer Geburt zurückzuschauen und ein vergangenes
Leben auszuwählen, das ihr gegenwärtiges Leben am stärksten
beeinflußte. Sofort begann Elizabeth eine Person namens Rachel
Dubois zu beschreiben, die im achtzehnten Jahrhundert in Frankreich gelebt hatte. Sie sah eine alte Frau vor einem kleinen
Holzhäuschen sitzen und buttern. Jim bat sie, in das Häuschen zu
schauen und es zu beschreiben.

»Offenbar gibt es drei oder vier Zimmer. Ich sehe das Schlafzimmer der Kinder und unser Schlafzimmer, eine Küche und einen
Raum, der ein kombiniertes Wohn- und Eßzimmer sein dürfte. Ich
sehe blaue Läden, und im Ofen wird Brot gebacken.«

Jim erkundigte sich nach ihrem Mann. Sie antwortete: »Er heißt
Raoul. Wir müssen sehr hart arbeiten, um unseren Lebensunterhalt
zu verdienen. Es ist Krieg. In der Gegend gibt es viele Tote, und es
fehlt an Lebensmitteln, obwohl der Landstrich sehr fruchtbar ist.
Die Soldaten nehmen die Lebensmittel mit, stehlen sie den Kindern. Meine Kinder sterben. Große Hungersnot herrscht, viele
verhungern. Raoul und ich stellen Käse und Milchprodukte her,
mit denen wir uns am Leben halten. Wir verkaufen das meiste von
dem, was wir erzeugen, in der Stadt.«

»Was für ein Gefühl haben Sie im Hinblick auf sich selbst?«
fragte Jim.

»Müde! Unendlich müde und alt! Ich wünschte, ich könnte aufhören und mich eine Weile ausruhen, aber es gibt soviel zu tun. Ich muß weitermachen.« Elizabeths Stimme war nur noch ein Flüstern.

»Gehen Sie jetzt weiter bis zum Tag Ihres Todes«, wies Jim sie an, »und beschreiben Sie alle Impressionen, die Sie empfangen. Wie ist Rachel gestorben?«

»Sie scheint einfach zu verlöschen. Sie liegt im Bett, und ihre Tochter steht neben ihr. Sie hat eine Krankheit wie Grippe, aber sie ist völlig erschöpft. Sie sagt: ›Ich bin bereit zu gehen‹, und sie geht.«

Jim weckte Elizabeth rasch aus der Trance, weil Todesszenen oft tiefe Gefühlsreaktionen auslösen. Elizabeth setzte sich auf und rieb ihre Augen.

»Glaubt ihr, daß ich wirklich als Rachel Dubois gelebt habe?« Sie schüttelte den Kopf, um sich von den verblüffenden Szenen zu befreien, die sie eben wahrgenommen hatte und in die sie vorübergehend vollkommen eingetreten war.

»Ich werde Ihnen etwas sagen, das Sie sicher interessiert«, fuhr sie fort. »John und ich haben den Kühlschrank immer voller Joghurt, Milch und Käse aller Sorten. Das ist unsere Hauptkost, wir könnten ohne sie nicht existieren.«

Nun sollte John an dem Experiment mitwirken, doch würde es ihm gelingen, auf der Suche nach einer anderen Dimension seiner Persönlichkeit seinen scharfen analytischen Verstand auszuschalten? Das war die Frage, die wir uns alle vier stellten, als John sich auf der Couch ausstreckte und mehrmals tief atmete, um seinen Körper zu entspannen. Jim hatte jedoch das Geschehen vollkommen im Griff, er wandte eine völlig andere Technik der Hypnose-Einleitung an als zuvor bei Elizabeth. Weil John auf einen solchen Schritt nicht gefaßt und sein Geist unvorbereitet war, sank er binnen Minuten in einen tiefen Trancezustand. Elizabeth und ich schauten einander voll Hoffnung an, als Jim nun John durch seine Jugendjahre zurückführte.

»Jetzt möchte ich, daß Sie in der Zeit in ein anderes Leben zurückkehren, das starken Bezug in Ihrer gegenwärtigen Existenz hat. Schildern Sie mir alle Impressionen, die Sie bezüglich dieser Person erhalten.« Jims Stimme hatte einen sanften, dabei gebieterischen Ton.

John berichtete, daß er einen Matrosen auf einem Schiff sehe, das am Kai eines Hafens von Neuengland festgemacht hatte. Der Matrose trug eine Segeltuchhose, die ein seilähnlicher Gürtel hielt, und dazu ein gestreiftes Hemd. Auf die Aufforderung hin, seine Umgebung zu beschreiben, erklärte er, er schlafe unter Deck in einer Hängematte und werde von seinen Gefährten, die gewöhnlich bis spät in die Nacht Karten spielten, oft gestört. Jim wies John an, uns zu schildern, wie das Leben des Mannes geendet habe. John antwortete, an ihm sei eine Gemeinheit begangen worden, er sei vom Schiff gefallen und ertrunken. Elizabeth und ich saßen sprachlos da und versuchten, die Ungeheuerlichkeit von Johns letzten Äußerungen zu erfassen. Johns Geschichte war eine der dramatischsten und verwirrendsten Regressionen in vergangene Leben, von der Jim und ich bislang gehört hatten. Sie löste eine lebhafte Diskussion aus, die uns bis in die frühen Morgenstunden wachhielt.

Am Sonntag beschlossen wir, durch ein Reading Verbindung mit unserer Quelle aufzunehmen, um herauszufinden, warum zwischen uns vieren derart starke Bande zu bestehen schienen. Wir kannten einander buchstäblich nur wenige Stunden, und doch war es, um Elizabeth zu zitieren, »als seien wir alte Freunde, die ihre Bekanntschaft auffrischten«.

Kaum war ich in Trance gesunken, setzte der Informationsfluß ein. Offenbar bestanden Bande aus vier vergangenen Leben. Anfangs hatten wir in Atlantis gelebt und einander als Schüler in einem Tempel oder Gesundheitszentrum gekannt. Die zweite Inkarnation brachte uns zusammen nach Ägypten; Elizabeth interessierte sich für Astrologie, John bekleidete das Amt eines Architekten, ich war praktizierende Hellseherin und Jim ein Kräuterheiler. Eine dritte gemeinsame Lebensspanne drehte sich um das Soldatenhandwerk und religiöse Orden in Frankreich Anfang des 17. Jahrhunderts. Die vierte und letzte Inkarnation dieser Serie, bei weitem die interessanteste, spielte von der Mitte bis zum Ende des 18. Jahrhunderts in Virginia, das damals noch Kolonie war. Das Reading identifizierte einen von uns als den Pflanzer Nathaniel Henderson. Seine Pflanzung war klein im Verhältnis zu Plantagen wie Carter's Grove, das nur fünf Kilometer östlich von Williamsburg lag, oder wie die auf halber Strecke zwischen Williamsburg und Richmond gelegene Westover-Plantage. Anscheinend jedoch war er reich genug, um sich mehrere Pferde leisten zu können, die seine Frau Sallee leidenschaftlich gern ritt. Das Reading erbrachte außerdem, daß Nathaniel Henderson Mitglied des Abgeordnetenhauses von Virginia war und daß dies nachprüfbar sei, wenn sich jemand von uns die Zeit nehme, in den entsprechenden Dokumenten nachzuschauen. Diese befanden sich angeblich in der Swem-Bibliothek des College of William and Mary. Damit endete das Reading.

In der restlichen Zeit, die uns noch blieb, plauderten Elizabeth und ich über eine Vielzahl von Themen, an denen wir beide interessiert waren, während John und Jim zwei Stunden lang versuchten, das Flugzeug vom Eis zu befreien, damit die Familie Hollis ungefährdet nach Hause fliegen konnte. Um siebzehn Uhr hatten sie es geschafft, kurz danach hob die Maschine von der Startbahn ab und flog in eine kristallklare Dezembernacht hinein, heimwärts nach Charlotte.

Hier endet die Geschichte jedoch nicht. John mußte Ende Februar geschäftlich für einige Tage verreisen, und in dieser Zeit besuchte uns Elizabeth erneut. Wir beide sagten uns, es wäre ein großer Spaß nachzuschauen, ob wir einen Beweis für die Existenz eines Herrn Nathaniel Henderson im achtzehnten Jahrhundert finden konnten. Weil wir nicht wußten, wo wir anfangen sollten, baten wir in der Swem-Bibliothek gleich die Bibliothekarin um Hilfe. Sie führte uns zu der Abteilung, in der Material über Virginia stand, und riet uns, die Genealogiebücher durchzusehen. Elizabeth und ich machten uns eifrig ans Werk, in der Hoffnung, irgendeine Bestätigung für die Existenz des Plantagenbesitzers zu finden, doch eineinhalb Stunden intensiver Suche erbrachten absolut nichts.

Als ich das Genealogiebuch, das ich durchgeblättert hatte, an

seinen richtigen Platz auf dem dritten Regal zurückstellte, fiel mein
Blick auf ein blaues Nachschlagewerk mit dem Titel:

Die Gesetzgebende Körperschaft von Virginia
13. Juli 1619–11. Januar 1978
Ein zweihundertjähriges Mitgliedsregister,
zusammengestellt von Cynthia Miller Leonard.

Ich nahm es aus seinem Versteck auf dem zweiten Regal und
winkte Elizabeth herbei, während ich im Register den Namen
Henderson suchte. Zusammen fanden wir einen Verweis auf
Henderson, N., schlugen in dem dicken Band die angegebene
Seite 130 auf und lasen:

Mitglieder des Abgeordnetenhauses von Virginia[11]
Sitzungen
4. Mai bis 1. Juni 1778
5. Oktober bis 19. Dezember 1778

Kentucky   Nathaniel Henderson

War das ein Zufall, hatte ich das mittels Hellsehen gelesen oder
deutete es wirklich auf eine frühere Inkarnation in der Kolonie
Virginia hin?

5

College-Projekt paranormaler Forschung

Dienst für andere steht im Mittelpunkt des menschlichen Schicksals.

HARMON H. BRO, Traumdeutungen in Trance

Abschnitt eins

Am Abend des 31. Dezember 1982 saß ich bequem in meinem Trancesessel und schaute aufmerksam auf eine Reihe von zehn Fotografien. Die darauf abgebildeten Personen waren freiwillige Teilnehmer, die mein Mann Jim für ein neues Experiment gewonnen hatte, das er als »College-Projekt paranormaler Forschung« bezeichnete. Bei unserer Forschung hatten wir in den vergangenen achtzehn Monaten folgende paranormale Entwicklung durchgemacht, was die Readings anging:

1. Jim und ich konnten auf eine entsprechende Bitte hin persönliche Informationen und Führung für uns selbst erhalten.
2. Erfolgreiche Readings für Angehörige und enge Freunde konnten durchgeführt werden, wenn die Betreffenden sie aufrichtig wünschten.
3. Genaue Readings für Verwandte und Freunde, die sich an einem entfernten Ort aufhielten, waren möglich.
4. Genaue Readings aus der Ferne ließen sich auch für Bekannte durchführen, mit denen wir wenig Kontakt hatten.
5. Ein paranormales Reading, das einer völlig fremden Person galt, war von uns aufgezeichnet worden.

Nach Ansicht meines Mannes blieb noch eine Frage offen:

Konnten für völlig fremde Personen aus der Ferne Readings mit zuverlässigen Ergebnissen durchgeführt werden? Zur Klärung dieser Frage leitete Jim das College-Projekt paranormaler Forschung in die Wege.

Er hatte sich bei seinen Psychologiestudenten erkundigt, ob jemand daran interessiert sei, an einem Experiment mit paranormalen Readings mitzuwirken. Für die Teilnahme waren drei Bedingungen festgelegt worden:

1. Die Versuchspersonen mußten ein neueres Foto von sich zur Verfügung stellen.
2. Sie sollten nach eigenem Gutdünken vier Fragen stellen, die in ihren Readings zu beantworten waren.
3. Sie erklärten sich bereit, Auskunft über die Gültigkeit der Informationen zu geben, die in den für sie erstellten paranormalen Readings enthalten waren.

Binnen weniger Tage hatten sich zehn Studenten für das Projekt gemeldet, so daß wir anfangen konnten.

Ich will in diesem Abschnitt nicht die Gründlichkeit der Experimentalvorrichtung erörtern, auch nicht die Art des Beweismaterials für die Existenz bestimmter paranormaler Phänomene, das wir erhielten. Mein Mann wird das mit seiner Fachkenntnis im zweiten Abschnitt dieses Kapitels tun. Ich möchte hier lieber über drei der interessantesten Readings und über die Bestätigung oder Nichtbestätigung ihrer Gültigkeit seitens der Mitforscher berichten, damit Sie eine Basis zum Vergleich meiner ersten Versuche in paranormalen Readings mit dem gegenwärtigen Stand der laufenden Informationen haben.

Wie ich meine, veranschaulicht ein solcher Vergleich das Fortschreiten der paranormalen Entwicklung, das durch Liebe, Verständnis und Ermutigung erreicht wurde, *in erster Linie jedoch durch Glauben*!

Nun aber zurück zum 31. Dezember 1982. Ich studierte den Ausdruck der Gesichter unserer Mitforscher, in dem vergeblichen Versuch, Hinweise auf ihre Persönlichkeiten zu erhalten. Alle hatten sich hinter einem gewinnenden Lächeln oder breiten Grinsen verschanzt und es geschafft, dahinter zu verbergen, mit welchen Kümmernissen oder Lasten sie sich quälten. Würde es mir gelingen, hinter diese Fassade zu schauen, ins Unterbewußtsein

jeder der zehn Personen zu tauchen und die darin ruhende
Selbstkenntnis hervorzuholen? Konnte ich den jungen Leuten
Informationen liefern, die ihre Beziehungen zu den ihnen naheste-
henden Menschen verbesserten und ihre eigenen Bewußtseinsebenen ausweiteten?

Mit der Einführung der Fragen zusätzlich zum regulären Reading erhielten meine paranormalen Aufgaben eine weitere Dimension. Nun mußte ich mich auf spezifische Kernpunkte im Leben
meiner Versuchspersonen konzentrieren, statt nur die Bilder zu
»lesen«, die vor meinem geistigen Auge erschienen.

Die von den Mitforschern gestellten Fragen betrafen Lebensthe-
men, die uns alle von Zeit zu Zeit beschäftigten: Berufswahl,
körperliche Gesundheit, Erfolg der Ehe, Wohlergehen der Kinder
und finanzielle Angelegenheiten, lauter Dinge von größter Wichtigkeit für die einzelne führungssuchende Person. Ich beschloß,
mir keine Sorgen darüber zu machen, ob die Antwort auf die
gestellten Fragen kommen würde oder nicht, sondern mich auf eine
Regel des Paranormalen zu verlassen, die ich bei Roger Pile gelernt
hatte: »Alles, was für das Wachstum und die Entwicklung einer
Person nötig ist, wird gegeben.«

Wenn diese Menschen den starken Wunsch hatten, Antwort auf
ihre Fragen zu erhalten, würden die Antworten nach meinem
Gefühl kommen.

Diese Gedanken gingen mir nacheinander durch den Kopf,
während Jim und ich uns bereit machten für das erste der zehn
Readings unseres College-Projekts. Ich hielt das Foto einer attrak-
tiven blonden Studentin in meiner Linken. Erneut begann der
paranormale Strom zu fließen.

Die folgenden Readings bestehen aus meinen paranormalen
Impressionen und den frei wiedergegebenen Reaktionen der Empfänger. Die Genauigkeit verbessert sich gewöhnlich mit zunehmender Übung und wenn der Empfänger an den Prozeß glaubt.

Reading für Mary Jones
31. Dezember 1982

Emotionale und körperliche Gesundheit
   1. Sie ließ unlängst ihr Haar schneiden. Und zwar kurz vor
      Weihnachten. Sie ließ es wellen und war erfreut über das
      Ergebnis. *Richtig.* (Sie läßt das Haar oft schneiden und sich
      Dauerwellen machen.)
   2. Als sie jünger war, hatte sie Probleme mit ihrem rechten Auge.
      Vielleicht war es eine Muskelschwäche oder ein leichter Astig-
      matismus. *Richtig.* (Sie hat im rechten Auge noch immer
      Astigmatismus.)
   3. Sie zieht sich oft Erkältungen zu und leidet gelegentlich an
      Halsschmerzen. (Sie erkältet sich drei- bis viermal im Jahr;
      Halsschmerzen hat sie nur selten.)
   4. Könnte sein, daß sie sich in jüngeren Jahren das rechte Bein
      oder den Knöchel brach oder verletzte und einen Gips trug.
      Teilweise richtig. (Sie hatte vor Jahren zwei tiefe Wunden im
      rechten Unterschenkel, die mit zwanzig Stichen genäht wer-
      den mußten.)
   5. Sie müßte zum Zahnarzt und schiebt es hinaus. Bei einem
      Zahn ist der Nerv empfindlich, aber sie mag nicht zum
      Zahnarzt, darum wird er nicht behandelt. *Richtig.*
   6. Sie hat sich vor kurzem den Finger verbrannt. Sie bekam eine
      Blase, die abgeheilt ist. Sie war gehetzt und nervös, weil sie
      Gäste erwartete. *Wahrscheinlich richtig.* (Sie verbrennt sich oft
      die Finger, weil sie »gehetzt« ist, wenn sie Gäste erwartet.)
   7. Es könnte sein, daß sie sich das Handgelenk verstaucht.
      Vorsichtig sein!

Künftiges
   8. Gelegentlich bekommt sie Ausschlag an den Händen. *Richtig.*
      (Eher trockene Haut als einen Ausschlag.)
   9. Ursache dafür ist ein starkes Reinigungsmittel, das sie benützt,
      wenn sie gründlich saubermacht. Sie verwendet es nicht oft,
      aber wenn sie statt diesem scharfen Reinigungsmittel ein

anderes nimmt, verschwindet der Ausschlag. Würde sie Olivenöl als Gegenmittel einsetzen, würde der Ausschlag abheilen. Auch Vitamin E würde helfen. *Richtig.* (Bodenreiniger schaden ihren Händen.)

10. Sie hat eine gute Verdauung und scheint alles ohne Schwierigkeiten essen zu können. *Richtig.*

11. Im allgemeinen ist sie eine sehr vernünftige Person und keinen großen Stimmungsschwankungen ausgesetzt. *Teilweise richtig.* (Nach ihrem Gefühl gibt es jeden Monat einige Tage, an denen ihre Stimmung stark schwankt.)

12. Sie versucht, mit ihren Kindern Schlittschuh zu laufen und scheint wackelige Knöchel zu haben. Das kann von dem früher gebrochenen Knöchel herrühren. Es dürfte damit zusammenhängen. *Falsch.* (Sie fährt mit ihren Kindern Ski und Rollschuh, und ihre Knöchel ermüden nur.)

13. Im allgemeinen ist sie sehr gesund. *Richtig.*

14. Sie ist ein netter Mensch. *Richtig.* (Die Menschen in ihrer Umgebung sind dieser Ansicht.)

15. Sie ist sehr diszipliniert, wenn sie studiert. *Richtig.*

16. Sie unterstreicht Gelesenes und benutzt dabei einen roten Stift. *Teilweise richtig.* (Sie unterstreicht, aber selten mit Rot – normalerweise mit Kugelschreiber oder gelbem Marker.)

17. Sie lernt leicht auswendig und ist eine gute Studentin mit Zweien und Einsen. Sie ist keine 1*-Studentin, bringt aber eine recht ordentliche Leistung. *Richtig.*

18. Sie verwöhnt ihr Baby. Das Baby ist der Hahn im Korb und sehr anspruchsvoll, und sie gibt dem nach. Weniger Verziehen wäre besser. Frage sie, ob sie nicht auch dieser Ansicht ist. (Sie hat das Gefühl, *liebevoll* und *fest* zu sein. Ihr »Baby« ist jetzt fünf und nicht anspruchsvoll, war es aber als kleines Kind. Verzogen? ... Sie weiß nicht recht.)

19. Das Haus der Familie hat außen herum einen Kettengliederzaun. An dem Haus ist braune Farbe. *Teilweise richtig.* (Die Nachbarn haben einen Kettenzaun, und eine Seite grenzt an ihr Grundstück. Sowohl an ihrem Haus als auch an dem der Nachbarn kommt die Farbe Braun vor.)

20. Auf der Rückseite ist eine Garage. *Falsch.* (Garage ist seitlich am Haus.)
21. Die Einrichtung ist im Kolonialstil. *Richtig.*
22. Ich sehe einen runden geflochtenen Teppich im Kolonialstil. *Falsch.* (Sie hätte irgendwann gern einen.)
23. Im Wohnzimmer steht eine Art Schaukelstuhl und in einem der Kinderzimmer ein hölzernes Schaukelpferd. *Jetzt falsch.* (Das war vor einigen Jahren.)
24. Im Haus gibt es viele Pflanzen. Sie hat »grüne Finger«, Pflanzen gedeihen bei ihr hervorragend. *Richtig.*
25. Die Familie fährt einen bulligen kleinen Wagen. *Falsch.*
26. Die Farbe ist kastanienbraun oder purpur oder rosarot. *Falsch.* (Die Nachbarn haben einen kastanienbraunen Wagen, aber einen sehr großen.)
27. Sie kocht gern. In der Küche stehen viele Kochbücher. *Richtig.*
28. Sie tauscht oft Rezepte mit Freundinnen aus. *Richtig.*
29. Sie könnte eine sehr gute Schwimmerin sein. *Richtig.*
30. Sie kann in jüngeren Jahren Preise dafür gewonnen haben, einige zweite und dritte Plätze und gelegentlich einen ersten Platz. *Falsch.* (Sie machte Kurse und erhielt Urkunden, schwamm aber nicht in Wettkämpfen mit.)
31. Ich sehe irgendwie ein Krankenhaus mit ihr verbunden. Vielleicht arbeitet jemand dort, aber mit ihrem Leben ist ein Krankenhaus verbunden. Ich weiß nicht genau, was das bedeutet. *Richtig.* (Sie ist Krankenschwester, arbeitet aber jetzt nicht; ihr Vater war vorigen Sommer und Herbst schwer krank und lag im Krankenhaus.)

READING FÜR ANNE WHITE
8. Januar 1983

Körperliche Gesundheit
1. Es scheint ein Problem mit einer Farbspülung oder einem Erzeugnis zu geben, das fürs Haar verwendet wird. Das Mittel ruft eine Kopfhautreizung oder eine »allergische Reaktion« hervor. Sie sollte eine andere Marke nehmen; es wäre jedenfalls

klug, dieses Produkt nicht mehr zu verwenden. *Richtig.* (Shampoo und Farbspülung einer bestimmten Marke riefen eine allergische Reaktion hervor.)

2. Sie ist anfällig für blutunterlaufene Augen – Röte der Augen. *Teilweise richtig.* (Wenn sie ohne Brille in Schwimmbassins schwimmt, röten sich ihre Augen heftig; abgesehen davon leidet sie nicht unter Augenröte.)

3. Teebeutel mit Beinwell- bzw. Schwarzwurztee, auf die Augen aufgelegt, würden sehr beruhigend wirken. *Keine Antwort erforderlich.*

4. Außerdem kann Vitamin A – 20000 Einheiten pro Tag über drei bis vier Wochen – genommen werden, wenn die Augen sich röten oder ermüden. Es wäre klug, jetzt mit der Behandlung zu beginnen, dann aufzuhören und wieder damit anzufangen, wenn das Problem erneut auftritt. Wenn sie die Behandlung durchführt, wird ihr Körper genügend Widerstand aufbauen, so daß solche Attacken ausbleiben. *Keine Antwort erforderlich.* (Eine Brille verhindert die Augenbeschwerden.)

5. Sie scheint einwandfreie Stirn- und Nebenhöhlen zu haben, und der Halsbereich ist gesund. *Richtig.*

6. Sie hat zwei Kronen im Mund. *Teilweise richtig.* (Zu der Zeit, als das Foto aufgenommen wurde, hatte sie eine Krone; im Augenblick erhält sie eine zweite.)

7. Sie lispelt leicht, besonders bei den Buchstaben f und th, wenn sie erregt ist. Sie stolpert über die Wörter, wenn sie sich aufregt, und hat Mühe, sich auszudrücken. *Richtig.*

8. An ihrem rechten Arm könnte eine alte Narbe von fünf bis acht Zentimetern sein. Sie wurde dort genäht. *Falsch.*

9. Sie verletzte sich den Arm an irgendeinem Metallgegenstand. *Falsch.* (Später berichtete sie von einer Narbe am linken Arm.)

10. Sie besitzt ausgesprochen gute Nerven. *Richtig.*

11. Ihr Herz und ihre Lunge sind sehr kräftig. *Richtig.*

12. Sie neigt zu einer Hiatushernie, wenn sie älter wird – nicht zur Zeit. *Keine Antwort erforderlich.*

13. Sie könnte später auch zu Kolitis neigen. *Teilweise richtig.* (Sie hat jetzt Kolitis.)

14. Sie ist reizbar, aber nicht ständig. *Richtig.*

15. Sie kann eine Blinddarmoperation hinter sich haben. An ihrem Bauch befindet sich eine Narbe von einer kleineren Operation. *Teilweise richtig.* (Sie hat eine zehn Zentimeter lange Narbe von einer größeren Operation – bei dieser wurde der Blinddarm mitentfernt.)

16. Sie scheint zu joggen. Ich sehe sie in einem blauen Jogging-Anzug. *Richtig.* (Sie joggt, allerdings nicht regelmäßig. Sie trägt einen blauen Jogging-Anzug.)

17. Sie hat etwa fünfzehn Pfund Übergewicht, die sie abnehmen muß. *Richtig.*

18. Die körperliche Betätigung ist gut, aber sie muß auf ihre Ernährung achten, denn sie ißt zu viele Nahrungsmittel, die zum Aufbau von Fettgewebe beitragen. Dies ist nur ein Rat. *Keine Antwort erforderlich.* (Sie hat in den vergangenen Monaten zehn Pfund abgenommen, es bleiben ihr noch fünf.)

19. Sie ist ein kreativer Mensch, der Dinge mit den Händen anfertigt. Sie näht und stickt. Darin ist sie sehr gut. *Richtig.* (Sie näht jetzt und stickte als Teenager, jetzt aber nicht mehr.)

20. Im Haus hängen Bilder, die sie selbst gefertigt hat. *Richtig.*

21. Sie stickt Initialen, allerlei Muster und ist sehr kreativ mit ihren Händen. Sie entwirft oft ihre Dinge selbst. *Teilweise richtig.* (Sie stickt jetzt nicht mehr. In der Freizeit beschäftigt sie sich manuell, mit Malen, Nähen und Dekorieren; sie entwirft Kleider und Blumenarrangements.)

22. Sie arbeitet gern im Garten. Ich sehe sie vor dem Haus bei der Pflege der Blumen und des Rasens. *Richtig.*

23. Dort scheint ein weißer Zaun zu sein. *Falsch.* (Überhaupt kein Zaun.)

24. Sie arbeitet in einem Gemüsegarten hinter dem Haus. Sie liebt es, Pflanzen zu ziehen, und hat »grüne Finger«. *Richtig.* (Früher stand sie im Ruf, »rote Finger« zu haben, aber in den letzten paar Jahren sind ihre Finger offenbar grün geworden.)

25. Sie scheint eine besondere Begabung für die Rosenzucht zu

haben. Einige Exemplare sind groß genug, um Preise zu gewinnen. Sie könnte bei Blumenausstellungen mitgemacht haben. Es ist unklar, ob sie das tut oder nicht. *Unklar.* (Sie begann voriges Jahr Rosen zu züchten.)

26. Hinter dem Haus steht eine Hundehütte mit Schindeldach und dem Namen des Hundes über der Tür. *Falsch.* (Sie haben keinen Hund.)

27. Heißt er Daisy? Der Name beginnt mit D. *Falsch.*

28. Das Haus besteht außen aus hellem Holz, es ist einstöckig, hat sieben bis acht Zimmer – sieben Zimmer und ein Bad. *Teilweise richtig.* (Die Familie wohnt in einem Ziegelhaus mit goldfarbenem Holzwerk, sieben Zimmer, zwei Bäder.)

29. Es steht in der Nähe von Wasser. Wenn man aus dem Haus geht, sich nach rechts wendet und zurückgeht, *ein ziemliches Stück*, kommt man an ein Wasser. Es ist wie ein Bach, aber ein Stück vom Haus entfernt. *Teilweise richtig.* (Die Familie wohnt an einem etwa siebzehn Meter vom Haus entfernten Bach.)

30. Sie besitzen ein kleines Ruderboot. Sie setzen das Boot in den Fluß und fahren dann in ein größeres Gewässer hinaus. Ich sehe ein Ruderboot und Ruder. *Richtig. (Wie wahr!)*

31. Ich sehe einen Jungen beim Krabbenfangen. *Teilweise richtig.* (Ein Mann – ihr Mann... Sie hat das Gefühl, das Medium sehe, daß sie einen Sohn habe; sie fragt sich, ob das Medium in Wirklichkeit ihren Mann sehe, der sich wie ein neunjähriger Junge verhält, wenn er auf dem Wasser »spielt«. Ihr Mann hat braunes Haar, das ihm in die Stirn hängt. Sie hat zwei Töchter.) (Später wird ein neunjähriger Nachbarssohn erwähnt, der ab und zu Krabben fängt.)

32. Er könnte acht oder neun sein und hat braunes Haar, das ihm in die Stirn hängt. Er fängt gern Krabben im Fluß, manchmal fährt er weiter hinaus, und seine Mutter macht sich Sorgen um ihn. *Siehe Punkt 31.*

33. Seine Mutter bittet ihn, eine Schwimmweste zu tragen. Er zieht oft mit Freunden los. Sie fangen eine Menge Krabben. *Richtig.* (Wenn es sich um ihren Mann handelt, dann macht

sich die Mutter tatsächlich Sorgen – und denkt über die Schwimmweste nach; er zieht tatsächlich mit Freunden los, und sie fangen Mengen von Krabben.)

34. Ich sehe sie am Küchentisch essen. Es gibt wahre Stöße Krabben. Das ist eine glückliche Zeit für die ganze Familie. *Richtig.*

35. Sie studiert sehr fleißig. *Richtig.*

36. Sie trägt beim Lernen eine Brille. Es ist eine große runde Brille mit der Stärke -20/50 bis 20/60. *Richtig.*

37. Es ist eine Lesebrille. Sie hat Schwierigkeiten mit der Nahsicht.

38. Sie ist eine durchschnittliche Studentin. *Falsch.* (Sie hat einen Einserdurchschnitt.)

39. Sie lernt fleißig, aber nicht systematisch. Sie täte gut daran, sich geeignete Lernverfahren und eine systematische Arbeitsweise anzueignen. *Falsch.*

40. Sie könnte besser sein, wenn jemand sie lehrte, sich einer Gliederung und farbiger Stifte zum Unterstreichen zu bedienen. Sie könnte sich weiter steigern, wenn sie ihre Lerntechniken verbesserte. Sie könnte Bücher darüber lesen, wie man lernt. Dies nur als Empfehlung für sie. *Keine Antwort erforderlich.*

41. Ein älterer Mann ist im Haus. *Falsch.*

42. Er hat silbergraues Haar und ist teilweise kahl. *Falsch.*

43. Er ist Ende Vierzig oder Anfang Fünfzig. *Falsch.*

Künftige Ereignisse

44. Sie wird im zweiten Semester mit einem Kurs Schwierigkeiten haben. Der Kurs hat mit Sprache zu tun und erfordert fortgeschrittene Sprachkenntnis. *Teilweise richtig.* (Sie hat jetzt Englisch belegt und bisher keine Schwierigkeiten, weiß aber, daß ihr Wortschatz mangelhaft ist.)

45. Es hängt mit der Schwierigkeit zusammen, sich knapp auszudrücken. Das zeigt sich in dem Sprachkurs. Wenn sie spezielle Hilfe sucht, wird sich das bessern. Anderweitig wird sie diese Schwierigkeiten weiterhin haben. *Keine Antwort erforderlich.*

(Gute Idee. Sie arbeitet jetzt ein Buch zur Verbesserung des Wortschatzes durch.)

46. Sie könnte daran denken, sich einen Wagen zu kaufen. Ich sehe einen blauen Wagen in ihren Gedanken. *Richtig.*

47. Sie denkt jetzt daran, im Sommer Urlaub zu machen. Sie schmiedet Pläne für die nächsten paar Monate. *Richtig.*

48. Es ist eine Überseereise, und sie legt weite Strecken zurück. *Richtig.* (Sie fährt am 14. Mai für vier Wochen nach Deutschland, Griechenland und Frankreich.)

49. Sie trifft Vereinbarungen für den Aufenthalt in einem Hotel, das sehr schön gelegen ist. Es ist groß und hat drei Trakte. Es hat zehn bis fünfzehn Stockwerke. *Keine Antwort erforderlich.* (Sie kann es nicht sagen, weil sie noch keine Hotelbilder hat.)

50. Es hat ein Spitzdach. *Keine Antwort erforderlich.*

51. Der Speisesaal ist rot dekoriert, und sie ißt dort. *Keine Antwort erforderlich.*

52. Sie reist mit Freunden. *Richtig.*

53. Sie fährt an einen Strand – kleine Wellen. *Richtig.* (Sie verbringt zwei Wochen auf griechischen Inseln.)

54. Sie wird eine Geldsumme gewinnen. *Keine Antwort erforderlich.*

55. Es ist etwas wie Spielen. Es kann bei einem Wettbewerb sein, oder sie wettet. Und ein Gefahrenmoment spielt mit. Sie weiß, daß sie dies tun wird. Es widerfährt ihr nicht durch Zufall. *Keine Antwort erforderlich.*

56. Sie riskiert es und gewinnt einige hundert Dollar. *Keine Antwort erforderlich.*

Reading für Jane Smith
12. Januar 1983

Körperliche Gesundheit

1. Achtung beim Benützen von Färbemitteln. Man sollte bedenken, daß es sich dabei um scharfe Chemikalien handelt. Dies nur als Rat. *Richtig.*

2. Ich empfehle Auraglow für trockene Haut und Fältchen unter den Augen. Auraglow würde ihrer Haut guttun, außerdem sollte sie viel laufen, das würde die Blutzirkulation in ihrem Gesicht aufrechterhalten und ihren Teint verbessern. *Richtig.*

3. Sie hat eine Brille und mag sie nicht aufsetzen. Sie trägt sie nur, wenn es unbedingt nötig ist. Sie kneift oft die Augen zusammen, um Telefonnummern und Rezepte lesen zu können, statt die Brille aufzusetzen. *Richtig.*

4. Hat sie vielleicht einige Zähne, die nicht ihre eigenen sind – eine Brücke oder eine kleine Platte? *Falsch.* (Vor etwa zwei Jahren trug sie eine Spange – vielleicht wurde dies gesehen.)

5. Sie ist ein sehr präziser Mensch, was ihre Redeweise angeht. Sie wählt die Worte sorgfältig. *Richtig.* (Einigermaßen.)

6. Sie ist ein sehr beherrschter Mensch. *Richtig.* (Sie hielt sich nie dafür, aber man hat ihr schon öfter gesagt, daß sie einer sei.)

7. Bei ihr muß alles sehr ordentlich getan werden. Das zeigt sich in ihrer ganzen Persönlichkeit, und in der Sprache widerspiegelt sich diese ganze Persönlichkeit. *Richtig.* (Manchmal gefällt ihr dieser Zug an ihr nicht.)

8. Sie hat einen gut entwickelten Wortschatz. *Richtig.*

9. Als sie in Jims Kurs war, sprach sie und trug viel zur Diskussion bei. Das heißt nicht, daß sie oft redet, aber wenn sie es tat, dann immer sachdienlich, gut und knapp formuliert. *Richtig.* (Sie ist sich nicht sicher, ob das stimmt; Dr. Windsor müßte es beantworten.)

10. Auch wenn sie lacht, ist es ziemlich beherrscht. *Richtig.*

11. Gelegentlich gibt sie sich einem herzlichen Lachen hin. *Richtig.*

12. Manchmal ist sie streng, obwohl sie es nicht sein will. *Richtig.*

13. Sie ist pedantisch. *Richtig.* (Ein weiterer Zug, über den sie nicht immer glücklich ist.

14. »Sehr beherrscht«, dies charakterisiert Jane. *Richtig.* (Sie weiß nicht recht. Sie kennt sich selbst nicht so, wie sie gern möchte.)

15. Sie ist ein sehr netter Mensch. *Richtig.* (Sie liebt es, sich als netten Menschen zu sehen. Das nützt ihrer Selbsteinschätzung.)

16. Sie hat hohe Wert- und Moralvorstellungen. *Richtig.* (Auch das hält sie für zutreffend, aber vielleicht nur, weil sie so unsicher ist.)

17. Sie hat ein sehr ordentliches und sehr sauberes Haus. Es ist gepflegt. *Richtig.* (Sie wünschte, einiges von diesem »Ordentlichkeitssyndrom« ablegen zu können. Hätte sie die Fähigkeit, dann wäre sie gern kreativ.)

18. Das Haus hat einen Garten. *Teilweise richtig.* (Bis vor einem Jahr gärtnerte sie bei Freunden – auf einem ziemlich großen Grundstück. Das Medium sieht vielleicht die Pflanzen. Überall im Haus stehen welche.)

19. Ihr Mann ist auch so wie sie. *Richtig.*

20. Die beiden stehen unter ziemlichem innerem Druck und wollen alles sauber und ordentlich haben. Ihr ganzes Leben ist weitgehend so. *Richtig.* (Nur allzusehr.)

21. Achten Sie auf kleine Zysten. Bei emotional beherrschten Menschen strömen die Energien nicht immer so gut, wie sie sollten. *Zu Zysten neigen Menschen, die den Strom einengen*, indem sie ihre Gefühlsäußerungen unterdrücken. Das ist eine allgemeingültige Regel. *Richtig.* (Kleine Zysten seit siebzehn Jahren – gutartig.)

22. Wenn sich bei ihr Zysten irgendwelcher Art bilden, würden Carlton Fredericks Diät, Gaben von Vitamin E, sechshundert Milligramm pro Tag, und Rhizinusöl-Packungen helfen. Ist das Problem einmal da, muß etwas geschehen. *Richtig.* (Sie besitzt Carlton Fredericks Buch. Sie nimmt seit einem Jahr vierhundert Milligramm Vitamin E täglich.)

23. Ihre Fingernägel haben weiße Flecken – ein Anzeichen für Zinkmangel. Dreißig Milligramm Zink täglich über mehrere Wochen würden helfen, danach eine reduzierte Dosis von zehn Milligramm. Die sofortige Einnahme einer großen Dosis wird den Mangel beheben, dann soll auf ein Normalmaß zurückgegangen werden. *Richtig.* (Sie wird es mit dem Zink probieren.)

24. In ihrer Lunge befindet sich eine leichte Restvernarbung – hat sie je geraucht? Vielleicht ist es eine Vernarbung von einer Lungenentzündung. *Richtig.* (Sie rauchte drei Packungen am

Tag. Seit zehn Jahren raucht sie nicht mehr. Von dem Schatten in der Lunge wußte sie nichts, aber sie glaubt, daß er vorhanden ist.)

25. Sie hat eine überaktive Gallenblase, die vielleicht zuviel Galle produziert. Das würde einen »übersäuerten Organismus« verursachen. Es ist kein schwerwiegendes medizinisches Problem, aber die Neigung dazu besteht. Ihre Beherrschung hält vielleicht einiges in ihrem Organismus zurück, das normalerweise völlig ausgeschieden werden müßte. *Richtig.* (Sie hatte innerhalb von fünf Jahren zehn oder auch zwanzig Gallenblasenattacken.)

26. Sie macht vielleicht Gymnastik, um schlank zu bleiben. Das wirkt der Beherrschung und dem Zystenproblem etwas entgegen. *Richtig.* (Jeden Tag.)

27. Es wäre empfehlenswert, daß sie sich ein kleines Trampolin besorgt und darauf springt, denn das würde den Blutstrom zu ihrem Kopf, in ihr Gesicht und in ihrem ganzen Organismus steigern. Die gegenwärtigen Übungen reichen nicht, um das Herz anzukurbeln und den Blutstrom richtig in Gang zu halten. Aerobik und Laufen auf der Stelle wäre gut für sie. *Richtig.* (Sie hat gerade damit angefangen, ihr Herzminutenvolumen durch schnelles Gehen und Laufen auf der Stelle zu steigern.)

Das Haus der Smiths

28. Ihr Wohnzimmer hat ein großes Glasfenster. *Teilweise richtig.* (Bevor sie umzogen.)

29. Es gibt dort viele Glasscheiben und einen durchsichtigen Vorhang. *Richtig.*

30. Im Wohnzimmer befindet sich ein Kamin aus roten Ziegeln und Feuerböcke. *Richtig.*

31. Außerdem gibt es einen Blasebalg. *Falsch.*

32. Das Haus hat einen Boden im Kolonialstil. Diese Vorliebe rührt von einem Leben in Amerika zur Kolonialzeit her – vielleicht als sie früher in diesem Gebiet war, vor mehreren hundert Jahren. *Falsch.* (Sie wollte immer ein frühamerikanisches Dekor. Sie plant, demnächst alle Teppiche zu entfernen und den Boden

blank zu lassen. Vielleicht wurde gesehen, was sie sich wünscht.)

33. Dort steht ein Ohrensessel. Er kann hellgrün sein. *Teilweise richtig.* (Zwei Ohrensessel stehen dort, und sie sind orange geflammt, aber die durchsichtigen grünen Vorhänge können sie je nach Lichteinfall grün erscheinen lassen.)

34. Im Haus gibt es auch Möbel mit Blumendekor. *Teilweise richtig.*

35. Im Eßzimmer hängt ein Zierleuchter. *Richtig.*

36. Er hat Arme, die wie umgekehrte Blütenblätter aussehen und an fünf oder sechs verschiedenen Stellen heraustreten. *Richtig.* (Genau beschrieben.)

37. Am Ende jedes Armes befindet sich eine kerzenähnliche Lampe. *Richtig.*

38. Im Eßzimmer über der Anrichte hängt ein Spiegel. *Falsch.* (Aber hier kann das Glas über dem dort hängenden Gemälde im Zusammenwirken mit dem einfallenden Licht einen Spiegeleffekt erzeugen. Eine Anrichte steht dort.)

39. Im Haus gibt es Glastüren, die auf eine Veranda an der Rückseite gehen. *Richtig.* (Stimmt genau.)

40. Sie, ihr Mann und die übrigen Angehörigen genießen die Veranda und essen im Sommer oft dort zu Abend. *Richtig.*

41. Dort stehen Fackeln und ein Grill. *Richtig.*

42. Jane und ihr Mann arbeiten viel im Garten. *Teilweise richtig.* (Sie taten es früher, jetzt selten.)

43. Blumenbeete mit ordentlichen Reihen von Blumen sind angelegt und schön terrassierte Zonen. Es ist ein sehr gepflegter Garten. *Richtig.* (Die meiste Zeit.)

44. Der Rasen ist gemäht. *Richtig.* (Meistens.)

45. Im Nutzgarten steht eine Art Schaukel. *Falsch.* (Sie wollte immer eine.)

46. Der Garten erscheint so deutlich, weil die Familie viel Zeit im Freien verbringt. *Richtig.*

47. Eines ihrer Hobbys besteht darin, im Garten mit Dünger, Grassamen, Blumen, Pflanzen usw. zu arbeiten. *Teilweise richtig.*

48. Sie tauschen die Blumen im Sommer und Herbst aus. *Teilweise richtig.*
49. Sie kaufen in einem Geschäft eine Menge verschiedener Pflanzen. *Falsch.*
50. Sie studieren auch Samenkataloge. *Teilweise richtig.*
51. Sie spielt gerne Karten. *Teilweise richtig.* (Hauptsächlich zur Entspannung.)
52. Sie besitzt eine rasche Auffassungsgabe, und ich sehe sie beim Bridge oft gewinnen. *Teilweise richtig.*
53. Sie wird in Zukunft gewinnen. (Das hofft sie, aber sehr wichtig ist es für sie nicht, daß sie gewinnt.)

Die obigen drei Readings veranschaulichen, welche Arten von Informationen während des gesamten Projekts durch den Kanal kamen. Deshalb erscheint es ratsam, die Analyse der in allen zehn Readings aufgetretenen spezifischen Phänomene, die mein Mann Jim vornahm, hier einzufügen. Seine Erkenntnisse und sein kritisches Verständnis der aufgetretenen Fähigkeiten werden dem Leser einen viel umfassenderen Überblick über die angestrebten und die erreichten Ziele des College-Projekts paranormaler Forschung geben, als es die drei Readings allein könnten.

Abschnitt zwei
(31. Dezember 1982 bis 28. Februar 1983)
Dr. James C. Windsor

Das College-Projekt paranormaler Forschung war nur in sehr allgemeinem Sinn des Ausdrucks ein Forschungsprojekt. Lediglich zehn Versuchspersonen wirkten mit, es gab keine Kontrollgruppen, keine doppelt abgesicherten Verfahrenstechniken und keine mit eindrucksvollen statistischen Daten vollgeschriebenen Seiten. Das Projekt ging einer ernsteren Forschung voraus. Wir suchten, um mit WILLIAM JAMES zu sprechen, nur ein »generelles Gefühl dramatischer Wahrscheinlichkeit«. Die Ergebnisse der Untersuchung erbrachten jedoch einige eindrucksvolle Belege, wenn auch nicht Beweise dafür, daß etwas vorging, das im Widerspruch zu den bekannten Prinzipien der Wissenschaft steht. Sie warfen auch weitere, faszinierende Fragen auf.

Mehrere verschiedene Arten von »Extra«- oder »Super«-Wahrnehmungen wurden bei der Entstehung der Readings eingesetzt. Lassen Sie mich einige dieser Phänomene aufzeigen und für jedes Beispiele anführen.

Hellsehen – die Fähigkeit, Ereignisse oder Gegenstände aus der Ferne ohne Vermittlung der fünf Sinne wahrzunehmen – war ein vorherrschendes Merkmal der paranormalen Impressionen. So wurde etwa folgende Beschreibung einer Wohnung gegeben:

Der Ort, an dem sie lebt, ist eine kleine Wohnung. Ich sehe eine Couch, die eher quadratisch und dunkelbraun ist. Die Wohnung ist im allgemeinen in Blau, Gelb oder Beige und Braun gehalten. Im Wohnzimmer hängt eine ungewöhnliche Lampe. Sie besteht oben aus zwei oder drei Teilen, einem Ende spiralförmig miteinander verschlungen. Sie hat nur einen Sockel.

Dies war eine genaue Beschreibung der Wohnung und besonders der ungewöhnlich gestalteten Lampe.

Die folgenden Zitate sind ähnliche Beispiele für richtige Wahrnehmung aus der Ferne (im Radius von fünfzehn bis achtzig Kilometern).

Das Tischtuch in der Küche ist kariert.

Das Haus hat eine kleine Veranda und drei Stufen mit einem Eisengeländer.

Im Eßzimmer hängt ein Zierleuchter. Er hat Arme, die wie umgekehrte Blütenblätter aussehen und an fünf oder sechs verschiedenen Stellen heraustreten. (Joan ist besonders gut, was die Ausstattung mit Lampen angeht.)

Noch faszinierender als wahrgenommene Möbel oder Lampen sind Wahrnehmungen physischer Merkmale des Äußeren und Inneren von Körpern. Die folgenden Beispiele enthalten richtige Informationen:

Sie hat Krampfadern an den Beinen, besonders im oberen Teil.
Die Zehen sind deformiert.
Im Organismus scheint Kies vorhanden zu sein (Richtig –
Gallensteine.)
Auf der rechten Kopfseite hat sie eine Narbe am Schädel.
(Richtig. Das Haar verdeckte die Narbe vollkommen.)
An ihrem Bauch ist eine Narbe von einer kleineren Operation.
Ihre Fingernägel haben weiße Flecken – ein Anzeichen von
Zinkmangel.

Man kann nicht anders, als darüber zu spekulieren, wie die medizinische Diagnostik in Zukunft aussähe, wenn sich solche Wahrnehmungen vervollkommnen ließen.

Ein interessantes Phänomen, das eine Mischung aus Hellsehen und Telepathie (Lesen der Gedanken eines anderen) darstellt, trat auf, als die Wahrnehmung keinen vorhandenen, sondern einen gewünschten Gegenstand betraf. (Dabei entstand der Eindruck von Ungenauigkeit.) Die Empfänger folgender Beobachtungen beispielsweise berichteten, daß sie den beschriebenen Gegenstand nicht besaßen, ihn sich aber wünschten.

Sie hat einen blauen Wagen, der hinten eckig ist.
Im Nutzgarten steht eine Art Schaukel.
Ein großer ovaler Teppich im Kolonialstil liegt im Wohn-
zimmer.

Retrokognition bezeichnet einen Mechanismus, durch den eine Person Informationen aus der Vergangenheit erhält, die im gegenwärtigen Gedächtnis der betroffenen Person nicht vorhanden sind. Dieses Phänomen ist für uns besonders schwer zu begreifen, weil wir noch nicht wissen, wo oder wie solche Informationen gespeichert sind, geschweige denn, wie sie erlangt werden – aus der zeitlichen und örtlichen Ferne. Retrokognition wird im nachstehenden Zitat aus dem Reading für Mary Jones demonstriert:

Als sie jünger war, hatte sie Probleme mit ihrem rechten Auge.

Vielleicht war es eine Muskelschwäche oder ein leichter Astigmatismus. (Mary bestätigte, daß ihr fortdauerndes Problem mit Astigmatismus begann, als sie zwölf Jahre alt war.)

Aus einem anderen Reading:

Sie bekam einmal einen Schlag rechts auf die Kinnlade, der ihr den Kiefer ausrenkte. (Die Empfängerin bestätigte, daß sie einen harten Schlag auf den Kiefer bekam, bei dem ihr Trommelfell platzte. Bei einem anderen Zwischenfall wurde ihr der Kiefer ausgerenkt. Beides ereignete sich vor fünfundzwanzig Jahren.)

Eine interessante retrokognitive Wendung findet sich in folgender Beschreibung eines Hauses:

Die Küche ist gelb gefliest. Der Boden ist gelb und zeigt kleine Kreise und Striche und Trennlinien.
Es gibt dort einen Kamin mit einem kleinen braunen Sims aus Holz darüber.

Die Aussagen trafen nicht auf das augenblickliche Haus der betreffenden Person zu, sondern auf eines, in dem sie früher gewohnt hatte.

In einem anderen Reading wurde festgestellt, daß *»ein Klavier dort zu stehen scheint, das nicht neu ist«.* (Die Empfängerin berichtete: »Wir verkauften das Klavier vorigen Herbst.«)

Es fällt uns schwer zu begreifen, wie jemand die Zukunft kennen kann, und zwar vor allem deshalb, weil wir nicht akzeptieren, daß die Zukunft feststeht und daß wir keine Kontrolle über sie haben. Es gibt jedoch so viele präkognitive Erfahrungen, daß man sie nicht ignorieren kann; darum waren meine Frau und ich nicht sonderlich überrascht, als in den Readings Voraussagen künftiger Ereignisse zu erscheinen begannen.

»Sie wird nicht lange hier bleiben, sondern in Kürze aus dieser Wohnung ausziehen. Sie nimmt an einer Hochzeit teil, möglicherweise ihrer eigenen.« (Die junge Dame berichtete, daß sie in drei

Wochen ausziehen werde, weil sie heirate. Hierbei konnte es sich um Telepathie oder Präkognition handeln.)

»Sie spielt Softball. Ich sehe sie mit einem Schläger und einem Ball.« (Die Sportlerin trat zwei Monate nach dem Reading in eine Softball-Mannschaft ein; Softball ist eine Spielart des Baseball mit weicherem und größerem Ball. Handelte es sich hier um Präkognition oder Suggestion?)

Das Voraussehen der Zukunft mit *einem gewissen Grad an Genauigkeit* ist ein erschütterndes Erlebnis und stellt uns vor die Frage, bis zu welchem Grad die moderne »wissenschaftliche« Theorie verständlich ist. Es gibt sehr viel, das wir noch nicht verstehen.

Heute gilt als gesichert, daß Persönlichkeit und Gesundheit eng zusammenhängen. Äußerungen in unseren Readings deuten jedoch auch auf einen starken *symbolischen* Zusammenhang hin. Das folgende Zitat beispielsweise stammt aus einem Reading für eine fettleibige junge Frau, die oft Anfälle von Dermatitis hatte:

Der Ausschlag an der Hand ist in dem Sinne symbolisch, als sie keine Menschen anfassen mag. Sie vermeidet es, anderen nahe zu kommen. Nicht berühren, das ist der allgemeine Trend in der ganzen Persönlichkeit. Das macht sie sehr einsam. Sie ist ziemlich dick, und diese Hülle hält die Menschen ebenfalls von ihr fern.

Einer Frau, die zahlreiche kleinere Gesundheitsprobleme hatte, wurde folgender Hinweis gegeben:

Allerlei kleinere Reizungen liegen vor. Das könnte man passend nennen, weil sie gegenüber ihren Mitmenschen gereizt ist. Diese Reizungen spiegeln sich in kleinen Flächen auf ihrem ganzen Körper. Sie ist wie ein Kreuzfahrer, und Kreuzfahrer haben Kampfnarben.

Ruth hatte chronische Darmstörungen. Sie bekam den Rat:

Suchen Sie die Antwort auf Ihr Gesundheitsproblem in sich selbst.

Es hängt mit Ihrer Beziehung zu Ihrer Schwester zusammen. Die fehlende Entschlossenheit hinsichtlich des letzteren Problems reizt ständig den betroffenen Bereich. Das Problem besteht schon sehr lange. Der Schmerz wird verschwinden, wenn das Beziehungsproblem gelöst ist.

Ein ähnlicher Rat erging in einem anderen Fall von Geschwisterrivalität. Die darin enthaltenen Erklärungen führen uns vor Augen, daß Ereignisse und Beziehungen aus der Kindheit uns ewig verfolgen können, wenn wir nicht lernen, zu vergeben und zu vergessen.

Heftiges Wetteifern mit einem Bruder gab ihr, als sie jünger war, das Gefühl, abgelehnt zu werden. Sie war traurig und aß mehr. Sie neigt dazu, dies alles in die Gegenwart mit herüberzunehmen. Das ist nicht nötig. Sie reagiert auf Dinge, die nicht mehr zutreffen. Das ist eine in den jüngeren Jahren wurzelnde Überreaktion. Die Lösung besteht darin, sich klarzumachen, daß sie selbst gute Fähigkeiten besitzt. Sie sollte es unterlassen, mit ihrem Bruder wetteifern zu wollen. Dadurch würde eine ständige Quelle von Streß ausgeschaltet. Das könnte ihr auch helfen, einiges von einem Übergewicht zu verlieren.

Der nachstehende Kommentar bringt ein bestimmtes Persönlichkeitsmerkmal mit einem spezifischen Gesundheitsproblem in Verbindung:

Achten Sie auf kleine Zysten. Bei emotional beherrschten Menschen strömen die Energien nicht immer so gut, wie sie sollten. Zu Zysten neigen Menschen, die den Strom einengen, indem sie ihre Gefühlsäußerungen unterdrücken. Das ist eine allgemeingültige Regel. (Diese Dame leidet seit siebzehn Jahren an Zysten.)

Abschließend der etwas poetisch klingende Rat an eine Person, die sich minderwertig fühlte:

Halten Sie viel von sich selbst, und die Menschen werden viel von

Ihnen halten. Halten Sie wenig von sich selbst, und die Ameise, die krabbelt, ist im Vergleich zu Ihnen eine Riesin.

Das College-Forschungsprojekt führten wir durch, um etwas mehr System in unsere Bemühungen zu bringen, die Natur der Phänomene, mit denen wir es zu tun hatten, genauer zu identifizieren. Wir gelangten zu folgenden Schlüssen:

1. Ziemlich exakte paranormale Impressionen konnten für Personen aus der Ferne empfangen werden. Ein Wert von fünfundsiebzig bis fünfundachtzig Prozent richtiger Informationen war typisch.
2. Der ganze Bereich paranormaler Fähigkeiten, wie Telepathie, Hellsehen, Retrokognition und Präkognition, wird eingesetzt.
3. Es gibt zweifellos andere Möglichkeiten der Wahrnehmung als durch die traditionellen fünf Sinne.
4. Glauben oder Vertrauen ist ein Faktor, der die Qualität der erhaltenen Informationen bestimmt. Personen, die an den Prozeß glauben und aufnahmebereit sind, bekommen besseres Material als skeptische Menschen.
5. Persönlichkeitsmerkmale sind eng verbunden mit der körperlichen Gesundheit, nicht nur allgemein, sondern ganz spezifisch. Die Wendung »einen klaren Kopf haben« erhält einen ganz neuen Sinn.
6. Wir stehen erst am Anfang des Verständnisses der Natur von Bewußtsein und Wahrnehmung. Die fortgesetzte Suche nach besserem Verständnis des »Innenraums« könnte unser größtes Abenteuer sein.

Schlußkommentar
Joan R. Windsor

Die Daten und das Feedback, die uns das College-Projekt paranormaler Forschung lieferten, ließen uns die Folgerung ziehen, daß es überzeugende Hinweise auf die Richtigkeit der Hypothese einer Existenz paranormaler Bindungen und Kommunikation zwischen verwandten Seelen gibt. Das Projekt ermöglichte es mir auch, ein für allemal meine persönlichen Zweifel und Unsicherheiten im Hinblick auf meine Pflicht abzustreifen, meine Fähigkeiten soweit wie möglich zu entwickeln. Und nachdem ich nun das Erbe meiner Seele akzeptiert habe, bin ich voll und ganz in die Partnerschaft mit meinem Mann und unseren geheimnisvollen Führern eingetreten.

Warum die Zeit damit zubringen, seine Träume zu deuten und das Interesse am Paranormalen zu pflegen? Nirgends fand ich den Grund dafür klarer und knapper ausgedrückt als in einem Wort von RUTH MONTGOMERY, das ich in ihrem Buch *A World Beyond* (Eine jenseitige Welt) las. Sie sagt, es sei eine bessere Investition, Zeit auf die Entwicklung paranormaler Fähigkeiten zu verwenden, als Diamanten in einem Safe zu lagern, denn nach ihrem Gefühl hängen paranormale Eigenschaften mit der Seele zusammen und suchen des Universums innerstes Herz, das der Samen des Lebens selbst ist.

TEIL II

Erweiterung Ihres eigenen
Bewußtseins

6

Prüfung Ihres Traum- und ASW-Erbes

Fortschritt hat nichts mit Zeit zu tun, weißt du,
sondern mit paranormaler und spiritueller Interessenkonzentration.

JANE ROBERTS, Gespräche mit Seth

Träume aus Altertum, Urgesellschaften und Bibel

Die Belege für prophetische Träume und Traumsymbolik reichen zeitlich bis zu den Naturvölkern zurück. Unsere frühen Vorfahren verließen sich weit mehr auf ihre Instinkte als auf ihren Verstand. Im Prozeß der Zivilisierung trennten wir, wie CARL GUSTAV JUNG ausführte, zunehmend unser Bewußtsein von den tieferen Instinktschichten der menschlichen Psyche und letztendlich sogar von der somatischen Basis des paranormalen Phänomens. Zum Glück, so Jung, sind uns jedoch diese grundlegenden Instinktschichten nicht verlorengegangen; sie bleiben Bestandteil des Unbewußten, auch wenn sie sich nur in Form von Traumbildern ausdrücken können.[1]

Die Evolution der Persönlichkeit eines Menschen hin zu kreativeren und reiferen Ausdrucksweisen kann ohne frei fließende Kommunikation zwischen Bewußtsein und Unbewußtem nicht optimal ablaufen. Am besten läßt sich diese Kommunikation durch Träume und veränderte Bewußtseinszustände erreichen. Wenn wir uns entscheiden, diesen anspruchsvollen Weg persönlicher Äußerung zu gehen, empfiehlt es sich, daß wir uns einem intensiven Studium der historischen und anthropologischen Aspekte der Traumsymbolik und der Präkognition widmen.

Aus der Antike ist uns der Glaube überliefert, daß zwei der wichtigsten Funktionen von Träumen die Zukunftsvoraussage und die Erstellung medizinischer Diagnosen seien. In einem Traum, den Artemidorus von Daldis im zweiten Jahrhundert n. Chr. aufzeichnete, sah ein Mann seinen Vater in einem brennenden Haus umkommen. Einige Wochen später starb der Vater an einer Zellgewebsentzündung (hohes Fieber, also Feuer). Vermutlich hatte er Lungenentzündung.

Das therapeutische Symbol des antiken Gottes der Medizin, Äskulap, ist die Schlange. Im alten Griechenland wurde mit Schlangen eine Heilform der Trauminkubation praktiziert. Man brachte Kranke in den Äskulaptempel, wo sie versuchen sollten, ein Heilmittel für ihr Leiden zu finden, während sie schliefen. In der Nacht krochen harmlose gelbe Schlangen über die schlafenden Patienten, denn man erhoffte sich, daß dadurch beim Heraufziehen der Morgendämmerung in den Kranken heilende Träume ausgelöst würden.

Die Schlange überlebte als Symbol des Arztes bis in die moderne Zeit. Es ist nicht ungewöhnlich, daß ein Mensch, der irgendeine Heilbehandlung gegen körperliche Krankheiten durchmacht, von Schlangen träumt.

Ob in alten oder modernen Zeiten, präkognitive Träume dienen uns im allgemeinen wie wohlwollende Freunde, sie warnen uns vor Dingen, die rasch auf uns zukommen – seien es vermeidliche oder unvermeidliche. Wie man sich erinnern wird, kündigte das Orakel von Delphi dem König Krösus warnend an, wenn er den Fluß Halys überschreite, werde er ein großes Reich zerstören. Erst nachdem er im Kampf eine vernichtende Niederlage erlitten hatte, erkannte er, daß mit dem im Orakel genannten Reich sein eigenes gemeint war.

Orakelträume waren bis weit ins fünfzehnte Jahrhundert ein fester Bestandteil der japanischen Kultur. Wer ein scheinbar unlösliches Problem hatte, unternahm eine Pilgerfahrt an eine heilige Stätte, um dort einen Traum auszulösen, der ihm eine kluge Lösung des Dilemmas offenbare. Zu den für ihre Heilträume berühmten buddhistischen Tempeln zählte der südlich von Nara gelegene Hasedera-Tempel, der dem Bodhisattwa Kannon geweiht war. Ein Zitat aus dem im fünfzehnten Jahrhundert entstandenen

Werk *Hasedera Reigenki* bezeugt die wunderbare Heilkraft eines Orakeltraums:

Ein Mann namens Kiyohara Natsuno beispielsweise war durch Lepra schrecklich entstellt und unternahm, nachdem alle anderen Heilversuche gescheitert waren, eine Pilgerfahrt zum Hasedera-Tempel. Sieben Tage verbrachte er abgeschieden in dem Tempel, dann träumte er, daß aus dem inneren Heiligtum ein Knabe erschien und sagte: »Deine Krankheit läßt sich sehr schwer heilen, weil sie auf ein Karma aus einem früheren Leben zurückzuführen ist. Aber Kannon hat mir trotzdem befohlen, dich zu heilen.« Daraufhin streckte der Knabe seine Zunge heraus, die sehr lang war, und leckte den ganzen Körper des Mannes ab. Als er das Lecken beendet hatte, wachte der Mann auf und stellte zu seinem großen Erstaunen fest, daß er rein und geheilt war.[2]

Die religiösen Lehren des Islam gingen aus der alten Kultur Arabiens hervor. In Ländern, in denen der Islam die vorherrschende Religion ist (Afrika, Persien – d. h. die heutigen Länder Iran und Irak –, Teile des indischen Subkontinents, Indonesien usw.), hat sich bis heute eine Vielzahl präislamischer religiöser Überzeugungen und Praktiken gehalten. In dem weitverbreiteten Islam herrscht beim Großteil des gewöhnlichen Volkes der Glaube, künftige Ereignisse und Entscheidungen würden durch das Medium des Traums vorhergesagt. Angeblich rufen übernatürliche Kräfte die Träume hervor. Empfangen werden sie von den sudanesischen *Fiqih*, religiösen Führern und Heiligen der Gegend, nicht dagegen von ungebildeten Menschen.

Der Fiqih kann sich in einem *Khalwah* (einem abgeschiedenen Ort für einen Asketen, wo es auch eine Schule für Religionslehrer gibt) oder im Grabmal eines verschiedenen Heiligen aufhalten. Dort kann er vor dem Einschlafen ehrfürchtig um Führung für den weiteren Verlauf seines Lebens bitten. Ein solcher Traum ist von Abd Al-Rahman Wadd Ban Al-Naqa überliefert, einem Fiqih aus der Gegend nördlich von Khartum. »Abd Al-Rahman Wadd Ban Al-Naqa sah in einem Traum seinen Großvater zwischen Himmel und Erde fliegen, seinen Vater hinter seinem Großvater und sich selbst hinter seinem Vater. Er erzählte diese Vision Sharif Abdullah, der zu ihm sagte: ›Sie haben dir gezeigt, daß du dich mit esoterischer Gelehrsamkeit befassen sollst.‹«[3]

IBN CHALDUN, der islamische Geschichtsphilosoph, erklärt Traumvisionen folgendermaßen:

Die Traumvision ist eine Bewußtheit von einem Teil der rationalen Seele in ihrer spirituellen Wesenheit, von Blick(en) der Ereignisformen. Während die Seele spirituell ist, haben die Ereignisformen darin tatsächlich Existenz, wie es bei allen spirituellen Wesenheiten der Fall ist. Die Seele wird spirituell, indem sie sich von körperlichen Angelegenheiten und körperhaften Wahrnehmungen befreit. Dies widerfährt der Seele (in Form von) Blick(en) durch Vermittlung des Schlafens ... Durch (diese Blicke) erlangt (die Seele) Wissen von künftigen Ereignissen, das sie sich wünscht und mittels dessen sie die dazugehörigen Wahrnehmungen erlangt. Wenn dieser Prozeß schwach oder undeutlich ist, wendet die Seele allegorische und imaginäre Bilder an, um (das gewünschte Wissen) zu erlangen. Solche Allegorie macht dann Deutung notwendig.[4]

Die Naskapi-Indianer sind ein erstklassiges Beispiel für ein einfaches Volk, das seine Träume beachtet, um eine tiefere Beziehung zum »Großen Mann« herzustellen. Sie leben als Jäger in isolierten Familiengruppen in den Wäldern der Halbinsel Labrador. »Träume befähigen den Naskapi voll und ganz, im Leben seinen Weg zu finden, nicht nur in der inneren Welt, sondern auch in der äußeren Welt der Natur. Sie helfen ihm, das Wetter vorauszusagen, und gewähren ihm unschätzbare Führung bei seiner Jagd.«[5] Die Naskapi glauben, daß Lügen und Unehrlichkeit den »Großen Mann« aus dem inneren Reich vertreiben, während Freundlichkeit und Liebe zu den Mitmenschen ihnen ein erfülltes Leben bescheren. Hierin kommen diese primitiven Menschen dem, was man die innere Wahrheit nennen könnte, wesentlich näher als moderne Menschen mit all ihren zivilisierten Vorstellungen.

Religiöse Symbole haben die Aufgabe, dem Leben Sinn zu

verleihen. Die Pueblo-Indianer glauben, daß sie direkte Nachkommen des Vaters Sonne sind. Dieser Glaube gibt ihnen eine Perspektive und ein Ziel; beides geht weit über ihre eingeengte Existenz hinaus und ermutigt sie dazu, ihre Persönlichkeit zu entfalten. Das ist weit besser als die in unserer Zivilisation herrschende kurzsichtige Haltung, die den Menschen als unterlegenes Wesen hinstellt, das kein inneres Credo besitzt, dem es Treue gelobt.

Eine Erörterung der historischen Perspektive von Träumen und Prophezeiung wäre unvollständig, würde man die in der Bibel enthaltenen, spirituell erleuchtenden Beispiele von Hellhören, Präkognition und Traumdeutung nicht erwähnen.

Im 1. Buch von den Königen 3, 5–14 erscheint der Herr König SALOMO im Traum und spricht: »Bitte, was ich dir geben soll!« Salomo hat kein Verlangen nach Reichtum oder Macht und sagt: »So wolltest du deinem Knecht geben ein gehorsames Herz, daß er dein Volk richten möge, und verstehen, was gut und böse ist.« Und die Ewige Stimme antwortet: »Weil du solches bittest ... so habe ich getan nach deinen Worten. Siehe, ich habe dir ein weises und verständiges Herz gegeben, das deinesgleichen vor dir nicht gewesen ist und nach dir nicht aufkommen wird. Zusätzlich, worum du nicht gebeten hast, habe ich dir auch sowohl Reichtum als auch Ehre gegeben.« Welch besseres Beispiel könnte es für einen einwandfrei hellhörenden Traum mit einer Botschaft geben?

Ein weiteres Beispiel für Hellhören findet sich im 1. Buch Samuel 3, 6–10. Der Knabe SAMUEL hört sich beim Namen gerufen und läuft zu dem Priester Eli, weil er meint, dieser zitiere ihn zu sich. Eli aber sagt: »Ich habe nicht gerufen; gehe wieder hin und lege dich schlafen.« Der Vorfall wiederholt sich zweimal, und schließlich erkennt Eli, daß der Herr den Knaben ruft. Er weist ihn an, sich wieder schlafen zu legen und, so er gerufen wird, zu sagen: »Rede, Herr, denn dein Knecht hört.«

Die unmittelbar folgenden Verse (11–14) sind präkognitiver Natur, sie enthalten die Botschaft des Herrn an Samuel: »Siehe, ich tue ein Ding in Israel, daß, wer das hören wird, dem werden seine beiden Ohren gellen. An dem Tage will ich erwecken über Eli, was ich wider sein Haus geredet habe; ich will's anfangen und vollenden. Denn ich habe es ihm angesagt, daß ich Richter sein will über sein Haus ewiglich um der Missetat willen, daß er wußte, wie seine Kinder sich schändlich hielten, und hat ihnen nicht gewehrt. Darum habe ich dem Hause Eli geschworen, daß die Missetat des Hauses Eli nicht solle versöhnt werden, weder mit Schlachtopfer noch mit Speiseopfer ewiglich.« Wie vorausgesagt, so geschah es.

Überzeugend wie nirgends sonst wird die große Bedeutung, die der Traumdeutung zukommt, in den Kapiteln 2 und 4 des Buches Daniel veranschaulicht. Im 2. Kapitel hat der babylonische König NEBUKADNEZAR einen Traum, an den er sich beim Erwachen nicht mehr erinnern kann. Zutiefst verwirrt über seine Unfähigkeit, den Traum ins Bewußtsein zu holen, läßt er alle Sternseher, Weisen und Zauberer Babylons rufen, damit sie ihm den Traum schildern und deuten. Die Unfähigkeit, diese Forderung zu erfüllen, bedeutet Hinrichtung. Der israelitische Prophet Daniel will sein Leben und das seiner Freunde Hananja, Misal sowie Asaria retten. Darum versenkt er sich in Trance, damit ihm die Bedeutung des Traums offenbart werde. *Er erklärt König Nebukadnezar, der Traum diene dem einzigen Zweck, den großen Herrscher zu befähigen, seines »Herzens Gedanken« zu erfahren.* Daniels tiefschürfende Aussage enthält eine besondere Botschaft für die Leser dieses Buches. Wenn es uns durch eigenes Studium und eigene Deutung unserer Träume gelingt, so etwas wie Selbstkenntnis und Selbstverwirklichung zu erreichen, um wieviel heiterer würde das Leben eines jeden einzelnen von uns!

Im 4. Kapitel hat König Nebukadnezar einen zweiten, noch erschreckenderen Traum. Wieder wird Daniel vor ihn gebracht und erhält Weisung, folgenden Traum zu deuten:

Siehe, es stand ein Baum mitten im Lande, der war sehr hoch. Und er wurde groß und mächtig, und seine Höhe reichte bis an den Himmel, und er breitete sich aus bis ans Ende der ganzen Erde. Seine Äste waren schön und trugen viele Früchte, davon alles zu essen hatte; alle Tiere auf dem Felde fanden Schatten unter ihm, und die Vögel unter dem Himmel saßen auf seinen Ästen, und alles Fleisch nährte sich von ihm.

Und ich sah ein Gesicht auf meinem Bette, und siehe, ein heiliger Wächter fuhr vom Himmel herab; der rief überlaut und sprach also: »Hauet den Baum um, und behaut ihm die Äste, und streift ihm das Laub ab, und zerstreuet seine Früchte, daß die Tiere, so unter ihm liegen, weglaufen, und die Vögel von seinen Zweigen fliehen! Doch laßt den Stock mit seinen Wurzeln in der Erde bleiben; er aber soll in eisernen und ehernen Ketten auf dem Felde im Grase und unter dem Tau des Himmels liegen und naß werden, und soll sich weiden mit den Tieren von den Kräutern der Erde. Und das menschliche Herz soll von ihm genommen und ein viehisches Herz ihm gegeben werden, bis daß sieben Zeiten über ihm um sind. Solches ist im Rat der Wächter beschlossen und im Gespräch der Heiligen beratschlagt, auf daß die Lebendigen erkennen, daß der Höchste Gewalt hat über der Menschen Königreiche, und gibt sie, wem er will, und erhöht die Niedrigen zu denselben.«

Daniel erkennt die Bedeutung des Traums und entsetzt sich, interpretiert ihn aber dennoch für den König. Der Baum ist König Nebukadnezar, ein hoher und mächtiger Herrscher. Der Herr verfügt, daß ihm sein Reich genommen werde und er bei den Tieren auf dem Felde bleiben müsse, bis er zu der Erkenntnis gelange, daß nicht er, sondern Gott das Land beherrscht. Dann werde ihm sein Königreich wiedergegeben. Alles geschieht, wie vorhergesagt, und der König regiert dann als weiserer Mann seine Untertanen.

Es ist wichtig, daß man zwischen einem Traum und einer Vision unterscheidet. »Unser Traumzustand tritt ein, wenn wir körperlich und im Zustand der Bewußtlosigkeit schlafen. Eine Vision findet statt, wenn wir einen Traum haben, während wir wach sind oder uns in einem halbbewußten Zustand befinden.«[6] Paulus wurde von einer nächtlichen Vision nach Macedonien geführt. Die gesamte Offenbarung wurde Johannes von einem Engel in einer Vision enthüllt. Insgesamt enthält die Bibel mindestens siebzig Stellen, die sich auf Träume und Visionen beziehen.

Lassen Sie mich zum Schluß zwei Bibelzitate anführen, die das Versprechen enthalten, daß Gott paranormal zum Menschen spricht, wenn der Mensch nur sein Herz in völliger Hingabe öffnet

und Gottes Wort freudig empfängt. Das erste Zitat steht bei
Joel 3,1: »Und nach diesem will ich meinen Geist ausgießen über
alles Fleisch, und eure Söhne und Töchter sollen weissagen; eure
Ältesten sollen Träume haben; und eure Jünglinge sollen Gesichter
sehen.«

Das zweite, das zu meinen Lieblingszitaten zählt, führt Träume
ausdrücklich als Mittel heiliger Kommunikation an. Es findet sich
in Hiob 33, 14–16: »Denn in einer Weise redet Gott und wieder in
einer anderen, nur achtet man's nicht. Im Traum, im Nachtgesicht,
wenn der Schlaf auf die Leute fällt, wenn sie schlafen auf dem Bette,
da öffnet er das Ohr der Leute.«

Sind diese Worte nicht verheißungsvoll genug, um Sie zu
veranlassen, Ihre Aufmerksamkeit auf das Träumen zu konzentrieren?

*Pioniere des zwanzigsten Jahrhunderts auf dem Gebiet der Traum-
deutung und Traumerklärung*

Die Ausbildung der Traumstudenten in unserer heutigen Zeit wäre
unmöglich ohne die Theorien und Beiträge von SIGMUND FREUD,
CARL GUSTAV JUNG und ANN FARADAY. Wir sind diesen Menschen
zu ewigem Dank verpflichtet, denn sie haben erkannt, daß uns der
träumende Geist durch die Verwendung einer symbolischen Bil-
dersprache wertvolle Erkenntnisse über unser Leben vermittelt.
Die entscheidende Weiterentwicklung setzte mit Freuds Überzeugung ein, daß der Träumer Symbole benutze, um primitive Sexual-
und Aggressionstriebe zu verhüllen. Diese Triebe seien äußerst
unangenehm, sagte Freud, und würden deshalb vom Träumer im
Wachzustand verdrängt. Die Traumphilosophie hat mittlerweile in
ihrer Entwicklung einen Punkt erreicht, an dem Fachleute wie Ann
Faraday behaupten, daß Traumsymbole dem Träumer in gedräng-
ter Form die Wahrheit enthüllen, nicht aber sie verbergen. Wie
vollzog sich diese Entwicklung?

Freud vertrat die Ansicht, Träume seien keine Zufallsprodukte,
sondern flüchtiger Ausdruck von Gefühlen, Emotionen und Problemen, die das Bewußtsein im Schlaf zu verarbeiten versucht. Ein

anschauliches Bild von einem Sohn, der mit seiner Mutter den Geschlechtsakt genießt, würde im Träumer Gefühle des Entsetzens und Abscheus hervorrufen. Wenn aber das Unterbewußte die Vorstellung verhüllt und ihr die Form eines Ritts auf einer Kuh gibt, überläßt sich der schlummernde Geist weiter dieser Phantasie.

Freud stimmte mit den angesehenen Neurologen seiner Zeit völlig darin überein, daß neurotische Symptome wie Hysterie und bestimmte Arten von Schmerzen mit irgendeinem bewußten Erlebnis zusammenhängen und tatsächlich symbolisch bedeutungsvoll sein können. So kann beispielsweise Erbrechen auf die Unfähigkeit hinweisen, eine abscheuliche Situation zu »verdauen«. Scheinlähmung der Beine deutet auf die hysterische Ausflucht hin: »Ich kann keinen Schritt weiter.« Freud führte die Träume seiner Patienten schließlich auf bestimmte Grundmuster zurück und benutzte sie in der Psychoanalyse als Ausgangspunkt zur Bestimmung ihrer unbewußten Probleme. Freud machte die einfache, aber eindringliche Beobachtung, daß der Träumer, wenn er ermutigt wurde, über seine Traumbilder und die Gedanken, die diese in seinem Geist auslösten, weiterzusprechen, sich verriet und den unbewußten Hintergrund seiner Leiden offenbarte, sowohl in dem, was er sagte, als auch in dem, was er absichtlich ausließ.[7]

Der Kernpunkt von Freuds Theorie lautet, daß *Träume darauf aus seien, uns zu täuschen*, und daß es dem Träumenden nur durch lange Diskussionen mit geschulten Fachleuten möglich werde, der unzumutbaren Wahrheit, der er auszuweichen trachte, ins Auge zu sehen.

Zu Freuds Schülern zählte ein junger Psychiater namens Carl Gustav Jung, der schließlich mit Freud brach, weil er sich nicht mit dessen Vorstellungen von der »Traumtäuschung« einverstanden erklären konnte. Jung stellte die Theorie auf, daß die Verhüllung ein Attribut des wachen Geistes sei und in den tieferen Schichten der Psyche keinen Raum habe. Er lehnte auch Freuds Vorstellung ab, daß alle Träume aus frühen Kindheitserlebnissen erwachsen. Nach seiner Auffassung haben bestimmte universelle Muster im Unbewußten ihren Ursprung in Mythen, Geschichten, Kunstformen und Träumen. Solche Muster bilden das, was er als »kollektives Unbewußtes« bezeichnete, und das er im Besitz der gesamten Menschheit glaubte.

Jung zufolge besteht das »kollektive Unbewußte« aus universellen Denkformen oder Archetypen. Das »kollektive Unbewußte« enthält die »Weisheit aller Zeiten«, und diese wird oft in Träumen durch archetypische Darstellungen vermittelt. Derartige Träume decken nicht nur Probleme auf, sondern bergen auch deren Lösungen.

Die grundlegende Aufgabe des Individuums ist eine völlige Differenzierung und Integrierung der Persönlichkeit, d. h. Individuation. Dazu ist Selbsterkenntnis erforderlich. Sie erlangt man durch Erforschung der *Persona* (Gesamtsumme der sozialen Rollen«, des *Schattens* (unerwünschte Aspekte der Persönlichkeit), des *Ego* (Zentrum nur eines Teils der Psyche), der *Anima* (weibliche Züge des Mannes) und des *Animus* (männliche Züge der Frau).

Die Anima eines Mannes erfährt im Lauf seines Lebens Veränderungen, genau wie der Animus einer Frau. Für den Mann gibt es in einer sich entfaltenden gegengeschlechtlichen Beziehung vier Phasen:

1. Die Verführerin, die einen Mann peinigen kann.
2. Die Romantikerin, die des Mannes Leidenschaften fesselt.
3. Die schlichte Jungfrau, unschuldig und nur großer Liebe zu einem einzigen Mann fähig.
4. Die spirituelle Führerin – eine Quelle der Stabilität, des Trosts und großer Weisheit.

Der Animus der Frau durchläuft ebenfalls Phasen, von denen jede einen Mann in einer charakteristischen männlichen Rolle porträtiert:

1. Das animalische Männchen, das mächtig und sexuell anziehend ist.
2. Der Liebhaber oder romantische Mann, der Macht über ihre Emotionen hat.
3. Der Mann der Tat – kompetent und autoritär.

4. Der weise alte Mann, fähig zu geistiger Führung und Inspiration.[8]

In einer gesunden Beziehung ergänzt die Anima des Mannes den Animus der Frau zu harmonischem Zusammenwirken. Die Fixierung auf eine dieser archetypischen Persönlichkeitsdarstellungen bringt die Persönlichkeit aus dem Gleichgewicht. Je mehr beispielsweise der Animus in den Träumen einer Frau erscheint, desto eindringlicher ist die Botschaft, daß sie die männliche, intellektuelle Seite ihres Wesens entwickeln soll. Eine Vielzahl von Träumen, in denen die Anima dargestellt wird, sollte den träumenden Mann veranlassen, in ähnlicher Weise seine weiblichen Züge zu entfalten.

Bei unlösbaren Gefühlskonflikten kann aus dem Unbewußten ein Traumbild auftauchen, das dem Träumer einen höheren Gesichtspunkt vermittelt, von dem aus der Konflikt überwunden werden kann. Jung bezeichnete diesen Aspekt des Träumens als »transzendente Funktion«.

In der Einführung zu *The Secret of the Golden Flower* (Das Geheimnis der goldenen Blume) erörtert Jung seine Auffassung. Er stellt die Theorie auf, daß die wichtigsten Lebensprobleme wahrscheinlich unlösbar seien und man deshalb über sie hinauswachsen müsse. Dieser Prozeß scheint im Vorrücken auf eine neue Bewußtseinsebene zu bestehen, wodurch das Gefühl der Dringlichkeit, das mit jedem Problem verbunden ist, verlorengeht und die ganze Sache von einem anderen, günstigen Punkt gesehen wird. Die mit dem Konflikt verbundenen Gefühle der Panik und Frustration wirken zwar weiter, nachdem man die höhere Bewußtseinsebene erreicht hat, die Persönlichkeit aber steht, statt sich in wilden Emotionen zu verstricken, »darüber« und kann den Konflikt als losgelöster Beobachter betrachten.

Diese transzendente Funktion könnte auch im Wachzustand in einer Phantasie aus erinnertem Traummaterial oder sogar in Hypnose aufscheinen.

Bevor wir von Jungs Theorien weitergehen, sollten wir seine Einstellung zur ASW prüfen. Er entwickelte im Zusammenhang damit die Synchronizitätstheorie. Sie basiert auf dem Prinzip, daß eine innere unbewußte Weisheit ein physisches Ereignis mit einem psychischen Zustand verknüpft, so daß das Ereignis zwar ein Produkt des Zufalls zu sein scheint, in Wirklichkeit aber physisch sinnvoll sein kann. Der Sinn wird oft symbolisch durch Träume angezeigt, die gleichzeitig mit dem Ereignis auftreten.

Das Phänomen der Synchronizität war in meinem Leben in Verbindung mit dem wiederholten Auftreten von Zysten häufig zu beobachten. Erstmals erlebte ich es in dem Drama rund um die fast wunderbare Heilung meiner Zyste mit Rhizinusölpackungen. Die Schrumpfung meiner nächsten Zyste, erreicht durch mehrere »zufällige Begegnungen« und »Heilträume«, die mich zu Dr. Geneviève Haller führten, prägte Jungs Lehre unauslöschlich in meinen Geist ein.

Ein großartiges Beispiel von Synchronizität trat auch auf, als ich den Abschnitt dieses Kapitels schrieb, der von biblischen Traumdeutungen handelt. Ich hatte in meiner Beratungspraxis viel zu tun und darum keine Zeit, das nötige Material für die Beendigung des Kapitels zu suchen. Als ich wieder einmal in meinem Büro saß und überlegte, wo ich recherchieren solle, kam »zufällig« Kevin Riley, einer unserer Traumstudenten, herein und zeigte mir Bücher, die er eben für eine Semesterarbeit entliehen hatte. Sein Thema lautete *Traumdeutungen aus der Bibel*, und die Bücher waren genau das, was ich mir vor einigen Sekunden vorgestellt hatte, als mein Geist auf der Suche nach den gewünschten Informationen seine Fühler in Zeit und Raum ausgestreckt hatte. *Zufall oder Synchronizität?*

Dr. ANN FARADAY, eine in Freudscher und Jungscher Analyse sowie in Gestalttherapie geschulte Psychologin, empfand zunehmende Frustration wegen der Einschränkungen, die diese Theorien der Traumdeutung auferlegten. Sie begann mit eigenen Traumforschungsgruppen zu arbeiten und formulierte einen vielversprechenden neuen Weg zur Entschlüsselung der rätselhaften Symbole unserer Traumsprache.

In ihrem Buch *The Dream Game* (Das Traumspiel) erklärt Ann Faraday, daß das Denken in Bildern und damit verknüpften Ideen eine der primitivsten Denkweisen ist, die bis in die »Dämmerung« der Geschichte zurückreicht. Wir gebrauchen in unserer Alltagssprache sogar heute noch Bilder, die wir in verbale Metaphern umsetzen, wie beispielsweise: »Es regnet Bindfäden«, oder: »Einen Kater haben.« Träume nutzen diese visuellen Bilder und Ideenassoziationen, sie projizieren sie auf den Bildschirm des Geistes, um die erwünschte Botschaft zu vermitteln.

Nach Faradays Ansicht wirkt die Traumsymbolik von einem rationalen Standpunkt aus zwar oft sehr unlogisch, wäre aber jederzeit verständlich, wenn man sich nur genügend Zeit nähme und sich die Mühe machte, ihre Botschaften im Zusammenhang mit den innersten Gedanken zu entschlüsseln.

Acht verbreitete Traumthemen werden von Frau Dr. Faraday erwähnt, weil sie übliche Erlebnisse darstellen, die wir alle kennen. Dazu zählen Träume vom Fallen, vom Fliegen, davon, daß man nackt oder spärlich bekleidet in der Öffentlichkeit erscheint, eine Prüfung macht, Zähne verliert, Wertgegenstände nicht mehr findet, Wertgegenstände entdeckt, sich dem Sex hingibt. Sie weist jedoch darauf hin, daß wir Menschen zwar ähnlich fühlen, daß diese Themen jedoch für verschiedene Personen je nach deren augenblicklichen Lebenserfahrungen völlig verschiedene Bedeutungen haben können.

Ann Faraday ist bekannt dafür, daß sie Wortspielen, dem Slang, der Körpersprache und umgangssprachlichen Ausdrücken aller Art große Bedeutung beimißt. Der Sprachaspekt wurde ihrer Meinung nach bei der Traumdeutung lange übersehen. Traum-Wortspiele, die der Träumer zu sehen bekommen könnte, sind beispielsweise: »Etwas ausbügeln«, »sich grün und blau ärgern«, »einen Vogel kriegen«. Der jeweilige Traum stellt die Situation genau dar. Viele Träume kommen uns banal vor oder haben einen Anstrich von Trivialität, aber der ernsthafte Traumstudent täte gut daran, sich in dem Punkt Carl Gustav Jungs philosophische Ansichten zu Herzen zu nehmen. Laut Jung erzeugen triviale Träume den Eindruck, mit einer Vielzahl unwichtiger Details überfrachtet zu sein, so daß der Träumer oft völlig verwirrt ist; doch wenn er den Willen hat, diese Hindernisse zu überwinden, wenn er sich geduldig an die Aufgabe macht, die ins geistige Gewebe des sogenannten »Trivialtraums« hineinverwobene flüchtige Botschaft zu enträtseln, wird er zu seiner Verwunderung entdecken, *daß die scheinbar unwichtigen Dinge höchst wichtig sind.*

Deshalb fordert Jung den Träumer auf, sich mit seinem Traum zu beschäftigen, seine Phantasie damit spielen zu lassen, mit anderen darüber zu reden und sämtliche Aspekte des Traums von allen Seiten zu untersuchen. Wenn man lange genug darüber meditiert, wird schließlich die darin verborgene Wahrheit offenbar.

In diesem Kapitel haben wir die Geschichte der Träume und der ASW betrachtet und uns die Theorien und Methodologien einiger Pioniere sowie heutiger Exponenten auf dem Gebiet angesehen. Dadurch haben wir ein Fundament geschaffen, auf dem wir spirituell aufbauen können.

Die nachstehenden Seiten enthalten spezifische Richtlinien und Anweisungen für den Neuling auf dem Gebiet des Traumstudiums, deren Befolgung es ihm ermöglicht, die verborgenen, so geschickt ins Traumgewebe verflochtenen Botschaften zu entschlüsseln und »Stockwerk um Stockwerk« ein Traum-»Haus« zu bauen, das seine eigene, einmalige philosophische Lebensanschauung verkörpert. Ist dieses visionäre Haus einmal fertig, enthält es den Schlüssel zum Öffnen der inneren Tür.

Und hat der Traumstudent dann die Schwelle überschritten, steht er von Angesicht zu Angesicht jenem Christ-Geist-Teil seiner Seele gegenüber, der im Herzen eines jeden von uns wohnt. Danach muß er nie mehr allein sein.

Auf dieses Ziel haben wir unseren Geist gerichtet, wenn wir jetzt unsere mystische Traum-Pilgerreise beginnen.

7

Was ist ein Traum?

Es gibt »Universalkräfte«, mit denen sich der Mensch je nach seinen Bedürfnissen und seinem Training in Verbindung zu setzen vermag, um sie zu nutzen. Diese Kräfte können ihn unbegrenzt mit Informationen und dazugehörigen Verhaltensmustern versorgen. Es sind die schöpferischen Strömungen des Göttlichen, das sich durch die menschlichen Dinge bewegt wie irgendein unsichtbarer großer Golfstrom.

HARMON H. BRO, Traumdeutungen in Trance

In den vergangenen vierunddreißig Monaten habe ich einen großen Teil meiner Zeit dem Studium und der Deutung von Traumphänomenen gewidmet. Ich las zahlreiche Fachbücher, die von führenden Autoritäten auf den Gebieten der Telepathie, des Hellsehens, der Retrokognition und Präkognition in Träumen, der persönlichen Führung und visionärer Träume verfaßt worden sind. Ich habe an Workshops teilgenommen, die geleitet wurden von Stanley Krippner, dem Fakultätsdekan am Saybrook Institute in San Francisco, und Robert Van de Castle, dem Direktor des Schlaf- und Traumlabors der Medizinischen Fakultät der Universität von Virginia. Ich habe mehrwöchige Tagungen besucht, in denen die grundlegenden Methoden zur Verbesserung der Traumerinnerung, zum Verständnis der Traumsymbolik, zur richtigen Deutung von Träumen und zur Nutzung von Träumen für die Lösung aktueller Probleme und Fragen gelehrt wurden. Mein Mann und ich sind nach Connecticut gereist, um ein dreitägiges Intensivprogramm zu absolvieren, das uns umfassend über solch faszinierende Themen wie Aura, Reinkarnation, Psychometrie, Weiterleben nach dem Tod und Geistheilung informierte. Einen der Kernpunkte dieses Programms bildete die Traumdeutung. Nach dem Kursende fuhren wir mit beträchtlich größerem Wissen nach Hause, voll Staunen darüber, daß die Techniken, die wir soeben gelernt

hatten, *zweckdienlich* genutzt werden konnten, um unserem täglichen Leben Führungsperspektiven zu geben und anderen Menschen zu dienen.

Überflüssig zu sagen, daß wir eine Menge Material aussonder-
ten, das uns nicht fundiert genug oder nicht nützlich erschien bei
unserer Forschung nach universellen Wahrheiten und praktischen
Anwendungsmöglichkeiten des Parapsychischen im allgemeinen
und der Träume im besonderen.

Seit 1967, als mein Mann und ich mit der ARE in Berührung
kamen, beziehen wir die Ideen und philosophischen Gedanken
EDGAR CAYCES in unser Leben ein.

Edgar Cayce, geboren am 19. März 1877 um 15 Uhr in Hopkins-
ville, Kentucky, wuchs in einer Farmerfamilie auf, die tief verwur-
zelt war in der vom protestantischen Glauben geprägten Tradition
des Südens. Mit einundzwanzig verlor Cayce nach einem schweren
Halsleiden die Stimme. Als ihn praktische Ärzte nicht heilen
konnten, machte man einen Versuch mit Hypnose, der ebenfalls
fehlschlug.

Später gelang Cayce eine dauerhafte Heilung durch Suggestionen, denen man ihn in einem selbst herbeigeführten Trancezustand
aussetzte. Die aus ihm kommenden Antworten enthielten den
Hinweis, es gebe eine Quelle, die man anzapfen und durch die man
Informationen zur Heilung der Leiden eines jeden Menschen
erlangen könnte. Damit besaß Edgar Cayce den Schlüssel zu einer
Quelle, dank derer er sich selbst und später auch anderen zu helfen
vermochte. Er nutzte sie, um Menschen, deren Krankheiten von
der traditionellen Medizin der damaligen Zeit nicht geheilt werden
konnten, Hilfe zu bringen.

Zu Beginn unseres Jahrhunderts half Cayce mit Unterstützung
seiner Familie und seiner Frau Gertrude Hunderten von Menschen, indem er Readings gab, während er sich in einem veränderten Bewußtseinszustand befand. Sein Biograph THOMAS SUGRUE
erwähnt in dem Buch *There Is a River*, daß Cayce bis zu seinem
Tod im Jahre 1945 über vierzehntausend Readings auf den Gebieten Medizin und Gesundheit, Religion und Philosophie sowie
verwandte Heilmethoden für Körper, Geist und Seele gegeben

hatte. Unzählige Menschen auf der ganzen Welt konnten und können Veröffentlichungen über sein Werk lesen und Teile aus den Readings, die der Öffentlichkeit zugänglich sind, für sich und andere nutzen.

In den zwanziger Jahren übersiedelte die Familie Cayce nach Virginia Beach und gründete eine Organisation, aus der später die *Association for Research and Enlightenment* wurde, heute als ARE bekannt. Cayces Readings können in der Bibliothek von Virginia Beach von jedermann eingesehen werden.

Wer das Cayce-Material benutzt, findet die Readings, die er benötigt, unter ihrer jeweiligen Fallnummer. Die Identität jener Personen, die einst um die Readings gebeten hatten, wird durch Benutzung eines Zahlensystems statt der Namen der Hilfesuchenden gewahrt.

Selbst heute gibt die *Edgar Cayce Foundation*, von der die Readings verwahrt werden, weder den Namen einer Person, für die ein Reading vorliegt, noch die zu ihrem Namen gehörende Nummer preis. Eine alphabetische Namens- und Nummernliste werden im Keller des Büros der Edgar Cayce Foundation aufbewahrt.

Die Readings Nummer 261 und 262 wurden am berühmtesten, denn sie enthalten in ihrem Hauptteil Informationen, die als Material zur »Suche nach Gott« bekannt sind.

Nach ausführlichen Diskussionen, tieflotender Forschung, umfassenden Experimenten sowie der Aufzeichnung, Analyse und Anwendung von fünftausend Träumen gelangte ich zu dem Schluß, daß der beste Weg zur erfolgreichen Arbeit mit und zur Analysierung von Träumen in der von der ARE veröffentlichten Literatur zu finden sei. Experten wie MARK THURSTON, HARMON H. BRO und ELSIE SECHRIST haben in ihren Werken aus den Cayce-Readings jene Bestandteile und jene Methodologie zusammengetragen, die für genaue und informative Traumoffenbarungen wichtig sind. Auch in meinem Buch basiert ein Großteil des Materials auf den Ideen und der Philosophie dieses außergewöhnlichen Sehers.

Wenden wir uns nun der ersten Frage zu, die einem in den Sinn kommen sollte, wenn man das Thema »Träume« studiert: *Wie entsteht ein Traum?*

Laut EDGAR CAYCE gibt es vier primäre Traumquellen:

1. Das Physische – unser eigenes Unterbewußtsein.
2. Das Mentale und Emotionale – das Unterbewußtsein eines anderen, mit dem wir Verbindung aufnehmen können.
3. Das Spirituelle – das Überbewußtsein.
4. Gott.

Aus der Physik wissen wir, daß Kraft eine Energie ist, die eine bestimmte Richtung hat. Cayce sagte, Träume entstünden durch eine Wechselbeziehung zwischen den oben genannten vier Kräften, die einander gegenseitig beeinflussen und so sinnvolle Beziehungen entstehen lassen. In der Projektion eines Traums könnten beispielsweise die mentale und die physische Kraft zusammenwirken und darstellen, auf welche Weise andauernder Groll gegen einen Feind beim Grollenden selbst zu einer körperlichen Krankheit führt. Der Traum könnte etwa folgendermaßen ablaufen: »Sie sehen Ihren ›Feind‹ in seinem Wagen vor Ihnen auf der Straße fahren und beschließen, sein Auto von der Seite zu rammen. Nachdem Sie mehrere Beulen in seinen Kotflügel gerammt haben, bemerken Sie, daß Ihr Wagen heiß wird und der Kühler am Explodieren ist.« *Deutung:* Absichtliche aggressive Handlungen und verborgene böse Gefühle verursachen erhöhten Blutdruck, der bis zu einem Schlaganfall führen kann.

Ein Traum kann auch durch direkte Projektion einer der vier Kräfte ins Traumbewußtsein entstehen. Dies läßt sich anhand der Projektion des folgenden Traums durch die mentalen Kräfte veranschaulichen:

»Sie arbeiten an einem geschäftlichen Angebot, und die Post kommt. Darunter befindet sich ein bereits unterzeichneter Vertrag für das Projekt, mit dem Sie beschäftigt sind. Das gibt Ihnen das Gefühl, Sie bräuchten nicht so emsig an den Einzelheiten arbeiten, weil Ihr Ziel bereits erreicht ist.« *Deutung:* Dies muß kein präkognitiver Traum sein, es ist eher einer, der Ihnen rät, in wichtigen Angelegenheiten keine übereilten Entscheidungen zu treffen.

ELSIE SECHRIST bietet in ihrem Buch *Dreams: Your Magic Mirror* eine genaue Darstellung der Traumtypen, die aus den verschiedenen Geistesebenen hervorgehen. Aus der oberen Bewußtseinsebene kommen physische Träume, verursacht durch Bedingungen, die in der Umgebung des Träumers herrschen. So könnten Sie beispielsweise träumen, daß Sie im Badeanzug am Nordpol stehen, und beim Erwachen dann feststellen, daß Sie das Fenster offen gelassen haben, obwohl es draußen nur zwei Grad hat und schneit.

Aus einer tieferen Bewußtseinsebene kommen Träume über körperliche Assimilation, Geweberegeneration und Ausscheidung sowie Warnträume im Hinblick auf Ernährung, körperliche Bewegung und den allgemeinen körperlichen Gesundheitszustand.

Träume, die aus der mentalen oder emotionalen Ebene aufsteigen, sind korrigierend und befassen sich im allgemeinen mit Freunden, Feinden, boshaften oder grausamen Taten, Tieren, Auseinandersetzungen und anderen Dingen des Alltagsstresses. Auch ermutigende Träume dürften aus dieser Ebene hervorgehen.

Durch unser Überbewußtsein erleben wir Träume, die Telepathie, Hellsehen, Präkognition, Retrokognition und spirituelle Führung zum Inhalt haben. Viele inspirierende und schöpferische Träume stammen aus diesem Bereich. Ein Erfinder zum Beispiel könnte im Traumzustand eine brauchbare Konstruktion empfangen, die ihm für eine Erfindung noch fehlt, an der er seit Monaten herumrätselt.

Auf der höchsten Traumebene liefert uns das Überbewußtsein Träume, Visionen und Offenbarungen, durch die wir aus erster Hand etwas über den eigentlichen Sinn des Lebens, die Natur unseres Schöpfers und die Wechselbeziehung zwischen Gott und den Menschen erfahren. Träume dieses Typs sind visionär und sehr selten; wenn sie jedoch auftreten, vermitteln sie eine intuitive Erfahrung, die in uns ein Gefühl der seelisch-geistigen und körperlichen Verjüngung hervorruft.

Die Cayce-Readings definieren den Schlaf ausdrücklich als »diesen Zeitraum, in dem die Seele eine Bestandsaufnahme dessen macht, was sie von einer Ruheperiode bis zur nächsten bewirkt hat«.[1]

Eine der verblüffendsten Aussagen in den Cayce-Readings betrifft präkognitive Träume und ihre Sichtbarwerdung im Leben des Träumers. Cayces Informationsquelle weist den Träumer an, sich über eines klar zu sein: »Jeder Zustand wird zuerst geträumt, bevor er sich verwirklicht.«[2] *Das heißt, daß nichts geschieht, dessen man sich nicht zuerst durch den Traumprozeß bewußt geworden ist.* Wenn nichts sonst, dann sollte uns diese Aussage veranlassen, auf schnellstem Weg ein Traumtagebuch zu führen, in dem wir ab sofort getreulich unsere nächtlichen Träume aufschreiben, in der Hoffnung, vor drohendem Unheil gewarnt zu werden oder vielleicht einen Aktientip zu erhalten, der uns ein Vermögen einbringt.

Wie können wir es nun anfangen, uns unsere Träume zu merken und sie aufzuzeichnen, und warum sollen wir das tun? Man könnte mehrere Stunden damit verbringen, stichhaltige Gründe aufzuzählen, die eindeutig belegen, wie wichtig die Traumerinnerung ist. Aus Zeit- und Platzgründen habe ich mich nach reiflicher Überlegung auf jene Gründe beschränkt, die mir am überzeugendsten auszudrücken scheinen, daß Träume dazu dienen können, unser Leben entscheidend zu bereichern.

Gründe, warum wir uns an unsere Träume erinnern sollten
  1. Ein Traum kann die Stärken und Schwächen aufzeigen, aus denen unsere Persönlichkeit besteht.
  2. Träume können geschäftliche und berufliche Anregungen geben.
  3. In Träumen sind Informationen über den physischen Zustand des Körpers enthalten.
  4. Heilträume bergen Empfehlungen für die Behandlung körperlicher Störungen und Krankheiten.
  5. Träume bringen Ideen und inspirierende Gedanken, die unsere Kreativität anregen.
  6. Viele Träume geben – wenn man vor wichtigen Entscheidungen steht – Hinweise auf den einzuschlagenden Kurs.
  7. Gelegentlich wird dem Träumer ein kurzer Blick auf Episoden aus einem vergangenen Leben gestattet.

8. Aufzeichnungen unserer Träume offenbaren oft eine telepathische Kommunikation.
9. Wir träumen häufig von Ereignissen und Informationen, die anderen eine Hilfe bei der Suche nach Lösungen für ihre Probleme sein können.
10. Träume gewähren uns ASW-Erfahrungen und fördern die Entwicklung parapsychischer Fähigkeiten.
11. Einige Träume dienen zur Klärung nebuloser Traumsituationen, die sich uns in den vorausgegangenen Nächten präsentiert haben.
12. Zu den spannendsten Aspekten der Aufzeichnung von Traumerlebnissen gehört, daß wir künftige Trends ausmachen und dadurch vorhersehbare Geschehnisse vermeiden oder aber positiv nutzen können. So lassen sich Ratschläge für unsere Verhaltensweise gewinnen.
13. Lokal- oder Weltereignisse können im Schlaf hellseherisch beobachtet oder sondiert werden.
14. Durch Träume erhalten wir spirituelle Lektionen, deren Umsetzung im täglichen Leben unser spirituelles Wachstum steigert.
15. Einer der Hauptgründe für das schriftliche Festhalten unserer Träume ist, daß sie ein echtes Bindeglied zwischen uns und unserem Schöpfer darstellen.

Empfehlungen für die Verbesserung der Traumerinnerung

Viele Menschen glauben, sie seien nicht fähig, sich im kalten Tageslicht an ihre nächtlichen Träume zu erinnern. Diese Erinnerungsunfähigkeit ist oft nur die Folge einer selbstausgelösten unterschwelligen Blockierung. Der Träumer ist nicht gewillt, sich an etwas zu erinnern, das er nicht ändern will. Wiederholungsträume, die Jahr für Jahr gleichbleiben, deuten auf solchen inneren Widerstand hin. Die Traumerinnerung läßt sich durch folgende Techniken und Ideen erleichtern, die teilweise in *Dream Recall Techniques and Approaches* (Techniken und Wege zur Traumerinnerung; Edgar Cayce Foundation) enthalten sind:

1. *Es ist wichtig, mit forschender Neugierde an dieses Gebiet heranzugehen.* Lesen Sie Bücher über Träume, studieren Sie Traumtheorien und -symbole, diskutieren Sie mit Freunden über Ihre Träume; dies kann die Qualität und die Zahl der Träume verbessern, an die Sie sich dann pro Nacht erinnern.

2. *Gehen Sie am Abend früh zu Bett.* Ein ausgedehnter Nachtschlaf bietet reichlich Zeit für den Ablauf von drei bis fünf Traumfolgen. Die längste Traumperiode findet am Ende unserer Schlafenszeit statt. Wenn wir unseren Nachtschlaf verkürzen, verringern wir die Wahrscheinlichkeit einer guten Traumerinnerung.

3. *Lernen Sie, mitten in der Nacht aufzuwachen.* Am besten erinnert man sich an einen Traum unmittelbar nach seinem Auftreten. Wie erreicht man ein beabsichtigtes Erwachen?

   a) Trinken Sie vor dem Schlafengehen mindestens zwei Glas Wasser, dann werden Sie automatisch im Laufe der Nacht aufwachen.

   b) Stellen Sie einen Wecker auf eine bestimmte Nachtstunde. Nach und nach werden Sie lernen, zu einer bestimmten Nachtstunde, wie Sie sich fest vorgenommen haben, von selbst aufzuwachen.

4. *Verschaffen Sie sich Suggestionen vor dem Einschlafen.* Sagen Sie sich beispielsweise vor: »Es wird mir leichtfallen, mich nach dem Erwachen an meine Träume zu erinnern.« Die ständige Wiederholung dieser Behauptung bis zum Wegsinken führt oft dazu, daß wir uns an mehr Träume erinnern. Notieren Sie, welche Steigerung bei Anwendung dieser Technik auftritt.

5. *Legen Sie Ihr Traumtagebuch und einen Stift neben Ihr Bett.* Wenn Sie mitten in der Nacht aufwachen, Ihren Ehepartner nicht wecken wollen oder sich nicht die Zeit nehmen möchten, den ganzen Traum aufzuschreiben, genügt es meist, einige Schlüsselsymbole zu notieren; liest man sie am Morgen, fällt einem gewöhnlich die ganze Traumfolge wieder ein.

6. *Überdenken Sie Ihre Träume aus der vorhergehenden Nacht vor dem Einschlafen.* Dadurch könnte es Ihnen glücken,

Träume auszulösen, die jene erklären, deren Deutung Ihnen nicht gelang. Es kann auch die Fortsetzung einer Serie bereits geträumter Träume begünstigen.

7. *Bleiben Sie nach dem Erwachen reglos liegen.* In den Cayce-Readings heißt es ausdrücklich, daß man sich an Träume am besten erinnert, bevor der Körper sein physisches Gleichgewicht wiedererlangt.

8. *Beginnen Sie mit der letzten Traumszene, an die Sie sich erinnern, und gehen Sie zurück.* Wenn Sie die Traumfolge Schritt für Schritt in umgekehrterRichtung überdenken, wird sich die Erinnerung an die früher gesehenen Ereignisse fast automatisch einstellen.

9. *Fragen Sie sich, welchen Teil Ihres Lebens der Traum betrifft.* Handelt er von Gesundheit, Ihren familiären Beziehungen, Ihren Studien, Ihrer Arbeit, Ihrer Ernährung, mangelnder körperlicher Betätigung oder einer künftigen Reise? Lassen Sie nicht locker, bevor Sie ziemlich sicher sind, die in den Traumfolgen behandelte Kategorie richtig bestimmt zu haben.

10. *Wenn Sie die Bedeutung eines Traums nicht entschlüsseln können, bitten Sie um einen ähnlichen Traum, der den unklaren erhellt.* Eine solche Bitte wird gewöhnlich in der folgenden Nacht oder bald danach erfüllt. Halten Sie die »Augen offen« für die klärende Antwort.

11. *Arbeiten Sie täglich an Ihren Träumen.* Fortschritte in der Traumdeutung erzielt man nur durch systematisches Studium der Träume. Hier jedoch ein Rat: Sofern Sie einen verwirrenden Traum nicht verstehen, sollten Sie ihn ein paar Tage beiseite legen und ihn sich dann wieder vornehmen. Oft sind Präkognitionsereignisse mittlerweile eingetreten, und Sie kennen das im Traum dargestellte Ereignis. Oder Sie haben zusätzliche Informationen oder weitere Führung erhalten und besitzen dadurch neue Erkenntnisse.

12. *Achten Sie auf wiederkehrende Themen und auf Serienträume.* Diese Traumtypen vermitteln oft Botschaften im Hinblick auf Fortschritte oder Fehlschläge auf dem Lebensweg.

13. *Betrachten Sie die Traumdeutung als das Erlernen einer neuen*

Fremdsprache. In Traumsymbolen sollten wir die vergessene Sprache des Unterbewußten sehen. Wenn wir uns die üblichen Traumsymbole einverleiben und uns zunehmend der eigenen, persönlichen Assoziationen bewußt werden, fällt uns auch das Deuten von Träumen schließlich leicht wie das schnelle Lesen eines spannenden Romans, der an vielen Schauplätzen spielt und eine komplizierte Handlung hat.

14. *Träume handeln fast immer von Ihnen selbst, einem einmaligen Wesen; einige jedoch beziehen sich auf Angehörige, Geschäftspartner oder öffentliche Geschehnisse.* Erinnern Sie sich, zeichnen Sie alles auf, studieren Sie es und freuen Sie sich über Ihre Individualität.

15. *Danken Sie Ihrem Schöpfer durch tägliches Beten und Meditieren.* Sie werden staunen über die Verbesserung der Qualität und des »Empfangs« Ihrer künftigen Träume.

16. *Für eine echte Traumdeutung ist Aktion erforderlich.* Bestimmen Sie, welche Aktion Ihrerseits nötig ist, und unternehmen Sie dann die entsprechenden persönlichen Schritte.

8

Traumdeutung

Träume sind ein natürlicher, geeigneter Träger, in dem Antworten auf ein Gebet gegeben werden können.

HARMON H. BRO, Traumdeutungen in Trance

Träume haben sich als die sicherste Kommunikationsmethode zwischen dem Ich und anderen Dimensionen des Bewußtseins erwiesen. Die bloße Stillegung des Bewußtseins für einen Zeitraum von sieben bis acht Stunden macht uns zu Helden und Heldinnen von Dramen, in denen Situationen und Emotionen weit über das hinausgehen, was unser Bewußtsein im Wachzustand heraufzubeschwören vermag. Unsere Vorstellungskräfte zeichnen Porträts von uns, auf denen wir das erregende Erlebnis haben, eine olympische Goldmedaille zu gewinnen, einen Preis für ein in den höchsten Tönen gepriesenes literarisches Werk zu erhalten oder verzweifelte Mädchen aus den Klauen der übelsten Schurken zu retten. Andererseits aber können wir uns auch als Opfer unveränderbarer Schicksalsumstände erleben. Eine endlose Nacht lang sind wir beispielsweise dazu verurteilt, als bettelarmer Bauer zu existieren, der kaum den mageren Lebensunterhalt für seine Familie aufbringt, Gefangener auf einem Sklavenschiff zu sein, schier unerträglich geschlagen zu werden und zu hungern oder ein mitleiderregendes Abbild der Menschheit zu verkörpern, das mit einer schlimmen körperlichen Verunstaltung beladen ist und von allen, mit denen es in Berührung kommt, bedauert oder abgelehnt wird. Wir erleben berauschende Glücksgefühle oder sind peinlichen oder beklemmenden Situationen wehrlos ausgeliefert.

Warum entstehen in den Tiefen unseres Unbewußten solche Bilder? Welcher Magier kann solche ehrfurchtgebietende oder erschreckende Geschöpfe hervorzaubern? *Wichtiger noch – was bedeutet jede dieser Charakterisierungen für uns? Wie können wir solche Erlebnisse verstehen und aus ihnen Erkenntnisse ziehen, wie können wir sicher sein, daß unsere Deutungen Gültigkeit besitzen?*

Informationen, die über EDGAR CAYCE an uns gelangten, erklären den Sinn solcher Beschwörungen und nennen den Urheber:

Schlaf ist ein Schatten dieser Zwischenzeit (Leben) oder dieses Zustands, der Tod genannt wird. Im Schlaf ist man kenntnisreicher, obwohl der Körper physisch schläft. Dies, der sechste Sinn, ist Teil des Unterbewußten, welches das spirituelle Selbst ist, das ewig vor dem Thron des Schöpfers Wache steht. Wenn der Körper schläft, ist immer dieses andere Selbst da, das mit der Seele des Körpers Verbindung aufnimmt, verstehen Sie? Der sechste Sinn geht während der Nacht hinaus in jene Erfahrensbereiche, die mit allen Bewußtseinsebenen in Beziehung stehen, mit aller Zeit und mit seinen eigenen Kriterien oder Normen, die sich im Lauf der

Jahrhunderte entwickelt haben. Folglich können durch solche Vergleiche und solches Urteilen im Schlaf Frieden oder Verständnis kommen. Spirituell eingestellte Menschen finden im Schlaf oder im Wachzustand leicht Frieden. Warum? Weil sie ein Ideal vor sich hingestellt haben, ein Kriterium, auf das sie sich vollkommen verlassen.[1]

Welches sind nun die Methoden, die wir für eine richtige Deutung unserer Traumepen anwenden müssen? In welchem Maß besteht die Gewißheit, daß wir durch Nutzung der Deutungen aufschlußreiche und gewinnbringende Kenntnisse aus unseren nächtlichen Ausflügen schöpfen? Die nachstehenden fünfzehn wichtigen Normen oder Regeln für die Traumdeutung versetzen Sie in die Lage, die Botschaften zu entschlüsseln und die Geheimnisse zu enträtseln, die allnächtlich auf dem Bildschirm Ihres Geistes aufblitzen. Denken Sie daran, daß die meisten Menschen jede Nacht vier bis sieben Träume erleben. Aber auch wenn Sie sich nur an zwei oder drei Träume erinnern und diese deuten, ist es sinnvoll und höchst vorteilhaft, sich mit solchen Dingen zu beschäftigen. Die Regeln sind eine sorgfältige Auswahl aus zahlreichen Büchern, die ich gelesen habe, aus den Traumvorlesungen von MARK THURSTON und aus Gedanken, die mir meine eigenen Traumdeutungen eingaben.

Fünfzehn Regeln für erfolgreiche Traumdeutungen
  1. *Bei der Arbeit mit Träumen sollten Sie als Deutender als erstes versuchen, die übermittelte Allgemeinbotschaft zu erkennen.* Die meisten Anfänger begehen den Grundfehler, daß sie die Symbolik eines Traums zu enträtseln versuchen, indem sie alle vorgekommenen Symbole notieren und deren Bedeutung aus einem Traumlexikon abschreiben. Sie sollten statt dessen den Traum ganzheitlich als Gesamtsituation oder -vorgang überdenken und sich bemühen, die in das Material hineinverwobene zentrale Emotion oder Idee zu erfassen. MARK THURSTON vertritt die Ansicht, daß die Inhalte der täglichen Lebenserfahrungen im Traum durch verschiedene Formen dargestellt

werden – das heißt Verhaltens-, Denk- und Empfindungsmuster. Sie sollten deshalb den Traum thematisch angehen und versuchen, seine grundlegende Gesamtgestalt zu identifizieren, anschließend dann die Bereiche aus Ihrem wachen Erleben ermitteln, die er beschreibt. Beschwört der Traum Gefühle der Freude, Bangigkeit, Furcht, Liebe, Krankheit, Unzulänglichkeit, Inspiration, des Suchens oder Entsetzens? Welchen Bereich Ihres Lebens betrifft er? Ihre häusliche Umgebung, Ihre Arbeitssituation, Ihre Gesundheit, Beziehungen zu Freunden, örtliche Geschehnisse, Ihr religiöses Leben oder ein Ihnen noch unbekanntes künftiges Ereignis? Gelingt es Ihnen als Traumstudent, den ganzen Traum in einer gedrängten Aussage zusammenzufassen, in der alle wichtigen aufgetretenen Aktionen und Gefühle enthalten sind, werden die Lehre oder der Sinn des Traums offenbar.

Beispiel: Ein Angestellter geht zu einer Bürofeier. Viele seiner Kollegen sind bei seinem Eintreffen bereits da. Als er den Mantel auszieht, stellt er entsetzt fest, daß er zu Hause vor dem Weggehen vergessen hat, sich anzukleiden, so daß er jetzt nackt vor den Kollegen steht. Dieser Traum läßt sich in dem Satz zusammenfassen: Ich fühle mich im Arbeitsleben in meinen Beziehungen zu meinen Mitarbeitern ausgesetzt, bloßgestellt; der Traum vermittelt das Gefühl der Unfähigkeit, sich hinreichend zu schützen.

Wenn die grundlegende Botschaft des Traums ermittelt ist, besteht der nächste Schritt darin, die Traumsymbole und ihre Beziehungen zum Träumer zu analysieren. *Beachten Sie:* Enthält der Traum mehrere Botschaften, muß dieser Vorgang mehrmals wiederholt werden, denn jede Botschaft ist einer eigenen Analyse zu unterziehen.

2. *Haben Sie vor dem Einschlafen eine Frage gestellt, gilt es zu prüfen, ob die Antwort von einem der Träume, an die Sie sich beim Erwachen erinnern, gegeben wurde.* Nehmen wir an, daß Sie seit langem in einer Firma arbeiten und das Gefühl haben, Ihnen stehe eine Gehaltserhöhung zu. Sie formulieren eine

entsprechende Frage und träumen dann, am nächsten Morgen liege bei Ihrer Ankunft im Büro ein neuer Geldschein auf Ihrem Schreibtisch. Aller Wahrscheinlichkeit nach ist das ein Ermutigungstraum, der andeutet, daß eine Bitte um Gehaltserhöhung Gehör finden würde. Durch die Formulierung von Fragen lokalisiert und isoliert man Probleme, mit denen man im Leben fertig werden muß. Dieser Prozeß gipfelt unweigerlich im Eintreffen einer bestimmten Information oder Führung, die wichtig ist für das Erkennen der besten Art des Vorgehens.

3. *Träume sind oft eine Verkörperung von Lektionen für die Weiterentwicklung der Seele.* Derartige Träume gehören meines Erachtens zu den ersten, die wir nach dem Einschlafen empfangen. In Lektionsträumen sind CARL GUSTAV JUNGS Archetypen häufig zu finden, meist als separate Figuren, in denen die Persönlichkeit des Träumers zusammengefaßt ist. Wie bereits ausgeführt, besteht die *Persona* aus den sozialen Masken, die wir uns aufsetzen. Das *Ego* ist der Mittelpunkt eines Teils unserer Gesamtpsyche, sein *Schatten* die Personifizierung seiner schlimmsten Fehler und Schwächen. Die *Anima* oder der *Animus* bestehen aus dem, was der Träumer vom anderen Geschlecht in sich trägt. Der *Animus* stellt die männlichen Attribute in der weiblichen Natur dar und wird ihr, sofern er gut integriert ist, größere Selbsterkenntnis und Unterscheidungsfähigkeit ermöglichen. Umgekehrt ist die *Anima* das Muster aller weiblichen Züge im Mann – also dessen emotionale, intuitive und instinktive Seite. Sind die weiblichen Züge im Mann gut integriert, werden seine aggressiven Eigenschaften durch Aufnahmefähigkeit, Sensibilität und Warmherzigkeit kompensiert. Das *Ideal* oder *wahre Ich* schließlich ist das Höchste, was der Mensch zu erreichen vermag. Das Ich beginnt als formlose Gestalt, die sich irgendwo in der Zukunft zu befinden scheint; wenn Animus und Anima jedoch ein harmonisches Gleichgewicht sowie Einklang mit anderen Aspekten der Persönlichkeit erreichen,

wird das Ich zur vollendeten, wirklichen, geeinten Persönlichkeit, die auf ihrer höchsten Ebene funktioniert. Nach der Deutung von Lektionsträumen sollte der Träumer die Ratschläge und Instruktionen dieser Archetypen in seine Persönlichkeit eingliedern und im täglichen Leben anwenden.

4. *Enthält der erinnerte Traum präkognitive oder hellseherische Elemente?* Beschreiben Teile des Traums Ereignisse, die in der nächsten Woche oder im nächsten Monat passieren könnten? Behandeln Teile des Traums irgendwelche Gegenwartsprobleme, die bestimmt in naher Zukunft gelöst werden? Ist uns das im Traum enthaltene Material völlig fremd? Muß der Traum wörtlich verstanden werden, oder ist er in symbolischer Form dargeboten? Diese Fragen sollten Sie sich stellen, wenn Sie in einem Traum nach Präkognition oder Hellsehen suchen.

Präkognitive Träume treten am häufigsten als Warnträume auf. Sie vermitteln uns eine Vorstellung davon, wie die Zukunft aussehen wird, wenn wir den Weg, den wir gerade gehen, unverändert fortsetzen. Nutzen wir die Warnung praktisch, gelangen wir vielleicht zu einer Entscheidung, dank derer die Wahrscheinlichkeit abnimmt, daß das vorausgesagte Ereignis eintrifft. Manche Menschen glauben, daß sie präkognitive Träume intuitiv erkennen. Ich habe immer wieder bemerkt, daß Präkognition am öftesten in jenen Träumen auftritt, an die man sich als letzte erinnert. Doch das ist keine unumstößliche Regel.

5. *Beschwört Ihr Traum versunkene Erinnerungen an die ferne Vergangenheit oder sogar an ein vergangenes Leben herauf?* Nach welchen Hinweisen müssen Sie bei dieser Frage Ausschau halten?
   a) Träume von längst vergangenen Ereignissen präsentieren gewöhnlich Szenen aus unserer Kindheit.
   b) Alte Menschen und Personen, die man längst vergessen hat, sind die Hauptfiguren.

c) Oft erscheinen historische Daten oder alte, ehemalige Wohnungen des Träumers.

d) Die linke Seite im Traum bezieht gewöhnlich die Vergangenheit ein.

e) Antiquierte Kleidung, unübliche Gewänder und antike Möbel stellen die Vergangenheit oder ein bestimmtes früheres Leben dar.

6. *Rückt der Traum Ihre starke Angst in den Mittelpunkt des Erlebens, um Sie zu zwingen, sich ihr zu stellen und sie abzubauen?* Viele von uns unterdrücken jene Dinge, vor denen sie am meisten Angst haben. Wenn wir jedoch der Angst ins Auge sehen, ihren Ausgangspunkt erkennen und dann beschließen, sie durch bestimmte Aktionen zu überwinden, hören solche Träume, die oft wiederkehren, meist auf. Träume vom Scheitern bei einer Prüfung deuten auf Prüfungsangst hin. Die Lösung besteht darin, Entspannungsübungen zu machen und sich gleichzeitig gründlich vorzubereiten, damit man das in der Prüfung verlangte Wissen auch dann noch parat hat, wenn man in die Angstsituation gerät.

7. *Spiegelt Ihr Traum eine Wunscherfüllung oder ein geheimes Verlangen wider?* Viele Menschen führen ein reiches Phantasieleben und haben geheime Wünsche, die sie sogar vor sich selbst verbergen. Im Schlaf, wenn das *Ego* nicht länger Wache hält und das *Es* seine größten Bedürfnisse frei ausdrücken kann, werden häufig Erfüllungsgeschichten gesponnen. Ein Traum, der präkognitiv zu sein oder Führung zu geben scheint, ist in Wirklichkeit vielleicht nur das Spiegelbild eines Ausflugs ins Schlafreich, bei dem Morpheus den Herzenswunsch des Reisenden erfüllt. Wunscherfüllung ist eine angenehme Art, die Nacht zu verbringen, doch ein Traummuster zügelloser Genußsucht, das sich häufig wiederholt, offenbart eine nur beschränkte Fähigkeit zu seelischem Wachstum und Selbstverwirklichung. Wir müssen bei der Analyse unserer eigenen Talente und Mängel unbedingt ehrlich sein, denn nur

durch fortwährende Selbstbeurteilung und Neubewertung
können wir die gewünschten Qualitäten des höheren Ich
erlangen.

8. *Durch den Traumprozeß erhalten Sie oft Informationen, die
für andere eine große Hilfe sein können.* Ein ausgezeichnetes
Beispiel hierfür findet sich in EDGAR CAYCES Deutung eines
Traums, den ihm eine Frau namens Frances berichtete. Frances erzählte, im Traum seien ihr die Eltern erschienen. »Sie
sagten mir von meiner Schwester, daß sie Selbstmord begangen oder sich umgebracht habe.«[2] Frances und ihr Mann
bekamen große Angst und riefen die Schwester an, die unter
Tränen bekannte, daß sie sich mit solchen Gedanken trage.
Nur der Anruf hinderte sie daran, ihren Plan in die Tat
umzusetzen. Cayce glaubte, der Traum habe Frances in
Wirklichkeit die geistigen Kämpfe ihrer Schwester enthüllt.

Träume, die auf telepathische Verbindungen zwischen Verwandten und Freunden hinweisen, sollten gründlich untersucht werden. Cayces Quelle erklärt: »Und das Wesen sollte
seine Träume aufzeichnen. Denn diese sind ein Ausdrucksmittel, eine Ausdrucksart, die in den Erfahrungen der Hilfe für
andere angewandt werden kann; sie befähigt das Wesen,
andere sowie sich selbst zu warnen.«[3]

9. *Stellt der Traum ein Lokal- oder Weltereignis dar?* Scheinen in
dem Traum starke Emotionen mitzuschwingen? Träumen Sie
von einer Explosion, bei der unzählige Menschen verletzt
werden? Wird eine lebende, real existierende Person ermordet? Toben Naturgewalten in einem Erdbeben, Tornado oder
Hurrikan? Im vergangenen Mai träumte ich mehrere Nächte
hintereinander von einer Überschwemmung. Ich konnte mir
den Traum nicht erklären. Auf einer Reise nach Connecticut
im August jedoch erfuhren wir von unseren Freunden, daß der
untere Teil ihres Hauses bei einer Überschwemmung Anfang
Juni unter Wasser gestanden hatte. Eingehende Erkundigungen erbrachten, daß größere Katastrophen von Bewohnern der

Gegend, in der das Ereignis später stattfand, oft Wochen vorher vorausgesehen wurden.

10. *Hat der Traum, den Sie deuten wollen, mit Gesundheit oder körperlicher Krankheit zu tun?* Träume dieses Typs sind leicht zu erkennen, wenn Themen wie Ernährung, körperliche Betätigung, Körperfunktionen, Medikamente, Krankheiten, Arztpraxen und Krankenhausszenen im Mittelpunkt des Dramas stehen. Träume von verstopften Toiletten, Badewannen, Öfen und der Zubereitung von Essen in der Küche gehören ebenfalls in diese Kategorie. Die meisten Träume vom eigenen Wagen betreffen physische Krankheit oder Gesundheit, weil man sich im eigenen Körper etwa so bewegt, wie man in seinem Wagen fährt. Achten Sie darauf, an welcher Stelle Ihres Wagens Schwierigkeiten auftreten und welches Teil sie verursacht.

11. *Besteht der Traum aus einer Botschaft, die dem Träumer von einer »unbekannten Stimme« zugeflüstert wird?* Dieses Phänomen ist als Hellhören bekannt. Es tritt oft in jener Phase auf, in der wir langsam erwachen, uns unserer Umgebung aber noch nicht ganz bewußt sind. Ein Mensch, der solche Botschaften im Traumzustand empfängt, erregt weit weniger Argwohn als einer, der erzählt, während seiner täglichen Arbeit von irgendwelchen Stimmen Anweisungen zu erhalten. Viele dieser Botschaften beinhalten universelle Wahrheiten oder Richtlinien. Ein Beispiel wäre: »Die Ehe ist ein Vertrag, in dem zwei Menschen Seite an Seite arbeiten.« Wenn Sie beim Aufwachen einen Satz im Kopf haben, sollten Sie ihn sofort aufschreiben. Derartige Sätze sind wahre Juwelen an Weisheit, von denen wir uns im Leben leiten lassen können.

12. *Träume sind oft eine Mischung aus Informationen zu mehreren getrennten Fragen und enthalten häufig sogar sinnlose Abschnitte.* Ein langer Traum, den ich aufzeichnete, schien aus drei sinnvollen Abschnitten und einem sinnlosen Teil zu

bestehen. Die sinnvollen Abschnitte behandelten Ereignisse rund um das Sterben meines Vaters. Mitten im Traum dann erschien ein Bild von Zigarrenstummeln, die zu einem Häufchen auf den Boden fielen. Die Bedeutung dieses scheinbar sinnlosen Bildes erkannte ich erst eine Woche später, als ich mit meinem Mann ins Kino ging. In einer Szene des Films rauchten Soldaten Zigarren, und mehrere Stummel landeten auf dem Boden, wo sie ein Häufchen bildeten – genau das Bild aus meinem Traum. Hier könnte es sich, was die Deutung betraf, wirklich um etwas Sinnloses gehandelt haben, vielleicht aber auch um den Ausdruck »Asche zu Asche« im Zusammenhang mit dem bevorstehenden Tod meines Vaters.

13. *Träume sind deutbar durch die Symbole und Wortspiele, die sie als integrierte Bestandteile enthalten.* Bücher mit Traumsymbolen stellen wichtige Helfer für jeden Menschen dar, der eine genaue Traumdeutung anstrebt. Zwei überaus nützliche Werke seien hier genannt: *Dreams: Your Magic Mirror* (Träume, dein Zauberspiegel) von ELSIE SECHRIST und *How to Interpret Your Own Dreams* (Wie Sie Ihre eigenen Träume deuten) von TOM CHETWYND. Noch wichtiger sind für den angehenden Traumdeuter jedoch Karteikarten, auf denen er seine persönlichen Symbolassoziationen notiert. Mit diesen beiden Hilfsmitteln läßt sich aus einem Gewirr scheinbar unsinniger Symbole in relativ kurzer Zeit eine sinnvolle Bedeutung herauskristallisieren.

Der Traumaufzeichner wird sich auch amüsieren, denn die Traumsprache benutzt häufig Klischees und Wortspiele, um fundamentale Botschaften auszudrücken. Der Ausdruck »den Kopf verlieren« kann beispielsweise in einem Traum so dargestellt werden, daß der enthauptete Träumer seinen Kopf davonrollen sieht. Eine halb menschliche, halb mit Fell bekleidete Gestalt könnte anzeigen, daß die Haltung des Träumers in einer bestimmten Situation alles andere als mutig ist. Er ist ein *Hase* oder *Hasenfuß*. Solche Dinge bringen einen beim Deuten von Träumen immer wieder zum Lachen.

14. *Wie verfahren Sie mit dem kleinen Prozentsatz von Träumen,*
    die keinen erkennbaren Sinn und kein verständliches Thema
    enthalten? Die Antwort lautet immer: *Warten Sie ab!* Früher
    oder später wird ein anderer Traum oder eine Traumserie mit
    einer ähnlichen Idee folgen, oder das vorhergesehene Ereignis
    wird eintreten. Der ursprüngliche Traum ist dann überaus
    klar, und Sie werden sich fragen, wie Ihnen seine Botschaft
    überhaupt entgehen konnte. Es gibt zwei Wege, auf denen sich
    der Erkenntnisvorgang beschleunigen läßt:

    a) Bitten Sie am folgenden Abend um einen erklärenden
        Traum.

    b) Überprüfen Sie alle neuen Informationen, die Sie bei Ihrer
        täglichen Meditation empfangen, und stellen Sie fest, ob
        etwas davon sich auf den ungedeuteten Traum bezieht.
        Oft erhalten wir, während wir uns in veränderten Be-
        wußtseinszuständen befinden, plötzlich neue Einblicke.

15. *Ist es möglich, sich einer Traumdeutung sicher zu sein?* Die
    Antwort auf diese Frage findet man in dem Buch *Traumdeu-*
    tungen in Trance von Dr. HARMON H. BRO. Der Autor
    vertritt die Ansicht: »Es ist die Aufgabe vieler Träume, den
    Träumer in seinem Leben und Gesamtwachstum voranzubrin-
    gen, und dieses Voranbringen hat auch in der Traumdeutung
    eine wichtige Funktion.«[4] Falls die Deutung den Träumer
    veranlaßt, über einen wichtigen Aspekt seines Lebens nachzu-
    denken, könnte auch eine armselige Deutung letztlich eine
    gute sein. Dr. Bro nennt drei Kriterien für die Überprüfung
    der Gültigkeit eigener Traumdeutungen:

    a) Mehrere Träume, die man in einer einzigen Nacht hat,
        sollten eigentlich jeweils Licht auf die anderen Träume
        derselben Nacht werfen. Aufeinanderfolgende Episoden
        des gleichen Traums in verschiedenen Nächten könnten
        die Lehrsätze des ersten Traums ausweiten. Entwickelt
        sich jedoch ein Thema in aufeinanderfolgenden Träumen
        weiter, dann zeigt dies gewöhnlich, daß man sie richtig
        deutet.

b) »Als zweites kann der Träumer seine Deutungen beurteilen, indem er sie gegen die subjektiven Eindrücke abwägt,
die er von ihnen hat. Ein Gefühl der Lösung innerer Panik
signalisiert gewöhnlich eine richtige Deutung, so unangenehm auch die Deutung sein mag, welcher der Träumer
ins Auge zu sehen hat. ... Auch das Erwachen... neuer
Lebenshaltungen kann signalisieren, daß man die wesentliche Botschaft eines Traums erfaßt hat.«[5]

c) Laut Harmon H. Bro forderte Cayce seine Traumschüler
immer wieder auf, die Qualität ihres Lebens genau unter
die Lupe zu nehmen. »Wenn sie wuchsen, wenn sie sich in
ihrem Lebensalltag wirksam einsetzten, bestand die
Chance, daß sie den Hauptstrom ihrer Trauminhalte
begriffen und in derselben Richtung arbeiteten statt dagegen.«[6]

9

Trauminkubation

*Cayces Readings beschränkten sich auf die Information und Führung, die ein
Mensch konstruktiv nutzen konnte; genauso war es mit Träumen.*

HARMON H. BRO, Traumdeutungen in Trance

Sind Sie sich eigentlich im klaren darüber, daß Sie einen Born
universellen – jedoch unbewußten – Wissens oder einen inneren
Lehrmeister besitzen, zu dem Sie jederzeit Zugang haben? Sind Sie
sich im klaren darüber, daß Sie mit dieser Weisheitsquelle Verbindung aufnehmen können, indem Sie nichts anderes tun, als vor dem
Einschlafen bestimmte Fragen zu stellen oder um Führung bei
Entscheidungen zu bitten, die Sie im Leben treffen müssen? Wissen
über Gesundheit, medizinische Behandlungen, geschäftliche Un-

ternehmungen, Politik, neue Erfindungen und Ideen für Bücher,
Ratschläge für Liebeskranke, Ideale für persönliches Wachstum
und vielleicht sogar Gespräche höherer Wesen über universelle
Gesetze (denken Sie nur an JANE ROBERTS' *Seth*-Bücher[1]) – das
alles fließt durch diesen endlosen Bewußtseinsstrom, der uns allen
zur Verfügung steht.

»Phantastisch! Erstaunlich!« sagen Sie. »Wie muß ich vorgehen,
um solch einen unerschöpflichen Vorrat an Klugheit nutzen zu
können? Hier handelt es sich gewiß um eine Art neuen wissenschaftlichen Durchbruchs, der nach jahrelangem Suchen und Forschen seitens der besten Köpfe der modernen Menschheit endlich
erreicht wurde.« Falsch! Dieser Weisheitsstrom fließt seit Anbeginn der Zeit, und jeder von uns hat die Fähigkeit, im Traum oder
in veränderten Bewußtseinszuständen daraus Informationen zu
schöpfen.

Wie können wir uns am besten einstimmen, um in der Lage zu
sein, diese Art des Träumens zu nutzen? Durch *Trauminkubation*.
Ein *inkubierter Traum* ist laut MARK THURSTON ein Traum, der
entweder eine einzigartige Lösung für ein Problem oder Projekt
bietet, an dem der Träumer arbeitet, oder den Träumer in einem
Zustand aufweckt, in dem seine Intuition bewirkt, daß ihm die
gesuchte Antwort ins Bewußtsein steigt. Um einen Traum zu
inkubieren, müssen wir entweder im Geist eine bestimmte Frage
formulieren, auf die wir Antwort suchen, oder aber ein klar
definiertes Problem darlegen, für das wir eine Lösung brauchen,
die sich gegenwärtig unserem Zugriff entzieht.

Nehmen wir als Beispiel das Dilemma, in das viele junge
Hausfrauen geraten, die mehrere Kinder großgezogen haben und
als Folge davon jahrelang nicht auf dem Arbeitsmarkt waren. Beth,
wie wir unsere junge Mutter nennen wollen, besitzt eine abge-
schlossene College-Ausbildung für einen kaufmännischen Beruf
und hat vor der Geburt ihrer Kinder vier Jahre für ein Jahresgehalt
von fünfunddreißigtausend Dollar gearbeitet. Nachdem jetzt das
jüngste ihrer Kinder in den Kindergarten geht, möchte sie ins
Berufsleben zurückkehren und ihre Laufbahn fortsetzen. In der
Zwischenzeit ist bei ihr jedoch Interesse an Kinderpsychologie

erwacht, und der Gedanke, als Erziehungsberaterin zu arbeiten, fasziniert sie. Die Rückkehr in ihre einstige Stellung lockt sie nicht sonderlich, denn die Arbeit dort ist ziemlich langweilig gewesen. Die Vorteile einer Rückkehr auf den alten Posten wären ein hohes Gehalt und ein sicherer Arbeitsplatz. Sie ist überzeugt, daß ihre alte Firma sie wieder einstellen würde. Andererseits würde das Studium zur Erlangung eines Magistergrades für Erziehungsberatung sie nicht nur Geld kosten, sondern sie müßte auch viel lernen, so daß sie sich ihrem Mann und ihren Kindern weniger widmen könnte. Was soll sie tun? Bei dem Dilemma, vor dem Beth steht, empfiehlt es sich, die Trauminkubationstheorie auszuprobieren und nach Möglichkeit sicherzustellen, daß die zu fällende Entscheidung über ihre Berufslaufbahn mit den Idealen und Zielen vereinbar ist, von denen sie sich im täglichen Leben leiten lassen will. Folgen wir Beth durch ein achtstufiges Verfahren der Trauminkubation (die nachstehenden Regeln basieren auf Mark Thurstons Tonband *Trauminkubation*).

1. *Bestimmen Sie ein Ideal oder einen Lebensstandard, nach dem Sie Ihr Leben ausrichten können.* Beths Hauptsorge im Leben sind das Wohlergehen ihres Mannes sowie ihrer Kinder und Hilfe für andere, damit diese ihre größtmögliche Entfaltung erlangen. Müßte Beth zwei Worte nennen, die ihre beiden Lebensideale genau verkörpern, so wären es die Worte *Liebe* und *Dienst*. Deshalb muß sie diese beiden Begriffe als Maßstab benutzen, wenn sie im Leben einschneidende Entscheidungen fällt, die ihre Familie und sie selbst betreffen.

2. *Formulieren Sie das Problem klar, für das Sie eine Lösung suchen.* Beth steht also vor der Frage, ob sie in ihre alte, finanziell lohnende Stellung zurückkehren soll, die nur ein Mindestmaß an persönlichem Wachstum zuläßt, oder ob sie ihren Magister für Erziehungsberatung machen soll. Letzteres würde der Familie in naher Zukunft finanzielle und persönliche Opfer auferlegen, aber auf lange Sicht zu Beths Selbstverwirklichung als Person beitragen. Es würde ihr auch eine wichtige Dienstleistung auf

einem Gebiet ermöglichen, auf dem sie nach ihrer Überzeugung einen bedeutsamen Beitrag leisten kann.

3. *Stellen Sie eine Liste der negativen und der positiven Aspekte Ihrer Entscheidung auf.*
Für Beth bestünden bei der Fortsetzung ihrer gegenwärtigen Berufslaufbahn folgende negative Aspekte:
  a) minimales Selbstwachstum,
  b) wenig Kontakt mit Menschen,
  c) Geschäftsreisen, die Abwesenheit von der Familie bedeuten,
  d) tägliche Arbeitszeit von neun bis siebzehn Uhr.
Die mit der Rückkehr in ihre alte Stellung verbundenen positiven Faktoren:
  a) hohes Gehalt,
  b) angenehme physische Arbeitsbedingungen,
  c) ein Vorgesetzter, der ihr wohlgesonnen ist,
  d) ausgezeichnete Chancen für Beförderung.
Negative Überlegungen im Zusammenhang mit der Fortsetzung ihrer Ausbildung:
  a) finanzieller Verlust durch Verlust des Gehalts, das sie in ihrer alten Firma bekäme,
  b) zusätzliche Kosten für die Weiterbildung,
  c) die vielen Lernstunden, die für das Studium aufgewendet werden müssen, berauben sie der Gesellschaft ihrer Familie,
  d) für den Haushalt muß eine Hilfe eingestellt werden.
Positive Auswirkungen der Erlangung des Magisters für Erziehungsberatung wären:
  a) weiteres Wachstum und Selbstverwirklichung,
  b) geistige Anregung durch andere Berater, die eine ähnliche Lebensorientierung und ähnliche Ziele haben,
  c) Dienste für andere, die ohne solche Beratung ihre Möglichkeiten wahrscheinlich nicht voll ausschöpfen könnten.

4. *Beurteilen Sie die zu fällende Entscheidung unter dem Gesichtspunkt der Ideale, die Sie gewählt haben, um Ihr Leben
danach auszurichten.* Nach langen Gesprächen mit ihrem
Mann und vielen Stunden des Überlegens entscheidet sich
Beth, ihre Ausbildung fortzusetzen. Die Ideale *Liebe* und
Dienst scheinen im Einklang zu stehen mit ihren grundlegenden Motiven für die Ausbildung zur Erziehungsberaterin. Sie
beschließt deshalb, die nötigen Vorkehrungen zu treffen,
wenn sie bei ihrem Trauminkubations-Experiment eine positive Antwort erhält.

5. *Bitten Sie um einen Traum, der Ihnen Feedback im Hinblick
auf Ihre geplante Entscheidung liefert. Stimmen Sie sich durch
Gebet und Meditation auf Ihr höheres Ich oder Überbewußtsein ein.* Vor dem Einschlafen könnte Beth sich durch eine
kurze Meditation »konzentrieren«. Während des Wegsinkens
sollte in ihrem Geist nur die Frage stehen: »Wäre es für mich
das Beste, einen neuen Weg in Form von Erziehungsberatung
zu beschreiten oder in meine alte Stellung zurückzukehren?«

6. *Schreiben Sie beim Aufwachen alle Träume auf, auch jene, die
mit Ihrer Frage scheinbar nichts zu tun haben. Notieren Sie
jedes Bruchstück jeder Idee.* Der Traum, den Sie empfangen,
kann folgendes tun:
   a) Ihnen eine positive Antwort oder ein Präkognitionser-
   lebnis geben; in diesem Fall wäre es ratsam, Vorkehrungen für die Verwirklichung Ihrer geplanten Entscheidung zu treffen;
   b) das Problem neu definieren; wenn dies geschieht, dann
   haben Sie nicht alle wichtigen, mit der Situation verknüpften Aspekte betrachtet und sollten dies schnell-
   stens nachholen;
   c) Ihnen anzeigen, daß Sie eine falsche Entscheidung getroffen haben und daß es nicht das Beste für Sie wäre,
   diesen Weg zu beschreiten;
   d) Ihnen eine Alternativlösung anbieten; vielleicht wun-

dern Sie sich, daß Sie nicht selbst an diese Lösung gedacht
haben;

e) Ihnen eine Teillösung liefern; wird Ihre Frage nur halb
beantwortet, sollten Sie an den folgenden Abenden um
Informationen über den restlichen Teil der Lösung bitten.

Beth erinnert sich am nächsten Morgen an folgenden Traum: Ihr
ehemaliger Chef kommt in den Computerraum, in dem sie
geschäftig arbeitet. Er lobt ihre bisherigen Leistungen und sagt,
daß er für sie eine neue Stellung hat. Er führt sie aus dem Raum,
um sie mit ihrer neuen Aufgabe und ihren neuen Kollegen
bekannt zu machen, doch da endet der Traum. Dieser Traum
läßt Beth vermuten, daß es besser für sie wäre, zu der Arbeit am
Computer zurückzukehren. (Denken Sie hier an Punkt e!) In
der folgenden Nacht geht der Traum jedoch weiter. Der Chef
führt Beth in ein anderes Büro, in dem sie die Frau kennenlernt,
die ihre neue Arbeit beaufsichtigen soll. Zu ihrer Überraschung
ist es Mrs. Hunt, die Frau, die ihr in den letzten Wochen bei der
Planung ihres Studienprogramms an der Universität geholfen
hat. Noch überraschender ist das Erscheinen eines kleinen
Jungen, vor dem Beth während der vergangenen Monate in
vielen ihrer Träume weggelaufen ist. Er sagt: »Ich bin sehr froh,
daß du endlich aufhörst, vor mir wegzulaufen. Ich warte schon
die ganze Zeit darauf, daß du mir hilfst.« Er läuft zu ihr und
umarmt sie. Beth spürt, daß sie auf ihn reagiert.

7. *Beurteilen Sie, ob die in Träumen empfangene Führung und
Information die Kriterien erfüllen, die Sie sich bei Ihrer geplan-
ten Entscheidung im Hinblick auf Ihre Ideale gesetzt haben.*
Dies scheint in Beths zwei Träumen der Fall zu sein. *Dienst* ist
zweifellos ein vorhandenes Element, und zwar in der Bitte des
Schülers um Erziehungshilfe. *Liebe* wird durch Beths liebevolle
Reaktion auf die Umarmung symbolisiert.

8. *Unternehmen Sie positive Schritte zur Nutzung der Träume,
von denen Sie intuitiv wissen, daß sie unmittelbare positive*

Antworten auf Ihre Fragen sind. Beth meldet sich nach dem Traum noch am gleichen Tag zum Studium an.

Den Trauminkubationsprozeß können Sie bei vielen anstehenden Entscheidungen anwenden, die Ihr Leben und das Leben Ihrer nächsten Angehörigen betreffen. Wenn wir bedenken, wie eng unser Leben mit jenem der Menschen um uns verknüpft ist, erscheint es fast als unsere Pflicht, die Quelle universellen Wissens zu Rate zu ziehen. So können wir die Bestätigung und die Gewißheit erlangen, daß wir den richtigen Weg gehen, der von jenem Lebensmuster, das unlöslich in unser Seinsgefüge gewoben ist, festgelegt wurde.

10

Traumtypen

Träume sind von größter Wichtigkeit für die Begegnung der höchsten Schöpferkraft des Menschen mit jener zweiten Kraft, die ihm immer zu helfen sucht.
HARMON H. BRO, Traumdeutungen in Trance

In den vergangenen drei Jahren habe ich ungefähr fünftausend Träume aufgezeichnet, gedeutet, überprüft und in die Praxis umgesetzt. Die Aufzeichnung und Deutung erforderte ein intensives Studium, das mich viele Stunden gründlichen Nachdenkens und eingehender Seelenerforschung kostete, bevor ich das intuitive Gefühl hatte, die sorgfältig ins Gewebe eines jeden Traums eingesponnenen verborgenen Botschaften herausgelöst und enträtselt zu haben. Ein wertvoller Nebeneffekt dieser fortlaufenden Untersuchungen war das Sichtbarwerden einer Einteilung oder Klassifikation, in die sich die meisten Träume einordnen ließen. Immer wieder spürte ich beim Abschluß einer Deutung, daß Traum 1 aus der vergangenen Nacht in die Kategorie Gesundheit und Heilen gehörte, Traum 4 hellseherische Elemente enthielt und Traum 5 ein Botschaftstraum war. Nach einiger Zeit begann ich neben jeden Traumtitel einen Vermerk zu machen, so daß ich bei späterer neuerlicher Prüfung dank der von mir ersonnenen »Traumstenographie« gleich erkannte, in welche Kategorie ich den Traum bei der Deutung gefühlsmäßig eingeordnet hatte.

Wie mein Klassifizierungssystem zeigt, fallen fast alle Träume, die ich empfangen habe, unter einen von zwölf Bezugstiteln. Ich will hier jedoch keine strikte Kategorisierung vorgeben, an die sich alle Traumstudenten halten sollen, sondern nur eine Art Leitfaden bieten, mit dessen Hilfe jeder Traumdeuter eine gewisse Ordnung in das Durcheinander der sich häufig überschneidenden Traumthemen bringen kann, mit denen er bei seinem eifrigen Studium konfrontiert wird. Die zwölf grundlegenden Klassifikationen, die sich bei meiner Arbeit immer wieder abgezeichnet haben, sind:

1. Träume vom Heilen und von körperlicher Gesundheit
2. schöpferische Träume und Führungsträume für das Ich und andere
3. Geschäftsträume
4. telepathische Träume und außerkörperliche Erfahrungen
5. hellseherische Träume
6. präkognitive und retrokognitive Träume
7. Träume von Lokal- und Weltereignissen
8. Träume vom Tod und von Verstorbenen
9. Träume von früheren Leben
10. erläuternde (luzide) Träume
11. Botschaftsträume
12. visionäre Träume.

Zur Erläuterung dieser Klassifizierungsmethode werde ich jeden der zwölf Traumtypen in Kurzform definieren und in jeder Kategorie eine Reihe lebhaft erinnerter Träume anführen, deren Elemente beispielhaft für jene Träume sind, die ihrer Natur nach in die jeweilige Kategorie eingeordnet werden sollen.

1. Träume vom Heilen und von körperlicher Gesundheit

Träume dieses Typs lassen fast immer erkennen, an welcher Art Problem der Träumer leidet, welcher Bereich seines Körpers befallen ist und was der Grund für die Krankheit ist; manchmal zeigen sie sogar auf, durch welche Behandlung er sich von seinem Leiden befreien kann. EDGAR CAYCE sah Körper und Seele als Einheit. Ihm zufolge liegt, um HARMON H. BRO zu zitieren, »die Seele geborgen im Körper, die Funktion der endokrinen Drüsen wirkt sich zutiefst auf sie aus, und indirekt wird sie beeinflußt durch Ernährung, körperliches Training, Ausscheidungen, Lebenseinstellung und andere Dinge«.[1] Eine wahrhaft realistische Ansicht, die heute viele Ärzte teilen. Daraus folgt, daß ein »Unbehagen« der Seele, sofern es nicht ausgeräumt wird, mit ziemlicher Sicherheit nach einer gewissen Zeit als körperliche Krankheit zum Ausdruck kommt. Falls diese Folgerung richtig ist, sollten Träume, die künftige Krankheiten und Störungen der Seele oder des Gemüts anzeigen, gründlich untersucht werden, denn dadurch lassen sich vielleicht ernste Gesundheitsprobleme vermeiden. Ist die Krankheit bereits ausgebrochen, sollten Sie nach Hinweisen zu ihrer Linderung und nach speziellen Heilempfehlungen suchen. Träume von Ernährung, körperlichem Training, reparaturbedürftigen Autos, schlechten Installationsarbeiten, brennenden oder beschädigten Häusern (notieren Sie, um welche Räume es sich handelt), Krankenhäusern, Apotheken und ärztlicher Behandlung haben unzweifelhaft mit körperlicher Gesundheit zu tun.

Hier einige prägnante Beispiele von Träumen, die sich um körperliche Gesundheit und Heilen drehten:

Meine Zyste

(3. August 1981)

Ich bin in meinem eigenen Haus und sehe im Keller ein kleines Feuer. Es ist ein Ölbrenner, aus dem rote Flammen schießen. Ich gerate in Panik, erkenne aber, daß es nichts Ernstes ist. Ich glaube, daß ich das Feuer löschen kann, indem ich heißes Öl benutze und die Menge reguliere.

Dieser erste Traum beschreibt eine Methode zur Heilung der Zyste, deren operative Entfernung bereits vorgesehen war, durch Anwendung von Rizinusölpackungen. Der Traum wurde in Kapitel 1 ausführlich behandelt.

Die nächste Zyste
(28. Juni 1982)
In einem anderen Staat wird für mich eine Laboruntersuchung gemacht. Die Untersuchungen sind abgeschlossen, und der Arzt hat die Ergebnisse. Ich habe eine Infektion rund um eine Zyste, die behandelt werden muß. Die Krankenschwester fragt, ob ich mich untersuchen lassen will. Ich antworte ihr, daß ich zu weit weg sei, um hinzukommen. Sie sagt, daß man mir die genaue Diagnose und ein Rezept schicken wird.

Schrumpfung der Zyste
(25. Juni 1982)
Eine Frau hat eine Zyste. Eine hübsche, orientalisch aussehende Frau mit heilenden Händen sagt, daß sie zum Schrumpfen gebracht werden kann.

Behandlungstermin bei Genie
(25. Juni 1982)
Ich sehe den Namen Genie, der zwischen anderen Namen auf meinem Terminkalender steht.

Dr. Hallers elektrischer Apparat
(5. August 1982)
Ich mache bei einem alten Haus halt, um mich von einer Chiropraktikerin behandeln zu lassen. Sie benutzt bei ihren Behandlungen einen elektrischen Apparat.

Akzeptieren der Krankheit
(21. November 1982)
Ich bin froh, meine Zysten los zu sein. Ein Arzt erörtert meinen Fall mit mir und sagt: »Sie haben die Krankheit akzeptiert.«

Der Traum gehörte zu einer Serie, die ich in einem Zeitraum von fünf Monaten aufzeichnete; er betraf die empfohlene Behandlung und die anschließende Heilung einer weiteren Zyste. Am 28. Juni 1982 wurde ich vor dem Auftreten dieser neuen Zyste gewarnt, doch ich ignorierte das Hilfsangebot, bis die Zyste wirklich da war. Erst am 25. Juli 1982 suchte ich ernsthaft einen Rat für die Heilung. Chiropraktische Behandlungen und eine Ernährungstherapie über mehrere Monate hinweg brachten dann die Heilung, wie es zuvor in meinen Träumen dargestellt worden war. Am Ende dieses Zeitraums bekam ich gesagt, daß die Zysten nicht aufgetreten wären, hätte ich sie nicht selbst *akzeptiert*.

Vaters Anorexia nervosa
(26. Dezember 1981)

Ich sehe einen Arzt und seinen Assistenten. Sie haben einen Patienten ruhiggestellt und versorgen ihn auf dem Bett. Ich sehe in der Nähe der Lincoln School zwei heimatlose kleine Mädchen. Als ich mit dem Arzt spreche, sagt er, mein Vater leide an einer Anorexia nervosa, einer psychogen bedingten Nahrungsverweigerung.

Dieser Traum trat auf, als mein Vater mich ein Jahr vor seinem Tod besuchte. Er zeigt, wie lange im voraus ich auf die Schwere seiner Krankheit vorbereitet wurde.

Heilung mittels Reflexzonenmassage
(14. Mai 1982)

In der Reflexzonenmassage muß man an jeder Zehe ziehen und den ganzen Fuß bearbeiten, und dieser Prozeß widerspiegelt sich gleichzeitig gesundheitsfördernd im ganzen Menschen.

Der Traum stellt dar, welche Dynamik die Reflexzonenmassage besitzt, wenn man sie als Heilwerkzeug benutzt. Ich habe inzwischen die Reflexzonenmassage bei meiner ganzen Familie gegen eine Vielzahl körperlicher Probleme angewandt, immer mit sehr guten Ergebnissen.

*2. Schöpferische Träume und Führungsträume für das Ich und
andere*
Dieser Traumtyp deutet an, daß das Unterbewußtsein eines jeden
von uns mit dem Unterbewußtsein aller Menschen in Verbindung
steht. Falls das zutrifft, müßte eine aufrichtige Haltung der Zuneigung und echten Anteilnahme gegenüber Angehörigen, Freunden
und Bekannten den aufnahmebereiten Träumer eigentlich befähigen, Informationen und Führung zu erhalten, die er zur Steigerung
des Wohlergehens dieser Personen nutzen kann. Im Cayce-Rea-
ding 2419-1 heißt es: »Wenden Sie alle solche Träume in den
materiellen Erfahrungen mit anderen praktisch an. Und wissen Sie:
Wenn Sie keine schöpferischen Einflüsse und besseren Verbindungen in Ihrem Heim, in Ihren Beziehungen mit Ihren Mitmenschen
hervorbringen, stimmt mit denen etwas nicht!«[2]
Die folgenden Träume wurden anderen Personen vorgelegt,
damit sie den Versuch machten, Cayces Anweisungen auszu-
führen:

Besuch der juristischen Fakultät an der Universität von Richmond
   (19. März 1982)
   *Wir fahren über Sanston nach Richmond. Ich kenne den Ort,
denn mein Vetter wohnte hier während seines Studiums an der
juristischen Fakultät. Er hielt die Universität für eine hervorragende Lehranstalt. Die Straße ist sandig. Ich versuche den Wagen zu
steuern.*
   Mein Sohn hatte sich im Frühling 1982 sowohl an der Universität
von Richmond als auch am College of William and Mary bewor-
ben. Ich gab letzterem bei weitem den Vorzug, weil ich selbst dort
meine höhere Bildung erworben hatte. Dieser Traum erteilte mir
nun den Rat: »Höre auf, die Situation zu steuern. Die Universität
von Richmond ist eine gute Lehranstalt für Jimmy.« Mein Sohn
nahm schließlich im Herbst 1982 sein Studium dort auf.

Ninas Operation
   (8. September 1981)
   Ich sehe einen kleinen Hals und ein Kinn. Ich höre die Worte:

»Die Operation wird bald stattfinden.« Ich sehe, daß Amelie die
Hand an ihre linke Brust hebt.

Bei den in diesem Traum angesprochenen Ereignissen waren
Retrokognition und Präkognition im Spiel. Als ich meine Freundin
Amelie in Louisiana nach dem Traum anrief, erfuhr ich, daß man
ihrer jüngsten Tochter Nina wegen Komplikationen, die seit
mehreren Wochen bestanden, gerade die Mandeln entfernt hatte.
Ende Oktober 1981 schrieb mir Amelie dann, sie habe eben eine
kleinere Brustoperation hinter sich.

Die folgenden beiden Träume, die ich in der Frühphase meiner
paranormalen Entwicklung hatte, sollten mich zu einer hinnahme-
bereiteren Haltung gegenüber meinen Fähigkeiten bewegen.

Das unattraktive/attraktive Medium
(6. März 1982)

*Eine Frau gibt Readings und hilft den Menschen, sich von bösen
Träumen zu befreien. Sie sieht seltsam aus. Ihr Gesicht ist bemalt
und ihr Haar zu blauen Kreisen geflochten. Sie berät eine Frau, die
glaubt, ihre Familie sei bei einem Autounfall umgekommen. »Das
war nur ein böser Traum«, sagt das Medium zu ihr. Als ich die
Beraterin ansehe, wird sie in eine schöne Frau mit langem goldenem
Haar verwandelt. Sie hat einen Helfer, der älter ist als sie.*

Das Klassenzimmer am Fluß
(21. April 1983)

*Ich mache Mathematikaufgaben auf liniertem gelbem Papier.
Ich kreise diejenigen ein, die richtig sind. Links von mir fließt ein
Fluß. Die Seite des Klassenzimmers hat keine Wand. An dem Fluß
steht ein Baum.*

Der Traum von dem Medium beauftragte mich, meine Vorstellung von mir selbst zu ändern. »Das Klassenzimmer am Fluß«
verweist auf den Bewußtseinsstrom, der durch mich fließt, wenn
ich träume oder ein parapsychisches Reading gebe.

3. Geschäftsträume

Träume können in geschäftlichen Angelegenheiten von praktischem Nutzen sein. Viele der Träume, die Cayce deutete, enthielten Ratschläge für eine gewinnbringende Abwicklung von Ge-
schäften. Einige gaben sogar Tips für den Kauf oder Verkauf von
Aktien, wodurch die betreffenden Personen dann beachtliche
Profite erzielten. Die allgemeinen Wahrheiten, die 1929 während
des Börsenkrachs galten, haben heute noch Gültigkeit für große
wie kleine geschäftliche Unternehmungen. Dr. Bro führt aus: »Die
Seelen würden nicht mit absoluten Maßstäben gemessen, sagte
Cayce. Sie würden nach ihrer Treue zu ihren eigenen Idealen und
ihrem Selbstverständnis beurteilt. Und weniger nach ihren Fehlern
als nach ihrer Bereitschaft, sich aufzuraffen und es noch einmal zu
versuchen.«[3] Der Vergleich eines Traums, an den sich ein Freund
Cayces im Juli 1929 erinnerte, mit einem meiner eigenen Träume,
den ich am 5. Februar 1982 aufzeichnete, veranschaulicht klar,
welche Führung man erhält, wenn man darum bittet, an seine
Ideale glaubt und bereit ist, bei Mißgeschicken unbeirrt weiterzu-
machen.

Aktientips

Stimme: *»Behalte nur das, wofür du ganz zu bezahlen ver-
magst.« Sah Fleischman, 82, 83, 82. Großer Bankkonkurs, der den
Markt in beträchtliche Schwierigkeiten stürzte. Sah Western Union
bei 160.*[4]

Dem Aktienmakler versicherte Cayce, er bekomme korrekte
Eingebungen, die ihn für den bevorstehenden Krach auf dem
Aktienmarkt rüsteten; er brauche nur weiter in »Einfachheit des
Glaubens« zu handeln.

In meinem Traum vom 5. Februar 1982 scheine ich Empfängerin
eines ähnlichen Rats gewesen zu sein. (Zu dieser Zeit des Jahres
haben wir nicht so viele Beratungstermine wie sonst.)

Zunehmendes Geschäft zum 1. März
   (5. Februar 1982)
   Ich fahre die Fernstraße zum Landmark Inn entlang. Plötzlich nimmt der Verkehr, der mir entgegenkommt, stark zu.

4. Telepathische Träume und außerkörperliche Erfahrungen

Nacht für Nacht scheint der schlafende Geist eines Menschen einem anderen fundamentale Informationen über wichtige Fragen zu vermitteln, um die sich dessen Leben gerade dreht. Der Geist des Empfängers kann in diesem Prozeß eine aktive Rolle spielen, indem er sozusagen geistig ausholt, um derartige Informationen einzuholen. Die Mehrzahl der Kommunikationen von Geist zu Geist ist das direkte Ergebnis enger Gefühlsbande zwischen den betreffenden Träumern.

Meine Freundin Elizabeth und ich halten durch Briefe, die wir uns alle zwei oder drei Wochen schreiben, miteinander Verbindung und standen offenbar auch schon öfter in telepathischem Kontakt. Am Abend des 26. Januar 1983 schrieb Elizabeth einen sehr verwirrenden Traum für mich auf und fragte, ob ich ihn ihr erklären könne.

Die Reise nach New York
   (26. Januar 1983)
   John und ich kommen zu euch auf Besuch. Ich umarme Robin und bemerke, daß sie viel Make-up aufgelegt hat und meine Kleider damit beschmiert sind. Nachdem ich euch begrüßt habe, fliegen wir in einem schwarzen Hubschrauber an einen Ort bei New York. Dort ist eine Art Versammlung von Freunden und Bekannten. Alle scheinen froh zu sein, alte Bekannte wiederzusehen.

In der gleichen Nacht träumte ich, Elizabeth und John seien gekommen, um mich zu trösten. Es war die Nacht vor dem Tod meines Vaters, und tags darauf traten wir die traurige Reise nach New Jersey zum Begräbnis an. In den nächsten fünf Tagen sah ich viele Verwandte und alte Freunde wieder, mit denen ich zwanzig Jahre oder noch länger nicht zusammengekommen war.

ARE-Traumtelepathie
 (23. Juni 1982)
 *Robin und ich gehen eine Straße hinunter, und mehrere Jungen
 werfen Schneebälle auf uns. Einer trifft mich fast. Robin und ich
 gehen weiter.*

Während einer ARE-Tagung wurden in mehreren Nächten
Experimente mit Traumtelepathie gemacht. Ich hatte den obigen
Traum in der zweiten Nacht des Experiments. Interessanterweise
zeigte er eines der für das Telepathie-Experiment ausgewählten vier
Bilder – allerdings nicht jenes, das übermittelt werden sollte:
mehrere Jungen, die Schneebälle auf Mädchen warfen.

Eine außerkörperliche Erfahrung ist genau das, was die Worte
besagen, nämlich eine Erfahrung, bei der man das Gefühl hat, den
eigenen Körper zu verlassen. Beachten Sie, wie das Phänomen im
nachstehenden Traum auftrat:

Der ARE-Meditationstraum
 (9. November 1981)
 *Ich gehe im Gebäude der ARE-Bibliothek die Treppe hinauf und
 sehe einen Gebetsraum mit Bänken zum Hinknien. Dieser Raum
 hat ungewöhnliche Fenster. Auf dem gleichen Stockwerk gibt es
 auch einen Versammlungsraum. Purpurrot scheint diesen Raum
 einzuhüllen.*

Das ist eine genaue Beschreibung des ARE-Meditationsraums,
den ich vor dem Auftreten dieses Traums noch nie gesehen hatte.

5. Hellseherische Träume

Das Hellsehen wird definiert als »außersinnliche Wahrnehmung
objektiver Dinge oder Ereignisse in der physikalischen Welt«
(Brockhaus) oder als »paranormales Erfahren von Gegenständen
oder Sachverhalten... ohne Vermittlung einer fremden psychischen Organisation« *(Lexikon der Parapsychologie)*. Dieser Defi-
nition zufolge ist ein hellseherischer Traum ein Traum, in dem die
träumende Person Ereignisse wahrnimmt, die sich etwa zur gleichen Zeit abspielen, aber Hunderte Kilometer weit weg ablaufen
können. Von der Retrokognition und der Präkognition unterschei-

det sich das Hellsehen insofern, als es die Gegenwart betrifft, während sich Retrokognition auf vergangene und Präkognition auf künftige Vorkommnisse oder Trends bezieht.

Zur Veranschaulichung dieses Phänomens zwei meiner hellseherischen Träume. Die Ereignisse oder Gegenstände beobachtete ich fast in der gleichen Zeitspanne, in der sie Wirklichkeit wurden.

Arlenes viktorianische Blumen
(4. Februar 1982)

Ich warte im Wagen darauf, daß Arlene ihre Arbeit beendet. Sie hat Dekorationen gemacht, und ich betrachte eine. Es ist ein Blumengebinde mit Spitzen, Bändern und roten Rosenknospen in einer Silbervase. Sie versucht offenbar, ihre Werke zu verkaufen.

Ich sah die viktorianischen Blumensträuße, die meine Schwester später auf den Markt brachte, etwa zu der Zeit, als sie mit dem Binden begann.

Die Fahrt nach Redish Knob
(16. Oktober 1981)

Ich fahre in einem Auto. Links steht eine alte Ziegelfabrik. Es gibt dort mehrere alte Holzgebäude, die ich mir anschaue. Die Böden sind aus blauen Fliesen. Alles liegt ziemlich hoch oben.

Dieser Traum schildert eine Fahrt, die Jimmy mit zwei Burschen aus seiner Studentenverbindung unternahm, als mein Mann und ich am 16. Oktober 1981 zur James Madison University fuhren, um ihn zu besuchen.

6. Präkognitive und retrokognitive Träume

Präkognition bezeichnet »das Erfahren eines zukünftigen Sachverhalts oder Ereignisses«, und Retrokognition ist »auf die Vergangenheit gerichtetes Hellsehen« *(Lexikon der Parapsychologie).*

Wie sind diese Wahrnehmungen möglich? Die Antwort liegt im Einssein aller Kräfte, also in einer Wechselbeziehung zwischen allen Formen von Leben. Die Theorie postuliert, daß »das Universum aus einer essentiellen Energie besteht, die sich auf viele Arten ausdrücken kann«.[5] Wenn wir die paranormalen Aspekte des

Träumens besser verstehen wollen, müssen wir die Theorie vom Einssein gründlicher studieren. MARK THURSTON führt in seinem Buch *How to Interpret Your Dreams* (Wie Sie Ihre Träume deuten) drei Perspektiven des Einsseins an:

1. *Das Einssein aller Kraft:* »Jede Sichtbarwerdung von Energie kann in eine andere Sichtbarwerdung verwandelt werden, die unseren Idealen besser entspricht.«[6] Wir können das verändern, was uns zuwider ist, und es in einer positiveren Form des Einsseins nutzen.
2. *Das Einssein aller Menschengeister:* »Die geistige Struktur jedes Menschen ist so geschaffen, daß ein natürlicher Weg für paranormale Kommunikation besteht.«[7] Deshalb ist es natürlich, daß wir uns telepathisch miteinander in Verbindung setzen.
3. *Das Einssein von Körper, Geist und Seele:* Dieses Prinzip verweist darauf, daß sich Träume am besten deuten lassen, wenn man die Dreiheit (Körper, Geist und Seele) ganzheitlich betrachtet.

Eine letzte Frage könnte sich im Hinblick auf die paranormale Fähigkeit in Träumen stellen: Wie empfangen wir die besten paranormalen Informationen? In den Cayce-Readings steht unzweideutig: »Sie sind im Menschen selbst, durch Einstimmung auf das Überbewußtsein.«[8]

Ein Mittagessen in Trellis
(29. September 1981)

Ich sitze im Restaurant Trellis mit Phyllis Belden und einer anderen Frau, deren Gesicht ich nicht sehe, beim Mittagessen. Die Kellnerin fragt mich, ob ich Tee möchte. Ich bestelle entrahmte Milch. Ich kann mich nicht entscheiden, ob ich Salat oder ein Sandwich bestellen soll. Schließlich bestelle ich Salat. Es herrscht solcher Lärm, daß ich nichts höre. Phyllis trägt ein leuchtend rotes Kostüm.

Das träumte ich in der Nacht des 29. September 1981, und es verwirklichte sich am 5. Februar 1982. Vor dem Treffen hatte ich Phyllis zwei Jahre nicht mehr gesehen.

Schneesturm in West Virginia
(19. November 1981)

Auf dem Weg nach West Virginia ist eine Seite des Bergs wolkenfrei. Als wir auf die andere Seite kommen, beginnt es zu schneien. Die Straße wird glatt, fünf bis acht Zentimeter Schnee liegen. Wir fahren vorsichtig.

Der Traum vom 19. November 1981 wurde am 20. November Wirklichkeit.

Die ARE-Tagung
(15. März 1982)

Ich bin auf einer von der ARE gesponserten Tagung zur Entwicklung paranormaler Fähigkeiten. Der Sensitive Albert Bowes wird vorgestellt. Er lehrt uns, in einem kleinen Buch bestimmte Sätze zu suchen. An der Wand zu meiner Linken ist ein roter Pullover.

Am 17. April 1982 entfalteten sich die Ereignisse, wie vorhergesehen, nur der rote Pullover an der Wand zu meiner Linken erwies sich als Dekoration unter einer Wandlampe.

Eine einwöchige ARE-Tagung über Heilen, die Ende September 1982 stattfand, machte es notwendig, daß ich fünfmal von Williamsburg nach Virginia Beach und zurück fuhr. Kurz vor Tagungsbeginn riet mir der folgende Traum dringend, vorsichtig zu fahren:

Der Wagen gerät ins Schleudern
(22. September 1982)

Ich steuere mein Auto und bemerke, daß es zu schleudern beginnt. Ich muß beim Fahren sehr vorsichtig sein.

Weil ich diesen Rat befolgte, konnte ich um Haaresbreite einen Zusammenstoß mit einem Lastwagen vermeiden, indem ich heftig auf die Bremse trat. Dank der Vorwarnung war ich auf eine Gefahr gefaßt gewesen. Der Vorfall trug sich am 24. September 1982 zu.

Das Hausboot sinkt
(12. Oktober 1982)
Das Hausboot geht wegen Hochwasser im Deep Creek unter.
Das Dach ist davongeweht worden. Jim beginnt es zu reparieren.

Zu unserem großen Kummer füllte sich unser Hausboot bei einem Sturm Ende November 1982 mit Wasser und sank auf den Grund des Jachthafens von Jamestown. Der Untergang kostete meinen Mann unsägliche Arbeit; es dauerte lange, bis er das Boot wieder in seinen ursprünglichen guten Zustand gebracht hatte.

7. Träume von Lokal- und Weltereignissen
»Gedanken sind Dinge«, »der Geist ist der Erbauer«. Diese Behauptungen werden in allen Cayce-Readings ständig wiederholt. Falls sie stimmen, müßte eine Gruppe aneinandergefügter Gedanken beginnen, unsere persönliche, einzigartige Realität zu gestalten. Führen wir diese Vorstellung noch einen Schritt weiter. Da jeder von uns ein Mitglied der Gesellschaft ist, müßten also unsere persönlichen, individuellen Denkmuster ein Gebilde formen, in dem das Gruppenbewußtsein der Gesellschaft enthalten ist; dieses basiert auf den Prinzipien einer Wechselbeziehung zwischen allen Geistwesen und dem Einssein der im vorhergehenden Abschnitt behandelten Kräfte. Die Gesellschaft könnte folglich durch die Umgestaltung des eigenen Lebens verändert werden, durch aufrichtiges Engagement zu Hause in der Familie, im Beruf, in der Kirche und der Gemeinde, durch die landes- und weltweite praktische Anwendung der beiden obengenannten Lehrworte. Aus dem Grund empfiehlt es sich, daß jeder, der in einer Bewegung für soziale Veränderung, im Sozialdienst oder der sozialen Gerechtigkeit Verantwortung trägt, nächtliche Führung in Träumen sucht.

Träume dieser Kategorien sind oft emotionsgeladen. Den ersten als Beispiel angeführten Traum hatte einer von Cayces Träumern ein Jahr vor der Eröffnung des Cayce-Krankenhauses in Virginia Beach.

Die Schließung des Krankenhauses
Sah Bilder von verschiedenen Dingen in Virginia Beach bezüg-
lich des Krankenhauses. Sah zwei Züge; einer war der Sieger und
hieß Pankhurst ...[9]

Der Traum handelte von einer künftigen Krise, zu der es
kommen sollte, weil die »Bilder« oder Ansichten der Mitglieder
der Krankenhausleitung darüber, wie das Krankenhaus zu betrei-
ben sei, stark voneinander abwichen und jeder seine eigenen
Prinzipien durchzusetzen versuchte. »Das Krankenhaus schloß
vier Jahre später in einem Klima der Bitterkeit; Mitglieder der
Krankenhausleitung bezweifelten, daß die anderen nach den gefor-
derten Prinzipien lebten, und sie zweifelten an Cayce.[10]

Einer meiner eigenen Träume stellt anschaulich dar, wie der
Geist an Weltereignissen und -veränderungen Anteil nimmt.

Der Mord
(5. Oktober 1981)
In der Seminary Avenue bauen sie Häuser. Sie haben erst mit der
Aufstellung des Balkenwerks begonnen. Ein Mann ist sehr zornig,
denn er sagt, die Häuser in der Mitte der Straße sähen aus wie
Zündholzschachteln. Er und andere Rowdys steigen in einen
grünen Armeelastwagen, fahren herum und rammen Dinge. Dann
springen sie heraus und schießen. Das Glas rund um einen Mann
zersplittert zu tausend Scherben. Der Sheriff tritt herzu und nimmt
die Rowdys fest. Ich sehe, daß der Mann, der die Häuser baute, sich
jetzt am Ende der Seminary Avenue, bei der St. George Avenue,
selbst ein Haus gebaut hat und seinen Frieden hat.

Diesen Traum schrieb ich am 5. Oktober 1981 um 6.30 Uhr auf –
am Tag der Ermordung Anwar as-Sadats.

8. Träume vom Tod und von Verstorbenen
Träume vom Tod erkennt man daran, daß Dinge wie ein Leichen-
wagen, schwarze Kleider, das Pik-As, Blumengebinde, eine ste-
hengebliebene Uhr oder ein breiter Fluß vorkommen oder daß man
an einer Beerdigung teilnimmt.

Träume vom eigenen Tod und vom Tod geliebter Angehöriger

oder Freunde sollte man normalerweise nicht wörtlich verstehen. Solche Träume sybolisieren gewöhnlich den Tod von Vorstellungen und Haltungen, an denen man zu lange festhielt, und die Geburt von neuen Erkenntnissen und Veränderungen, die ein Vorankommen der eigenen Seele einleiten. Träume vom Tod können auch Warnträume sein.

Als Cayce einmal in Trance war, hatte er das Gefühl, dem Tod zu begegnen – als Persönlichkeit. Er sagte zum Tod: »Du bist nicht so, wie du gewöhnlich dargestellt wirst, mit einer schwarzen Maske oder Kapuze oder als Gerippe, mit Stundenglas und Sense. Statt dessen bist du hell, rotbackig, kräftig und hast eine Schere.« Der Tod antwortete: »Ja. Der Tod ist nicht, was viele zu glauben scheinen. Er ist nicht dieses Schreckliche, das so oft dargestellt wird. Einfach eine Veränderung. Einfach ein Besuch. Die Schere ist in der Tat das charakteristischste Werkzeug des Menschen für Leben und Tod. Sie vereinigt sich tatsächlich, indem sie trennt, und sie trennt, indem sie sich vereinigt.«[11]

Gemäß den Ausführungen von HARMON H. BRO in seinem Buch *Traumdeutungen in Trance* treten solche Träume auf:

a. Wenn der Träumer bereit ist, einen derartigen Kontakt ohne Angst zu erleben.

b. Wenn man die Botschaft, die ein Verstorbener übermittelt, glaubt und richtig nutzt.

c. »Wenn man die Lebenden in gesunder Weise liebt und ihnen dient«[12]; Träume dieser Art empfängt man fast immer aus einem persönlichen Grund, sie fördern die persönliche Entwicklung, enthalten Informationen oder verweisen auf eine bestimmte Tat, die einem anderen Menschen nützen würde.

d. Wenn der nächtliche Reisende gleichermaßen bereit ist, den Toten zu helfen, wie ihre Hilfe anzunehmen.

e. Wenn man seinen Kummer und seine Schuldgefühle gegenüber Toten verarbeitet und sich selbst wie den Verstorbenen vergangene Sünden und eingebildete Missetaten verziehen hat.

f. Wenn sich das eigene erfüllte Leben seinem natürlichen Ende zuneigt und die Zeit der Vorbereitung auf die Wiedergeburt in eine neue Dimension begonnen hat.

Die Träume, die ich zwischen dem 31. Dezember 1982 und dem 26. Januar 1983 empfing, bereiteten mich auf den Tod meines Vaters vor. Am 31. Dezember sah ich folgendes Traumdrama:

Drei Geschenke
(31. Dezember 1982)

Ein Patient wird heimlich ins Krankenhaus geschmuggelt. Ich habe in den Bettlaken für den Patienten Make-up versteckt. Ich bin Schwester in dem Krankenhaus. Eine Gestalt, die eine Kapuze auf hat, kommt ins Zimmer und sagt uns, daß es 9.30 Uhr ist. Dann tritt der Chefarzt ein und sagt dem Patienten, er solle im Bett bleiben und sich ausruhen. Er sieht wie ein Arzt aus, den wir kennen, ein Facharzt für Hals- und Ohrenheilkunde. Wir gehen zusammen den Gang hinunter, weg von dem Patienten, und er sagt zu mir, daß er drei Geschenke für mich hat. Das erste ist eine leblose Puppe, die wie Christbaumschmuck aussieht. Das zweite ist eine Oblate in Form eines Christbaums, und das dritte ist eine Schnur, die an die Lebensenergie gebunden ist; diese kann ich nicht sehen, aber fühlen. Er sagt, ich würde die Geschenke in der Zukunft brauchen.

Fünf Tage nach dem Traum kam mein Vater zum letztenmal ins Krankenhaus. Die Zeitangabe 9.30 Uhr bedeutet, daß das Ende naht. Die Geschenke zeigen den Weggang dieser Seele an und enthalten gleichzeitig die Verheißung ewigen Lebens.

Überleben
(26. Januar 1983)

Ein Vater nimmt seine zwei Kinder mit zum Bootfahren und hebt sie ins Wasser, damit sie lernen, selbst zu schwimmen. Sie halten sich an den Steinen fest. Sie wissen, daß sie lernen müssen, selbst zu schwimmen, wenn sie überleben wollen.

In dem Traum herrschte ein Gefühl des Preisgegebenseins, doch das Hauptthema ist die Notwendigkeit zu überleben und schließlich trotz des Verlustes der Eltern ein produktives Leben zu führen.

Vaters Heirat
   (26. Januar 1983)

Vater heiratet wieder, und meine Schwester und ich sind Braut-jungfern. Ich sehe, daß ich einen Strauß schöner Blumen trage, und ich habe ein Kreuz am Hals hängen. Vater kann für die Hochzeit nicht aufstehen. Ich sehe eine kleine, dunkelhaarige, etwa fünfund-zwanzigjährige Frau am Altar. Vater sagt, er wünsche, er könnte mit ihr weggehen, aber dies ist ein »frostiger Zustand, und mir ist nicht gestattet zu gehen«. Ich sage: »Geh mit ihr weg«, und winke zum Abschied. Ich denke beim Aufwachen, daß mir eine der Nonnen in der Walsingham Academy diese Bettgeschichte vorgele-sen hat.

Den Traum hatte ich am 26. Januar 1983 gegen Morgen. Mein Vater starb kurz darauf, vormittags um halb zwölf. Ich glaube aufrichtig, daß bei seinem Tod meine Mutter anwesend war, um ihm beim Übergang zu helfen. Die dunkelhaarige kleine Frau auf der Hochzeit sah fast genauso aus wie meine Mutter auf Fotos, die sie im Alter von fünfundzwanzig zeigen. Meine Träume hatten mich zwar auf den Tod meines Vaters vorbereitet, aber daß er so schnell sterben würde, hatte ich nicht geahnt.

Drei der dramatischsten und spirituell inspirierendsten Träume von Verstorbenen, die Jim und ich empfangen durften, schrieben wir während einer Reise in ARE-Angelegenheiten auf. Alle drei vermittelten die Gewißheit, daß es ein Leben nach dem Tod gibt. Diese Botschaft brachten uns geliebte Verstorbene. Das Symbol des ewigen Lebens war in allen Träumen gleich. Der tiefere Sinn unserer Fahrt hinaus aus dem Staat Virginia in einer spirituellen Angelegenheit trug die Implikation in sich: »Spirituell in einem anderen Staat (Zustand) sein.«

Der erste der drei Träume trat in Kalifornien auf, in der Nacht vor Jims und meinem Besuch bei meiner Schwester in San Fran-cisco. Es war mein zweites Wiedersehen mit ihr nach Vaters Tod. Das Drama entfaltete sich so:

Vaters Personifizierung des ewigen Lebens
   Ich bin nach New Jersey in mein altes Zuhause zurückgekehrt

und öffne die Tür meines Schlafzimmers. Mir bereitet Sorge, daß es fast Weihnachten ist und ich noch keine Geschenke für meine Familie besorgt habe. Als ich die Tür meines Schlafzimmers geöffnet habe, bleibe ich erschrocken stehen. Mein Vater sitzt auf meinem Schreibtisch. Ich kann kaum glauben, daß er lebt, und frage ihn, ob er wirklich da ist. Er sagt: »Natürlich bin ich da.« Er kommt zu mir her und schüttelt mir die Hand. Sein Fleisch ist genauso fest wie meines. Er sagt: »Ich bin gekommen, um dir zu sagen, daß du dir keine Sorgen wegen Weihnachten machen sollst. Es ist mehr als nur der Austausch von Geschenken. Weihnachten dreht sich um Christi Geist, und alle sollten ihre Gedanken auf ihn konzentrieren.«

Den zweiten und dritten Traum hatten Jim und ich am 30. März 1984 nach einem Besuch in Cassadaga. Cassadaga ist ein Camp für Spirituelle in Florida, etwa fünfzig Kilometer von Orlando entfernt. Vierzig oder mehr Sensitive und Medien wohnen dort und geben für andere Menschen paranormale oder mediale Readings. Am Sonntag früh um 2.30 Uhr lasen wir, daß im Auditorium des Camps ein »All Message Service« stattfände und die Teilnehmer dort Botschaften von geliebten Dahingegangenen empfangen könnten. Es reizte uns sehr, daran teilzunehmen, wir konnten aber nicht, weil Jim am Sonntag nachmittag zu einem geschäftlichen Termin nach Atlanta fahren mußte. Wir äußerten unsere Enttäuschung, legten uns ins Bett und schliefen gleich ein. Die Träume, die wir anschließend hatten, drehten sich um Bill Polis, der am Christopher Newport College Studentenvorsteher und in der Colgate Rochester Divinity School drei Jahre lang Jims Klassenkamerad gewesen war. Bill war 1978 mit dreiundvierzig Jahren an einer Herzattacke gestorben. Weder Jim noch ich hatten ihn in den letzten Monaten erwähnt, also war es nicht möglich, daß einer von uns das Denken des anderen beeinflußt und die Träume ausgelöst hatte. Die Informationen der Träume ergänzten einander.

Bills inspirierende Botschaft (Jims Traum)
(30. März 1984)
Ich stehe an einem Checkout-Schalter, schaue zur Tür und sehe Bill Polis auf einer Plattform stehen. Ich bin baff, als ich erkenne,

daß er springlebendig ist. Ich drehe mich zu den Kunden hinter mir um und frage sie, ob sie Bill dort stehen sehen. Als ich mich wieder Bill zuwende, steht er vor mir und drückt mir fest die Hand.

Die Botschaft des Mediums von Cassadaga (Joans Traum)
(30. März 1984)

Jim und ich besuchen einen Freund im Krankenhaus. Er scheint nicht ernstlich krank zu sein, küßt seine Angehörigen zum Abschied und sagt, daß er sie morgen wiedersehen wird. Als wir dann gehen, stirbt er zu unserer größten Verblüffung. (Genauso geschah es bei Bill.)

Jetzt besuchen wir einen »All Message Service« in Cassadaga. Der Mann neben mir drängt mich, genau zu beobachten, was das Medium tut. Das Medium, in ein langes weißes Gewand gehüllt, schiebt die Hand in einen Behälter mit etwas Erde vom Grab unseres Freundes und schreibt das Wort NEIN an die Wand.

Beachten Sie die Symbole, die in allen drei Träumen erscheinen. Die Verstorbenen oder das mit ihnen in Kontakt stehende Medium befinden sich immer *über* dem Träumer und stellen eine höhere Schwingungsebene dar. Der feste Griff der Hand symbolisiert den Gedanken: »Ich habe Substanz!«

Die Auferstehungsbotschaft, die wir über das Medium aus Cassadaga erhielten, sollte in jeder Seele eine Saite freudig zum Klingen bringen: »*Das Grab ist kein Hindernis (Wand) für das ewige Leben.*«

9. Träume von früheren Leben

Waren Sie im Traum je in einer Wohnung aus früherer Zeit und hatten Kleider an, die zu jener Periode gehörig schienen? Trugen auch andere Menschen ähnliche Kleider? Herrschte in der ganzen Szene eine altertümliche Atmosphäre?

Handelt es sich hier um Erinnerungen an einen Film, den Sie irgendwann gesehen haben, um den Inhalt eines Romans, den Sie einst gelesen und längst vergessen haben, oder aber um Bilder aus einem früheren Leben in Ihrer fernen Vergangenheit, die Ihnen gezeigt wurden, um Ihnen eine vergessene Lektion ins Gedächtnis zu rufen oder Sie auf eine Begabung bzw. Fähigkeit hinzuweisen, die Sie in Ihrem gegenwärtigen Leben nutzen könnten? In *Traumdeutungen in Trance* schreibt BRO, Cayce habe zu dem Thema gesagt, »einer der ›Toten‹, der lebt, sei der Träumer selbst. In Träumen könne er sich selbst so begegnen, wie er in vergangenen Leben war«.[13]

Ein solcher Traum kann die alte Zeit genau porträtieren, oder aber der Träumer befindet sich in einer modernen Umgebung, und das vergangene Thema wird sozusagen kopiert. Ist es wichtig, daß man Träume von vergangenen Leben und jene, die von gegenwärtigen Situationen handeln, unterscheidet? Cayce verneinte dies. Die wichtigen Aspekte des Träumens sind nach seinen Thesen, das Selbstverständnis zu verbessern, unerfreuliche Charakterzüge zu besiegen, gottgegebene Talente und Fähigkeiten voll zu nutzen und gemäß den erwählten Idealen zu leben, so daß das tägliche Leben Inspirationen für das spirituelle Wachstum vieler Menschen gibt.

HARMON H. BRO führt aus, es gebe »Hinweise darauf, daß alle ernsthaften Träume ein gewisses Maß an Themen aus vergangenen Leben enthalten und entsprechend gedeutet werden können. Das Leben der Seele ist aus vielen Fäden gewoben, so modern auch das augenblickliche Muster sein mag«.[14] *Entschiedenes Handeln als Reaktion auf das Traumthema, sei es ein vergangenes oder gegenwärtiges, sollte die wichtigste Konsequenz allen Träumens sein.*

Die nachstehenden Träume veranschaulichen Ihnen, wonach Sie Ausschau halten müssen, wenn Sie Träume über vergangene Leben zu identifizieren versuchen.

Das alte Kloster
(10. April 1982)

Ich bin in einem alten Kloster, mit dem der Name St. Mary's Church verknüpft ist. Es besteht aus weißem Stein, und ich sehe hohe weiße Türme. Die Bewohner sind katholische Priester und Nonnen. Ich gehe viele Steinkorridore hinunter. Ich weiß, daß ich schon früher hier war, denn ich kenne mich aus. Als ich um eine Ecke biege, sehe ich linker Hand Statuen von Musikern. Im Keller gibt es Gewölbe, in denen sich die Skelette von Priestern vergange-

ner Tage befinden. Das Kloster steht in einem Hügelgebiet Frank-reichs.

Jims Traum von einem alten Kloster
(5. Mai 1982)

Ich war gerade in einer Versammlung von College-Rektoren. Ein Freund und ich gehen über eine Wiese, dann einen Hügel hinauf und in ein altes Gebäude. Im unteren Teil gibt es Marmor-statuen und lange, gewundene Korridore.

Diese Zwillingsträume sind für mich von größtem Interesse, weil ich das Innere des alten französischen Klosters, das ich so oft »besuchte«, meinem Mann nie beschrieben hatte; dennoch war in seinem Traum das untere Stockwerk eine genaue Kopie des Gebäudes aus meinem Traum.

Eine Plantage in Südkarolina
(5. November 1981)

Jim, Robin und ich befinden uns auf einer Reise nach Südkaroli-na. Wir logieren bei einer älteren Frau, die auf der Veranda sitzt. Als wir unseren Wagen hineinfahren, sehe ich links vor einem See ein schönes Haus mit weißen Säulen. Auf den Bäumen gibt es Spanisches Moos. Ich habe das Gefühl, daß ich schon früher hier war und jetzt hierher zurückkehre.

Ich scheine eine besondere Zuneigung zum Süden, vor allem aber zu Williamsburg zu haben. Rührt sie von mehreren vergange-nen Existenzen in der hiesigen Gegend her?

Bei meinen Versuchen, mir eine persönliche Philosophie über das Thema Reinkarnation zu bilden, begegnete ich immer wieder dem grundlegenden Postulat, daß Ehegatten, Eltern, Geschwister und enge Freunde oft zusammen reinkarnieren. Dies kann gesche-hen, weil sie bestimmte Lektionen lernen, vergangene Untaten sühnen, sich der Verwirklichung gemeinsamer Ziele widmen oder einfach ihre wechselseitige Gesellschaft erneut genießen sollen.

Letzteres könnte für uns und unsere Nachbarn gelten, die eng mit uns befreundete Familie Hunt. Bob arbeitet seit jeher in der Verwaltung des College of William and Mary, ist jetzt stellvertretender Direktor und pflegt die gleichen Interessen wie mein Mann. Sylvia fertigt meisterliche kunsthandwerkliche Dinge, Patchworkdecken und Stickereien. Viele ihrer Werke schmücken unsere Tische und Wände. Die Kinder, Stacy und Roger, sind seit jüngsten Jahren unzertrennliche Freunde meiner eigenen beiden Sprößlinge.

Für mich ist es höchst interessant, daß man sich beim Betreten des Hauses der Hunts ins achtzehnte Jahrhundert versetzt fühlt. Einrichtung und Dekor aller Räume strahlen unmißverständlich die Atmosphäre jener Zeit aus. Doch die bei weitestem eindrucksvollsten Hinweise auf Reinkarnationsbande zwischen uns aus der Kolonialzeit erhalten wir jedes Weihnachten. Bob und Sylvia ziehen Kostüme aus der Kolonialzeit an und unterhalten im Colonial Williamsburg's Groaning Board Gäste und Stadtbewohner mit Volkstänzen aus der Gegend. Meine Familie und ich nehmen seit Jahren an diesem Fest teil, und wenn ich meine Kinder mit Sylvia und Bob in einem schnellen Virginia Reel die Beine wirbeln sehe, dann ist mir, als würden wir lange vergessene Freuden aus einer fernen Vergangenheit wiederbeleben.

Ein Traum, den ich von Sylvia und ihrer Handfertigkeit hatte, erinnert an jene vergangenen Tage.

Sylvias Begabung für Kunsthandwerk der Kolonialzeit
  (4. Januar 1984)
  Ich trage einen langen Rock und treffe bei Sylvias Haus ein. Ich öffne die Tür und sehe, daß sie eine Patchworkdecke fertigstellt, an der sie seit Monaten arbeitet. Auf dem Tisch neben ihr liegen handgestickte Kissen und Kleider, an denen sie immer wieder näht. Ich betrachte sie erstaunt und sehe, daß sie ein schönes karminrotes Kleid aus dem achtzehnten Jahrhundert anhat. Sie trägt eine kleine weiße Haube, unter der lange kastanienbraune Locken hervorlugen.

Ein paranormales Reading, das 1983 für uns gegeben wurde, scheint die Reinkarnationsbande zwischen unseren beiden Familien zu bestätigen.

Reinkarnations-Lektionen
   (23. Oktober 1982)
   Jemand sagt mir, daß man den Schlüssel zu vielen Situationen in der Reinkarnation finden könne. Es gibt ein Buch über Frankreich, über die Kolonialzeit und über ein anderes Leben, aber am wichtigsten ist die Kolonialzeit. Wenn ich diese Bücher finde, werde ich die meisten Antworten auf meine Fragen haben. Ich beginne zu suchen.

Das Broadwaytheater
   (23. Oktober 1982)
   Ein Broadwaystück mit Vanessa Redgrave wird aufgeführt. Es handelt davon, daß eine Person versucht, mit den philosophischen Lebensfragen fertigzuwerden. Es trägt den Titel: »Wie Reinkarnation die Zwischenfälle und Probleme im Leben erklären kann.« Nach der Aufführung wird ein Zehnminutenvortrag zur Wiederholung der wichtigsten Lektionen stattfinden.
   Die Reinkarnationstheorie ist faszinierend. Ich träume so oft von dem alten Kloster in Frankreich und einem Leben in der Kolonie Virginia im achtzehnten Jahrhundert, daß ich zu dem Glauben gelangt bin, zu diesen beiden Orten könnte es Verbindungen aus vergangenen Leben geben, weil in mir feste innere Bande dorthin bestehen.

10. Erläuternde (luzide) Träume
Bei einem luziden Traum ist sich der Träumer bewußt, daß er träumt, während die Traumereignisse ablaufen. Träume dieses Typs treten relativ selten auf, doch wenn wir im Traumzustand »erwachen« und erkennen, daß wir noch immer träumen, bietet sich uns eine einmalige Gelegenheit. Wir sollten »optimal auf die Traumereignisse und -symbole reagieren und dadurch das größtmögliche Verständnis erlangen«.[15] Weil die Ereignisse im Traum gewöhnlich durch die Einstellungen, Emotionen und Einsichten des Träumers bestimmt werden, »sollten wir in dem Traum mit einer Änderung unserer *Reaktionen* auf die Charaktere und Ereignisse rund um uns arbeiten. Mit dieser neugefundenen Objektivität

können wir den Willen dazu einsetzen, die liebevollste, konstruktivste Aktion auf das Geschehen auszuwählen«.[16]

Traumstudenten, die sich einer gründlichen Erforschung des luziden Traums widmen wollen, empfehle ich auch das Buch *Traumdeutungen in Trance* von HARMON H. BRO, in dem EDGAR CAYCE als Traumdeuter zu Wort kommt (Ariston Verlag, Genf 1982).

Nachstehend einer der luziden Träume, die Edgar Cayce hatte:

Träumte, daß ich mir in Kansas City Bewegung mache. Ging neben Zug auf und ab, der mich von Los Angeles nach Chicago bringen sollte. Ich merkte, daß ich meinen Mantel im Bahnhof gelassen hatte, und wollte ihn holen, als mir der Gedanke kam, daß der Zug abfahren könnte. Während ich unentschlossen da stand, fuhr der Zug rasch an, und ich wollte in die Halle laufen. Ich kam nicht vom Fleck (wie es in Träumen üblich ist) und schien mir zu sagen, das ist nur ein Traum, weil ich nicht laufen kann. Bei dem Gedanken wurde ich freigelassen, ich lief mühelos und holte den Zug ein.[17]

Ich selbst habe normalerweise keine luziden Träume, doch es gibt einen bestimmten Traum, der mir immer wieder gewährt wurde:

Überwindung der Angst vor dem Fliegen
(Mehrmals von 1981 bis 1984)
Ich fühle mich sehr heiter. Als ich die Augen öffne, erkenne ich, daß ich hoch über der Erde fliege und tief unten die Lichter von Städten blinken. Sofort fällt mir ein, welch tödliche Angst ich vor dem Fliegen in Flugzeugen habe. Dann kommt mir die Erkenntnis, daß ich träume und völlige Kontrolle über die Situation habe. Ich schwebe höher und höher, den Sternen entgegen.

In den letzten zwanzig Jahren mußte mein Mann fast körperliche Gewalt anwenden, wenn er mich in ein Flugzeug bekommen wollte. Ich erinnere mich, daß ich lieber eine viertägige Eisenbahnfahrt auf mich nahm, um nach Las Vegas zu kommen, als für vier Stunden in ein Flugzeug zu steigen. Je öfter dieser luzide Traum wiederkehrte, desto mehr schwand meine Angst vor dem Fliegen, und schließlich begann ich Flugreisen sogar zu genießen. Bei

unserem letzten Flug nach Florida schlief ich in der Maschine ein.
Was für ein Fortschritt!

11. Botschaftsträume

Träume dieses Typs treten von Zeit zu Zeit auf, um dem
Träumer inspirierende Gedanken und Lehrsätze über universelle
Gesetze und Wahrheiten zu vermitteln. Bei anderen Gelegenheiten
enthalten Botschaftsträume *verbale* Anweisungen, in denen dem
Träumer gesagt wird, wie er mit lebensbedrohlichen Situationen
fertig wird, die ihn ständig unter Druck halten. Wieder andere
Botschaftsträume geben Ratschläge, wie wir mit unseren einmaligen persönlichen Talenten und Fähigkeiten größten Nutzen erzielen und größtmögliche Fortschritte machen. Aus welchen Gründen auch immer wir diese Juwelen an Weisheit empfangen, die
Methode bleibt stets die gleiche: *hellhören*. Es ist, als spreche eine
Stimme kristallklar zum Träumer, und beim Erwachen erinnert er
sich sofort an den genauen Wortlaut des Gesagten. Der Ton kann
extrem laut und gebieterisch oder ein kaum hörbares Flüstern sein,
aber der Inhalt der Botschaft steht immer außer Frage. Und wenn
der Tagebuchschreiber sich das Wesentliche der empfangenen
Botschaften einverleibt, wird er oft überreich belohnt.

Hier einige Beispiele für die genannten Arten von Botschaften:

Ma parole
   (31. August 1981)
   Eine Stimme sagt: »*Ma parole.*« *Ich reagiere nicht. Die Stimme
dröhnt:* »*Ma parole.*« *Ich springe rasch aus dem Bett. (*»*Ma parole*«
ist französisch und bedeutet »*mein Wort*«.*)*

Jemandes Schatz (Auf französisch empfangen)
   (11. Dezember 1981)
   Dein Goldschatz liegt dort, wo du dein Herz ausbreitest.

Gemütsruhe und Harmonie
   (4. August 1982)
   Seid bereit, einander während der Entwicklung eigener Fähig-

keiten zu unterstützen. Dies wird zu Gemütsruhe und Harmonie führen.

Herzensbotschaft
   (27. Dezember 1982)
   Habe dein Herz im Hirn.

Weise Entscheidung
   (3. Februar 1983)
   Ein Weiser fällt Entscheidungen und unterdrückt sie nicht.

Als meine Schwester nicht recht wußte, ob sie ihre selbstgebundenen viktorianischen Rosensträuße verkaufen sollte oder nicht, stellte sie vor dem Einschlafen eine entsprechende Frage. Sie erschrak, als mitten in der Nacht eine laute Stimme sie mit der Botschaft tadelte: »Warum solltest du nicht alle deine gottgegebenen Fähigkeiten nutzen!« Sie tat es und betreibt nun ein florierendes Geschäft.

Eine eingehende Darstellung von Botschaften bietet das letzte Kapitel dieses Buches.

12. Visionäre Träume

Durch das Überbewußtsein empfangen wir Visionen, Erfahrungen und Träume, die uns persönliches Wissen über Gott und Verständnis seiner Gesetze, des wahren Lebenssinns und der Natur unserer Beziehung mit dem Allmächtigen vermitteln. Dieses Wissen und Verständnis wird nicht mit Trompetenschall und Paukenschlag vermittelt, sondern durch die leise Stimme, die in uns spricht. Nach einem solchen Erlebnis empfinden wir eine starke intuitive Bewußtheit eines wirklichen Kontakts mit dem Überbewußtsein, und wir haben ein Gefühl der Transzendenz und Inspiration, das wir nie mehr verlieren.

Träume dieses Typs drehen sich nicht immer um Gott als Zentralfigur, sondern können sich auf eine religiöse Gestalt konzentrieren, auf einen Lehrmeister, ein himmlisches Wesen oder auch Jesus von Nazareth selbst. Sie enthalten Essays über das

Wirken universeller Gesetze, die Funktion des Gebets, die Ursachen von Krankheit, Heilvorgänge und die Natur der Liebe. *Von besonderer Bedeutung ist der visionäre Traum, der den fundamentalen Grund für unser persönliches Dasein enthüllt.* Jede Seele hat sich entschieden, für ein gewähltes Ziel in das Schulhaus Erde zurückzukehren. Wenn es uns gelingt, durch Lektionen und Hinweise, die wir im Traumzustand bekommen, unseren Daseinszweck zu erkennen, wenn wir auf diese Eingebungen dann schöpferisch und inspiriert reagieren, dürfen wir sicher sein, daß jeden unserer Tage Lebensfreude erfüllen wird – jene Lebensfreude, die aus der Zufriedenheit über das Wissen erwächst, daß wir die von unserem Schöpfer für uns vorgesehenen Aufgaben annehmen und übernehmen.

Die folgenden vier Träume sind Beispiele für belehrende visionäre Träume:

Der Tempel des Heilers
  (1. Oktober 1981)
Jim und ich befinden uns auf einer Auslandsreise. Wir fahren eine schmale Straße hinauf, auf der entgegenkommende Autos um die Ecke eines Gebäudes biegen müssen, um herunterfahren zu können. So viele Autos kommen den Berg herab, daß wir unseren Wagen abstellen und zu Fuß gehen müssen. Wir steigen die Stufen zu einem alten Tempel hinauf, der ein indischer oder orientalischer Bau zu sein scheint. Innen sehen wir verschiedene Ausstellungsstücke. Ein grüner College-Becher des College of William and Mary voll Diamanten ist auf dem Teppich ausgekippt. Der große Mann winkt mir, ihm zu folgen. Er führt mich in ein Krankenzimmer und spricht vom Heilen.

Dies ist einer der inspirierendsten Träume, die ich je hatte. Warum? *An diesen Ort werde ich unerklärlicherweise immer gezogen, wenn ich beschließe, mich für ein Reading in den Trancezustand zu versenken.* Seit meinem ersten Traumbesuch am 1. Oktober 1981 hat der Heiltempel mir nicht nur durch die Readings unschätzbar wertvolle Einblicke gewährt und Führungshinweise gegeben, sondern er hat mir auch als nie versagende Quelle der

Kraft, Freude und Liebe gedient, die alle Wurzeln meines Daseins durchdringen.

Wo entstehen Träume?

(10. August 1981)

Ich warte darauf, daß der Fisch geliefert wird. Die Fische kommen in runden Körben. Ich schaue auf und sehe ein Warenhaus, wo Schattengestalten die Fischportionen zur Verteilung herrichten. Ich habe das Gefühl, daß dies der Ort ist, an dem Träume entstehen. Mein Partner und ich sollen diese Fische verteilen, wie wir es für richtig halten. Dies ist die heutige Zuteilung, die wir gut verwenden sollen.

Fisch verkörpert geistige Nahrung.

Die Zeitkrümmung

(5. August 1982)

Ich bin bei einem weißgekleideten Lehrer, der mir winkt, aus dem Tempel zu kommen. Er deutet zum Himmel und zeigt mir einen Bogen, der »die Zeitkrümmung« genannt wird. Er ist von beleuchteten Wolken umgeben.

Was ist Liebe?

(7. November 1982)

Ich sehe eine runzelige alte Frau, die ihren verkrüppelten, in einem Rollstuhl sitzenden Mann pflegt.

Ich sehe jemanden ein Baby versorgen.

Ein Ehemann und seine Frau wachsen unabhängig voneinander in einer Atmosphäre inniger Zuneigung.

Ich sehe eine blinde Frau mit einem Blindenhund. Die Frau gelangt an den Bordstein, der Hund geht hinüber und läßt sie hilflos zurück. Ich sehe einen Bus um die Ecke biegen, als die Frau sich anschickt hinüberzugehen. Ich eile ihr zu Hilfe, bevor sie überfahren wird.

Ein letzter Punkt: Wir sollten Gott nicht als überlegenes geistiges Wesen hoch über uns stellen, weit außer Reichweite von uns

Sterblichen, sondern ihn als integralen Bestandteil unseres täglichen Lebens empfinden. Seinen Humor und die Art, wie er uns ermutigt, belegt folgender Traum von EDGAR CAYCE:

Dann kam unser Mädchen herein und sagte: »Sie sollten in der Nähe der Haustür sein, denn Gott kann hereinkommen. Er wird hier eintreten.« Mama schenkte ihr wenig Beachtung, aber ich richtete mich sofort auf und ging los, und dann meldete das Mädchen den hohen Gast – daß »Gott« uns besuche. Ich hastete in den Gang hinaus und auf die Tür zu. Auf halbem Weg zur Tür traf ich Gott, sprang auf ihn zu, schlang ihm die Arme um den Hals und drückte ihn an mich. Er umarmte mich. Danach bemerkte ich sein Aussehen. Er war ein großer, gutgebauter Mann, sauber und glattrasiert, trug einen braunen Anzug und einen grauen Filzhut mit schmalem Rand. Er hatte einen intelligenten Blick, gütige, aber durchdringende Augen, einen energischen Gesichtsausdruck und scharfgeschnittene Züge. Er wirkte sehr gesund, robust, sachlich und gründlich, aber gütig, gerecht und aufrichtig. Nichts Schlampiges, Schlurfendes, Weinerliches, Sentimentales an ihm – ein Mann, von dem wir sagen könnten, daß wir gern Geschäfte mit ihm machen würden. Er war Gott in einer Verkörperung von heute – ein Geschäftsmann oder Industrieller, kein Geistlicher, nicht schwarz gekleidet, kein Schwächling, ein starker, gesunder, intelligenter Mann, den ich als Mann von heute erkannte, den ich begrüßte und den ich mich zu sehen freute, und ich erkannte in diesem prächtigen, aufrechten Menschen – nicht den gewöhnlichen – sondern Gott. Dann gingen wir am Schnapsschrank vorbei, der halb offenstand. Gott schaute hinein, ich zeigte ihm den halb offenen Schrank. Aber, dachte ich, ich vergesse ja, daß er nicht der gewöhnliche Mensch ist, wie der er aussieht, sondern daß er Gott ist und alles weiß, also sollte ich ihm lieber alles zeigen, statt etwas vorzutäuschen. Also öffnete ich den Schrank weit für ihn. Ich zeigte ihm meine alkoholischen Getränke, besonders den »Gin«, den wir für Cocktails verwenden. »Bei Krankheit«, sagte ich zu Gott. »Du bist gut versorgt«, antwortete Gott sarkastisch. Wir gingen ins Wohnzimmer, wo das Radio noch spielte und (137) und Mama sich damit vergnügten. Ich wollte, daß (137) und Mama Gott kennenlernten, aber die konnten ihn nicht sehen und erkennen. »*Natürlich erkennen sie ihn nicht«, dachte ich, »wie sollen sie ihn erkennen, wenn sie nicht den Glauben haben, daß er vor langer Zeit im Fleische in Christus erschienen ist.«* . . . *Sie sahen ihn also nicht oder schenkten ihm zumindest keine Aufmerksamkeit. Ich setzte mich auf das Sofa, um mich mit ihm zu unterhalten.* »*Du könntest härter arbeiten«, sagte er. Ich wollte schon antworten, überlegte mir jedoch, daß Gott alles wußte – sinnlos. Ich pflichtete ihm demütig bei.* »*Du könntest kaum weniger tun«, fuhr er fort.*[18]

11

Psychometrie und paranormale Readings

Was ich euch sage in der Finsternis, das redet im Licht.

Matthäus 10,27

Drei H's dienen dem Sensitiven als Werkzeug: *Hellsehen, Hellhören* und *Hellempfinden.* Diese Ausdrücke beziehen sich nicht auf die normalen Sinne, sondern auf außersinnliche oder paranormale Wahrnehmungen. Hellsehen und Hellhören wurden im vorigen Kapitel definiert. Unter die Bezeichnung »Hellempfinden« würde ein starkes intuitives Gefühl zu einem künftigen Ereignis fallen.

Wie der Ausdruck *außersinnlich* andeutet, gelangen außersinnliche Wahrnehmungen nicht durch den Einsatz unserer normalen fünf Sinne in unser Bewußtsein, sondern nehmen ihren Weg durch tiefere Schichten unseres Geistes. Derartige Kommunikation ist vergleichbar mit Funkbotschaften, die ständig durch das Unterbewußtsein gesendet werden, ob wir uns im Wach- oder im Schlafzustand befinden. Sie tauchen beim gewöhnlichen Sterblichen als schöpferische Ideen, Erkenntnisblitze oder deutliche Ahnungen

ins Bewußtsein auf; für einen paranormal sensitiven Menschen
jedoch ist sie Träger oder Hilfsmittel, durch die ihm die gesamte
Zeit gegenwärtig wird. Der Schleier des Unbekannten wird beisei-
tegezogen, und der scharfäugige Beobachter empfängt kristallklare
Bilder von lange vergrabenen Erinnerungen, gegenwärtigen Freuden oder Schmerzen und künftigen Trends.

Nicht *immer* jedoch besitzen diese Bilder die Klarheit, die für
genaue paranormale Wahrnehmung wichtig wäre. Einer der Gründe dafür ist der »Buntglasfenstereffekt«. Diese Theorie stammt von
dem englischen Journalisten und Sozialreformer WILLIAM T.
STEAD. Er schrieb: »Genau wie ein Buntglasfenster dem hindurch-
strömenden farblosen Licht sein eigenes Muster und seine Farben
aufzwingt, so färbt und verzerrt das Unterbewußtsein alles, was
durch es hindurch zum wachen Ich gelangt.«[1] Seine Behauptung
macht darauf aufmerksam, daß Impressionen über gegenwärtige
und künftige Ereignisse, die durch das Unbewußte eines Sensitiven
kommen, ab und zu verzerrt sein können; als Folge davon sind
manche Vorhersagen ungenau und andere sogar ungültig. Dem
Empfänger eines paranormalen Readings sollte deshalb stets klar
sein, daß Informationen, die vom »dritten Auge« gesehen werden,
manchmal eher Tendenzen zu bestimmten Ereignissen als genau
definierbare Vorkommnisse offenbaren.

Ein zweiter Grund für Ungenauigkeiten paranormaler Impressionen liegt darin, daß es im paranormalen Bereich eine Zeitverzer-
rung gibt. Wahrgenommene Ereignisse können Tage, Wochen,
Monate und sogar erst Jahre nach ihrer ursprünglichen Wahrnehmung eintreffen. Deshalb muß die Deutung des Zeitelements sehr
flexibel sein.

Ein dritter, gelegentlich zu Bildverzerrungen führender Faktor
ist, daß einige der vom sensitiven Readinggeber aufgefangenen
Gedanken in Wahrheit bloße »Denkmuster« sind. Wenn das der
Fall ist, kann es geschehen, daß sie sich in der physischen Realität
nie offenbaren; sie fallen dann unter die Kategorie der zehn bis
dreißig Prozent »Nichttreffer« oder Fehlschläge.

Ein vierter und letzter Faktor, der berücksichtigt werden muß,
ist die Empfänglichkeit oder Aufnahmebereitschaft der Person, für

die das Reading gegeben wird. Weil der größte Teil des in einem paranormalen Reading enthaltenen Materials von der betreffenden Person stammt, ist die Informationsqualität um so besser, je größere Aufnahmebereitschaft sie zeigt. Verschiedentlich wurde sogar behauptet, wenn auf eine Vorhersage genügend Energie konzentriert werde, könne daraus eine sich selbst erfüllende Prophezeiung werden.

Nachdem nun klar ist, daß kein Sensitiver hundertprozentig recht hat, stellt sich die Frage, welche Kriterien es zur Beurteilung der Richtigkeit eines paranormalen Readings gibt. Schwankt die Genauigkeitsrate eines Sensitiven zwischen sechzig und fünfundsiebzig Prozent, muß man ihn als außergewöhnlich einstufen. Sensitive, deren Prozentsatz richtiger Readings zwischen fünfundsiebzig und neunzig Prozent liegt, sind äußerst selten.

Da wir jetzt wissen, daß es im Bereich des Paranormalen nichts Absolutes gibt, wollen wir uns anderen mit Psychometrie und paranormalen Readings verknüpften Fragen zuwenden. Was ist Psychometrie genau? W. E. BUTLER definiert sie in seinem Buch *How to Read the Aura, Practice Psychometry, Telepathy and Clairvoyance* (Wie man die Aura liest, Psychometrie, Telepathie und Hellsehen anwendet) als »Kraft, die Vergangenheit durch Verwendung irgendeines Gegenstandes als Konzentrationszentrum zu lesen«.[2] Psychometrie ist tatsächlich Hellsehen in der Zeit, doch die Konzentration auf den gewählten Gegenstand lenkt die Impression des Hellsehers auf einen bestimmten Brennpunkt.

Angeblich ist jedem Gegenstand seine ganze Geschichte aufgeprägt, und man braucht nur einen der Psychometrie fähigen Menschen zu finden, der diese verborgenen Vibrationen aufnimmt und reproduziert, etwa so, wie ein Recorder ein Band abspielt. In der Psychometrie hält das Medium den Gegenstand in der Hand oder drückt ihn an die Stirn und entziffert die darin enthaltenen Impressionen. Das psychometrische Reading kann drei Ebenen umfassen.

1) Die erste betrifft den Ursprung des Gegenstands und seine Frühgeschichte.

2) Die zweite befaßt sich mit den Ereignissen und verfolgt deren Anfänge bis zur Gegenwart.

3) Die dritte beschreibt sowohl existierende gegenwärtige Bedingungen als auch künftige Tendenzen.

Bei ständiger Übung kann eine für Psychometrie begabte Person die auf einen Gegenstand geschriebenen Vibrationserinnerungen genauso leicht lesen, wie Sie oder ich ein Buch lesen.

EDGAR CAYCE, ein ebenso berühmter Hellseher wie paranormaler Diagnostiker, benötigte bei seinen Readings kein psychometrisches Objekt. Er war fähig, das Unterbewußtsein direkt anzuzapfen. Cayce fungierte allem Anschein nach als Kanal für Informationen aus dreierlei Quellen. Die erste Quelle der Cayce-Readings war das Unbewußte der Person, für die er das Reading gab. Während Edgar Cacye sich in einem veränderten Bewußtseinszustand befand, schaltete er sein Bewußtsein aus, ließ sein Unbewußtes die Kontrolle übernehmen und vermochte sich so auf das Unbewußte der Zielperson »einzustimmen«. Das Unbewußte funktioniert nach Ansicht der Psychologen wie ein Tonbandgerät und ist dem oben beschriebenen psychometrischen Objekt darin ähnlich, daß es alle Erinnerungen von der Geburt bis zur Gegenwart aufzeichnet. Cayce ging einen Schritt weiter. Er behauptete, das Unbewußte einer Person enthalte nicht nur alle Ereignisse und Erinnerungen, die in ihrem Leben auftraten, sondern erinnere sich auch an jede vergangene Existenz, die es durchlebte. Außerdem sei die Antwort auf *jedes* Problem oder Dilemma, mit dem wir fertigwerden müßten, in uns selbst zu finden, wenn wir ernstlich nach Lösungen suchten. In einem seiner Readings heißt es: »Dann, damit diese Information zu Wissen oder Verständnis wird, muß das Selbst jene Quellen materiellen Wissens anzapfen, ja – aber voll Glauben und Vertrauen zum Universalwissen. Denn, wie vom Gesetzgeber angezeigt, denke nicht, wer wird übers Meer kommen, damit die Botschaft gebracht wird; denn siehe, sie ist in dir selbst. Denn der Geist und die Seele sind von Anbeginn an. Darum muß im eigenen Bewußtsein des Wesens die Bewußtheit kommen, wie das Anzapfen zu geschehen hat.«[3]

Cayce schöpfte bei seinen paranormalen Readings aus einer

zweiten Quelle. Für Studenten zeitgenössischer Psychologie könnte man diesen »Wissensteich« mit dem von CARL GUSTAV JUNG geprägten Begriff des »kollektiven Unbewußten« vergleichen. Der Geist jedes Menschen ist laut Cayce mit allen anderen Geistern verbunden und bildet einen Strom universellen Bewußtseins, der »fließt wie ein Fluß«. Seiner Quelle zufolge sind jeder Gedanke und jede Tat der menschlichen Rasse seit undenklicher Zeit im Buch des Lebens enthalten. Gewöhnlich wird dieses Buch »Akasha-Chronik« genannt. *Akasha* bezeichnet »die grundlegende ätherische Substanz des Alls, elektro-spirituell in ihrer Zusammensetzung«.[4] Cayce hatte das Gefühl, seine Fähigkeit, diese Chronik zu lesen, habe sich während vieler Inkarnationen entwickelt. Er hielt sich jedoch in dieser Hinsicht nicht für einmalig, sondern erklärte wiederholt, daß die Akasha-Chronik jedem Menschen zugänglich sei, der sich die Zeit nehme und die Geduld habe, seine paranormalen Fähigkeiten zu entwickeln. Seine Erklärung lautete: »Zustände, Gedanken und Tätigkeiten der Menschen in jeder Sphäre sind Dinge, wie Gedanken Dinge sind. Sie hinterlassen ihre Eindrücke auf dem Gespinst von Zeit und Raum. Wandeln sie sich in Aktivität um, werden sie also wie Aufzeichnungen, die von jedem gelesen werden können, der mit einem solchen Zustand in Einklang steht oder darauf eingestimmt ist.../Diese Aktivitäten/ bewegen sich auf den Wellen des Lichts, auf denen des Raums. Und jene Instrumente, die darauf eingestimmt sind, können das hören, das erfahren, was übermittelt wird.«[5]

Manche Medien behaupten, viele ihrer Impressionen von Kontrollgeistern zu erhalten, die wegen der Bedeutungslosigkeit der Zeit im Zustand nach dem Tod überlegen retrokognitive und präkognitive Fähigkeiten entwickelt haben. Außerdem scheinen diese Kontrollgeister fähig zu sein, auf der kosmischen Ebene gütige Seelen zu konsultieren, die in vergangenen Leben hochqualifizierte Ingenieure, Autoren, Ärzte oder Erfinder waren. Sinn dieser Konsultationen ist es, das Spezialwissen und die Talente jeder Seele nicht nur zum Wohle des Mediums und des Reading-Empfängers, sondern für den erzieherischen und spirituellen Fortschritt der Menschheit im allgemeinen zu nutzen. Auf diese Weise steigert die Seele des körperlosen Wesens angeblich ihren eigenen Fortschritt auf dem Weg nach oben. Die Cayce-Readings tendieren dazu, solche Behauptungen zu bestätigen. Während einer Reading-Sitzung wurde Edgar Cayce gefragt, ob er mit Wesen der spirituellen Ebene Verbindung aufnehmen könne.

Er antwortete: »Die Geister aller, die die physische Ebene verlassen haben, bleiben in ihrer Nähe, bis ihre Entwicklung sie weiterträgt, oder sie werden zu ihrer Entwicklung hierher zurückgeschickt. Solange sie auf der Kommunikationsebene sind oder in dieser Sphäre bleiben, kann mit jedem Verbindung aufgenommen werden.«[6]

Die drei obengenannten Quellen gelten allgemein als die drei Hauptzugänge zu paranormalen Kommunikationen.

Welche Arten von paranormalen Readings gibt es? Meine persönliche Erfahrung und meine Untersuchung des Themas brachten mich zu der Überzeugung, daß man paranormale Readings in fünf generelle Kategorien einordnen kann.

1. *Readings über Gesundheit und medizinische Probleme:* Ein Sensitiver, der fähig ist, medizinische Probleme zu diagnostizieren und eine Heilbehandlung zu verordnen, hilft vielen. Menschen, die diese Heilgabe entfalten, scheinen so etwas wie einen Röntgenblick zu besitzen, der sie befähigt, in einen Körper zu schauen, das erkrankte Organ zu identifizieren, eine Diagnose zu stellen und zur Linderung medikamentöse, ernährungswissenschaftliche, ärztliche oder psychologische Behandlungen zu empfehlen. Der schlafende Cayce war ein solcher paranormaler Heiler und visionärer Hellseher. Nachdem er den bestehenden Zustand in einem Körper beschrieben hatte, riet er zu Behandlungen, bei denen Osteopathie, Naturheilverfahren, Chirurgie, Medikamente, Gymnastik und Diät angewandt wurden. Seine Philosophie, der Geist sei der Erbauer, war ein integraler Bestandteil seiner physischen Readings. Genau wie zerstörerische Haltungen Krankheit verursachen können, führen nach Cayces Ansicht gesunde, konstruktive Haltungen zu guter oder zumindest besserer Gesundheit. Die holistische Orientierung

vieler medizinischer Sensitiver der heutigen Zeit findet Ausdruck in folgender Behauptung Cayces: »Denn was wir denken und was wir essen – zusammenkombiniert –, macht das, was wir sind, körperlich und geistig.«[7]

2. *Readings über Persönlichkeit und zur Beratung:* Diese Readings beschränken sich gewöhnlich auf persönliche Beziehungen, um die sich das Leben des Empfängers dreht, und auf die Gefühlsbande, von denen die Menschen nicht nur verbunden, sondern manchmal auch stranguliert werden. Unsere Persönlichkeiten sind oft Spiegelbilder jenes Bildes, das andere von uns haben, mit unseren bloßgelegten Charakterschwächen und -stärken.

Ein Sensitiver, der ins Unterbewußtsein der Zielperson taucht, für die er ein Reading gibt, schildert oft nur das Spiegelbild, das die Zielperson unbewußt kennt, dem sie sich jedoch aus Gründen des Stolzes und der Selbsttäuschung nicht stellen will. Wenn man sich aber den Lebensfragen nicht offen und ehrlich stellt, bricht langanhaltender Ärger, den man ständig in sich selbst vergraben hat, als Arthritis oder Herzleiden hervor, und unterdrückte Gefühle der Hoffnungs- und Hilflosigkeit können als Katalysator für tödlichen Krebs wirken. Glücklicherweise haben viele Sensitive, die sich dieser Art von Beratung widmen, eine solche »Heilgegenwart«, daß der Ratsuchende seinen Weg schon nach wenigen Terminen klar zu sehen vermag und fest umrissene Ziele sowie eine neue Richtung für seine Zukunft formulieren kann.

3. *Readings über Beruf und früheres Leben:* Jeder Mensch besitzt einmalige Gaben und Fähigkeiten, die je nach den Umständen, in die er geboren wurde, und je nach der Stärke seines Selbstverwirklichungsdrangs latent vorhanden oder gut entwickelt sind. Wenn man der Reinkarnationstheorie Glauben schenkt, muß man als gegeben annehmen, daß die Seele auf ihrem Weg durch zahlreiche Existenzen eine Vielfalt von Talenten, Fertigkeiten und natürlichen Gaben mitnimmt. In einer Lebensspanne kann manuelle Geschicklichkeit ein Mittel zum Verdienen des Le-

bensunterhaltes sein, in einer anderen tendieren die natürlichen
Neigungen vielleicht eher zu geschäftlichen Unternehmungen,
und in einer dritten Inkarnation befriedigen möglicherweise
musikalische Aktivitäten oder die schöpferische Arbeit als
Schriftsteller die persönlichen Bedürfnisse. Der springende
Punkt ist: »Wenn die Seele in einen neuen Körper eintritt, in eine
neue Umgebung, öffnet sich eine Tür, die eine Gelegenheit zum
Bau ihres Schicksals eröffnet. Alles, was davor gebaut worden
ist, Gutes und Schlechtes, ist in dieser Gelegenheit enthalten.«[8]
Falls das zutrifft, sollte jeder Mensch unbedingt das Beste aus
der neuen Gelegenheit machen, indem er sorgfältig einen Beruf
wählt, der ihm eine optimale Nutzung seiner besonderen Gaben
erlaubt. Deshalb können Konsultationen von Sensitiven, die mit
der ungewöhnlichen Gabe des »dritten Auges« zum Lesen der
Geschichte vergangener Existenzen gesegnet sind, bei der Berufswahl von unschätzbarem Wert sein.

4. *Zukunftsreadings und Vorhersagen:* Wir alle stellen uns immer
wieder vor, wie erregend es wäre, künftige Ereignisse vorherzu-
sehen. Läge dies im Bereich unserer Möglichkeiten, könnten wir
alle Chancen nutzen, die sich uns bieten, und die Fallen und
Abgründe meiden, in die wir oft stolpern oder vom Wirbelwind
des Schicksals geworfen werden. Dem Sensitiven, der die Fähigkeit des Voraussehens besitzt, werden Ereignisse zu Bewußtsein
gebracht, die noch Tage, Wochen oder Monate vom Zeitpunkt
ihrer Verwirklichung entfernt sind.

Drei Fragen kommen dem Studenten des Paranormalen in den
Sinn, wenn er sich der Untersuchung prophetischer Readings
zuwendet:
a) *Wie ist Weissagung möglich?*
b) *Ist es »böse«, wenn ein Sensitiver künftige Tendenzen vor-
    hersagt?*
c) *Welches sind die Vorteile, wenn man Zukunftsvoraussagen
    kennt?*
Die erste Frage scheint mir MARY ELLEN CARTERS Buch *Prophezeiungen in Trance* zu beantworten. In Kapitel 15, »Zeit und

Prophezeiung«, zitiert die Autorin aus Cayce-Readings, in denen es heißt: »Das Schicksal, sagte Edgar Cayce, verwirklicht sich in Zeit und Raum. ›Die Aktivität (des Menschen) bewirkt auf der Ebene der Fakten, oder in Zeit und Raum, einen derartigen Einfluß, daß sie auch das bewirkt, was der Mensch Schicksal nennt... Schicksal im irdischen Leben jedes einzelnen.‹«[9] Aus unserer vorherigen Behandlung der Akasha-Chronik wissen wir, daß jede Seele einen einzigartigen Bericht über ihre Aktivitäten in das Gespinst von Zeit und Raum webt. Deshalb könnte ein Sensitiver, der die Gabe besitzt, sein Unterbewußtsein speziell auf das Lesen dieser Berichte einzustimmen, die Zukunft eines ratsuchenden Klienten relativ leicht vorhersehen. Die Cayce-Readings stützen diese Behauptung: »Es seien diese Berichte, die ein Wissen über die Zukunft ermöglichen. Die Begründung dafür sei..., daß alle Zeit eins ist: Vergangenheit, Gegenwart und Zukunft.«[10]

Die Frage, ob mit paranormalen Zukunftsreadings »Unrechttun« oder »Böses« verbunden ist, wird in religiösen Kreisen oft erörtert. Mir erscheint eine solche Einstellung sehr engstirnig; sie wird meist von Menschen vertreten, die Bibelpassagen so deuten, daß diese ihre religiösen Philosophien rechtfertigen. In der Bibel gibt es zahlreiche Stellen, die sich mit den durch Weissagung erlangbaren Segnungen und Wohltaten befassen. Meine Lieblingsstelle, eine Passage, worin die Entfaltung der Weissagungsgabe verziehen, ja sogar gefordert wird, steht im 1. Brief an die Korinther (12,7–11):

In einem jeglichen erzeigen sich die Gaben des Geistes zum gemeinen Nutzen. Einem wird gegeben durch den Geist, zu reden von der Weisheit; dem andern wird gegeben, zu reden von der Erkenntnis nach demselben Geist; einem andern der Glaube in demselben Geist; einem andern die Gabe, gesund zu machen in demselben Geist; einem andern, Wunder zu tun; einem andern Weissagung; einem andern mancherlei Sprachen; einem andern, die Sprachen auszulegen. Dies aber alles wirkt derselbe eine Geist und teilt einem jeglichen seines zu, nach dem er will.

Ist Böses mit einer Gabe Gottes verbunden, wenn man sie in seinem Dienst nutzt?

Die dritte Frage gilt den Vorteilen, die es bringt, über kommende Segnungen und Kalamitäten informiert zu werden. Der erste und größte Vorteil scheint mir in folgender Erwägung zu liegen: Wenn wir ein Ereignis wahrnehmen, das eine mögliche künftige Realität darstellt, etwa einem Unfall oder eine Krankheit bei uns selbst oder anderen, können wir dann die Tragödie nicht vermeiden, indem wir unsere Ernährung und Lebensweise ändern oder andere vor dem drohenden Unheil warnen? Wahrscheinlich ließen sich Katastrophen auf diese Weise verhindern oder wenigstens mindern. Der zweite Vorteil derartiger Prophezeiungen ist, daß jeder von uns, wenn sich das vorhergesehene Ereignis schon nicht vermeiden läßt, wenigstens besser vorbereitet ist und mit den Widrigkeiten leichter fertig wird, weil wir uns dann im vorhinein wappnen und entsprechende Maßnahmen planen können. Wir befinden uns in einer gefestigteren, besseren Position gegenüber solchem drohenden Unheil.

Ein dritter Vorteil ist, daß wir bei günstigen Zukunftsvoraussagen die Möglichkeit hätten, unsere augenblicklichen Pläne zu ändern, um größten Segen aus den vorhergesehenen Vorteilen zu schöpfen; vielleicht könnten wir auch mehr Energie auf diese Vorkommnisse konzentrieren, um die Wahrscheinlichkeit ihres Eintreffens zu steigern. Vorausgesehene Segnungen, die einem wirklich zuteil werden, machen unsere Lasten erträglicher.

5. *Readings über universelle Wahrheiten:* Einige Sensitive kann man als Kanal für universelle Wahrheiten und Gesetze bezeichnen. Diese Personen zeigen mediumistische Fähigkeiten. Vielen von ihnen verdanken wir philosophische Ausführungen über die Funktionsweise des Universums, den Sinn der Reinkarnation und die Entwicklung der Seele hin zu ihrem Schöpfer.

Eines der herausragendsten unter den heute bekannten Medien war die inzwischen verstorbene JANE ROBERTS. In ihren *Seth*-Büchern berichtet sie, wie sie von einer Geistpersönlichkeit namens Seth auf parapsychischem Wege in Trance ganze Bände füllendes Material empfangen hat, das darstellt, wie die Funktionen des Universums ineinandergreifen. Nachstehende Zitate aus einem ihrer frühesten Werke, *Gespräche mit Seth*, sind ausgezeichnete Beispiele für Readings über universelle Wahrheiten.

Über Krankheit: »Krankheit und Leiden werden nicht von Gott oder von Alles-das-was-ist oder von einer äußeren Instanz über euch verhängt. Sie sind ein Nebenprodukt des Lernprozesses, von euch geschaffen, als solche neutral.«[11]

Über Gott: »Gott ist sorgfältig in seinen Schöpfungen verborgen, so daß er ist, was sie sind, und sie sind, was er ist; und indem ihr sie kennt, kennt ihr ihn.«[12]

Über Liebe und Freunde: »Die Lebenskraft des Universums sind Kreativität und Freude und Liebe; sie sind Spiritualität.«[13]

Über Gerechtigkeit und Lohn: »Ihr erntet, was ihr gesät habt.«[14]

Über Wahrheit: »Ihr könnt ›Wahrheit‹ nicht benutzen. Sie läßt sich nicht manipulieren. Wer immer da glaubt, er manipuliere die Wahrheit, manipuliert sich selbst. Ihr seid die Wahrheit. Erkennt also euch selbst.«[15]

Über Spiritualität: »Wahre Spiritualität gehört zur Freude und zur Erde und hat nichts zu tun mit falscher erhabener Würde. Sie hat nichts zu tun mit komplizierten Wörtern und traurigen Gesichtern. Sie hat zu tun mit dem Tanz des Bewußtseins, das in euch ist, und mit dem Gefühl spirituellen Abenteuers, das in euren Herzen lebt.«[16]

Solche Worte beleben unseren Geist, machen unsere Herzen leicht und verklären unsere Seelen.

Welche Bedingungen sind zur Steigerung der Richtigkeit paranormaler Informationen und paranormaler Readings notwendig? Meine eigenen Erfahrungen und Untersuchungen in Zusammenhang mit dieser Frage ließen mich zu dem Schluß gelangen, daß ein *intensiver Erfolgswunsch* die wichtigste Voraussetzung für den Empfang richtiger paranormaler Informationen ist. Diesen Wunsch muß nicht nur der Sensitive verspüren, der das Reading gibt, sondern gleichzeitig und in gleicher Intensität auch der Empfänger. Ohne dieses Zusammenwirken des Geistes beider Personen scheinen die Readings ziemlich ziellos »umherzuschweifen«, fehlt es an präziser Führung und Lenkung.

Logischerweise sollte man jedoch annehmen, daß die meisten Personen, die den Dienst eines Sensitiven in Anspruch nehmen, aufrichtig nach der Wahrheit suchen und den intensiven Wunsch haben, etwas über sich zu erfahren. Wenn diese Annahme stimmt, kommt eine Intensitäts-Rangfolge fünf aufeinanderfolgender Stufen ins Spiel, von denen jede näher an die Offenbarung höchster Wahrheiten heranführt.

Die erste Stufe in dieser Rangfolge und jene, bei der es am wenigsten wahrscheinlich ist, daß sie zu einem befriedigenden Ergebnis führt, sind paranormale Informationen aus dem Traummaterial des Klienten. Solches Material ist sehr unkonzentriert, weitgehend symbolisch und häufig eine Mischung mehrerer Probleme in einem einzigen Traum. Wenn jedoch der Klient ehrlich ist und sich der Sensitive auf Traumdeutung versteht, können möglicherweise trotzdem wichtige Erkenntnisse und Verbesserungen für das Leben des Fragenden empfangen oder vorausgesehen werden.

Auf der nächsten Stufe der Rangfolge steht der Klient, der sich in einer Situation des »Tauziehens« befindet: An einem Ende des Taus zieht sein Wunsch, möglichst viel über sich selbst zu erfahren, am anderen Ende seine Absicht, Persönlichkeitsmerkmale und gegenwärtige Lebensepisoden, die ihm nicht schmeicheln würden, zu verbergen. Herrscht in einem Fragenden ein solcher Konflikt, empfangen auch die besten Sensitiven widersprüchliche Signale, die sich oft negativ auf das Ergebnis des Readings auswirken. Ein Klient dieses Typs wird meist um ein Reading aus der Ferne bitten, damit er dem Sensitiven nicht von Angesicht zu Angesicht gegenübertreten muß. Sehr begabte Sensitive können normalerweise jedoch diese Sperre gegensätzlicher Botschaften sortieren und schließen im allgemeinen das Reading mit zufriedenstellenden Ergebnissen ab. Die hier herrschenden Bedingungen sind jedoch keineswegs optimal.

Auf der mittleren Stufe der Rangfolge treffen wir den Fragenden, in dem kein Konflikt dominiert, der jedoch auch keinen festen Glauben an den Vorgang hat. Er wird wahrscheinlich um ein Gespräch mit dem Sensitiven bitten und sich in liebenswürdiger

Weise persönlich präsentieren, doch die Begegnung des Geists der beiden Personen wird sehr unverbindlich sein. Dieser »Neutrale« wird wahrscheinlich ein Durchschnittsreading erhalten; der Schlüssel zum Erfolg liegt jedoch darin, ob er Gewinn aus dem Inhalt zieht, indem er die Informationen wirklich nutzt, oder ob er das Reading beiseite legt, um es später zu Rate zu ziehen und zu verwenden, wenn ihm Unheil widerfährt.

Auf der vierten Stufe der Rangfolge finden wir den Empfänger vor, der voll Zuversicht und im Geist der Zusammenarbeit in das Abenteuer seines paranormalen Readings geht. Er glaubt an das Unternehmen und verhält sich entsprechend. Weil ihm daran liegt, möglichst gute Ergebnisse zu erzielen, bringt er dem Sensitiven einen Ring, ein Foto oder einen anderen persönlichen Gegenstand mit, um das Reading von sich aus zu fördern. Nach Beendigung des Readings wird er die Ideen und Empfehlungen, die er erhalten hat, sorgfältig durchgehen, um die Klarheit des Readings nach Möglichkeit zu verbessern. Künftig wird er höchstwahrscheinlich positive Schritte unternehmen, wann immer es möglich ist, und sich dabei nach den im Reading empfangenen Informationen richten. Bei einem Kunden dieses Typs darf man mit einer siebzig- bis achtzigprozentigen Treffsicherheit des Readings rechnen.

Auf der obersten Stufe der Rangfolge erwartet den Klienten das Spitzenerlebnis in paranormalen Readings. Die hohe Qualität dieser Readings läßt sich auf eine wirkliche Bewußtseinsvermischung zurückführen. Das geistige Gespinst zwischen dem Sensitiven und dem Empfangenden ist so dicht verwoben, daß der Sensitive oft auf eine Frage antwortet, bevor der andere sie überhaupt gestellt hat. Das Reading konzentriert sich in seinem Kern nicht nur auf die Zentralfragen, um die sich das Leben des Klienten dreht, sondern es definiert und erörtert auch Methodologien, durch die diese Fragen analysiert und effektiv behandelt werden können. Unterstützung der paranormalen Fähigkeit in Form von Psychometrie, gezielten Fragen und physischer Anwesenheit des Empfangenden sind zu nennen, wenn man die Gründe für die Qualität solcher Readings aufzählt. Ein Faktor vor allem ist jedoch für ihre scheinbare Unfehlbarkeit verantwortlich: *absoluter*

Glaube! Glaube an sich selbst, Glaube an den Sensitiven, Glaube an die Güte anderer, der Glaube, daß alle Dinge in diesem Leben zur eigenen Besserung zusammenwirken, und vor allem der Glaube, daß der Geist Christi, der ein integraler Bestandteil eines jeden von uns ist, uns kenntnisreiche Lösungen auch für die unüberwindlichsten Probleme liefern wird.

Viele Menschen beteuern, an alle diese Dinge zu glauben. Doch wenn sie in die Enge getrieben werden, schränken sie ein: »Ich glaube daran, *aber*...« Die bloße Äußerung dieses Worts zeigt, daß in ihnen die Saat des Zweifels bereits Wurzel geschlagen hat.

Was ist Glaube? »Glaube weiß, daß er bereits empfangen hat, und handelt entsprechend, bezweifelt nichts. Er ist der Erbauer des scheinbar Unmöglichen. Er ist das, was alles je Existierende hat sichtbar werden lassen. Gott ist, Glaube ist.«[17] »Glaube ist Sieg, denn wo Glaube richtig plaziert ist, dort gibt es kein Scheitern, sondern echten Erfolg.«[18]

Wie kommen wir zum Glauben? Durch die nie wankende Überzeugung, daß vorhergesehene und gewünschte Ereignisse eintreten werden, und die anschließende Umsetzung dieser Überzeugung in positive Aktionen. »So wird sich unser Glaube entfalten und für uns Zeugnis von unsichtbaren Dingen ablegen. Wir müssen durch unsere Taten in unserem täglichen Leben zeigen, daß wir glauben, Vertrauen haben und wissen, daß uns, wenn wir das verbrauchen, was wir haben, mehr gegeben wird.« (Readings 262–13 bis 262–17).[19] Wird Glaube in positive Taten umgesetzt, dann bewirken Readings dieses seltenen Typs oft eine völlige Veränderung der Haltung oder Lebensorientierung des Empfängers.

Eine Botschaft, die mir eines Morgens im Traum offenbart wurde, bezeugt, welch große Bedeutung dem Glauben des Sensitiven zukommt: »Glaube ist jene geheimnisvolle Kraft, die für die richtige Nutzung des Alphazustandes verantwortlich ist.«

Wir alle sind – in unterschiedlichen Graden – parapsychisch begabt. Doch wie fängt es der Normalmensch an, seine paranormalen Fähigkeiten zu entwickeln? EDGAR CAYCE behauptet, daß täglich praktizierte Meditation die Tür zum Paranormalen öffne. HARMON H. BRO gibt in seinem Buch *Edgar Cayce on Religion and Psychic Experience* (Edgar Cayce über Religion und paranormale Erfahrung) die Ansichten des »schlafenden Propheten« wieder: »Es sei die Natur der Meditation, die Kanäle der Person für den Empfang von Führung freizumachen, und empfange sie die Führung nicht kurz nach der Meditation, könne sie auf das Wirken solcher Führung bauen, wenn sie das nächste Mal vor einer Entscheidung stehe oder eine Erfindung brauche. Durch die mittels Meditation freigemachten und freigehaltenen Kanäle könne der Strom von Bildern und Gewißheiten rascher fließen, der Strom, aus dem der Glaube bestehe, ›dieses Zeugnis von unsichtbaren Dingen‹; durchkommen könnten auch hilfreiche paranormale Eingebungen aller Art.«[20] Cayce nennt laut Bro drei Ebenen paranormaler Erfahrung:

1. Die erste Ebene ist eine Ebene natürlicher paranormaler Erfahrungen im täglichen Leben und in Träumen. Dazu gehören Warnungen vor Gefahren für die Person selbst oder ihre nahen Angehörigen, Informationen über gesuchte Chancen und Empfehlungen für den Dienst an anderen und die Führung anderer.

2. Die zweite Ebene paranormaler Erfahrung beinhaltet die Transzendenz über das natürliche Erbe hinaus. Wenn man die Angst ablegt und konzentriert übt, kann sich die Seele über ihre natürliche Begabung hinaus mit dem Weltgeist verbünden und so Zugang zur Weisheit aller Zeiten erlangen. »Es gibt hier keine zwangsläufigen Grenzen für paranormale Erfahrung, wenn sich Notwendigkeit und Gelegenheit mit Absicht verbündet.«[21]

3. Unter Zwängen, verursacht durch dringende Nöte oder große Emotionen wie Liebe kann die Seele in einen gehobenen Zustand eintreten, in dem »noch nicht voll verdiente Schätze ins Bewußtsein gegossen werden könnten... In diesen ›gehobenen‹ Zuständen könnten nicht nur nützliche Fakten, sondern die Gebeine des Universums selbst, der Puls der Schöpfung in Reichweite kommen... Paranormale Fähigkeit würde dann nicht einfach ein nützliches Werkzeug für die alltäglichen

Tätigkeiten des Menschen, sondern eine unerzwungene Bewußtheit der ›Art, wie die Dinge sind‹ und eine Einladung, mit
dem Lebenskorn zu arbeiten.«[22]

Wie werden diese Ebenen gemessen, und wie können wir sicher
sein, daß wir uns entwickeln? Nach W. E. Butler nimmt der
angehende Sensitive im Anfangsstadium der Entwicklung eine
emotional-mentale Atmosphäre wahr, die lebendiger ist als jedes visuelle Bild. Bei fortschreitender Entwicklung weicht diese
emotional-mentale Atmosphäre graphischeren visuellen Vorstellungen.

Der dritte und letzte Schritt in der Entwicklung ist vollzogen,
wenn die visuellen Bilder zurückweichen und ein formloses intuitives Verständnis auftaucht, »in dem alle Details, die in den visuellen
Bildern und der emotional-mentalen Atmosphäre enthalten waren,
von einer klaren und überaus definitiven Wahrnehmung überlagert
werden.«[23] Dies also ist der Maßstab, mit dem sich paranormale
Fortschritte messen lassen.

Die Entfaltung der paranormalen Begabung erfordert Zeit,
Mühe, Geduld und vor allem Gebet und Meditation. Wie bei den
meisten Dingen, die man im Leben lernt, verbessert sich auch hier
die Leistung mit zunehmender Erfahrung. Die Entwicklung der
paranormalen Fähigkeiten ist eng verknüpft mit dem religiösen
Verständnis eines Menschen sowie seinen religiösen Praktiken und
mit seinen Beziehungen zu seinen Mitmenschen sowie dem Allmächtigen.

»Erlangt ein Mensch Reinheit des Herzens und dauerhafte Liebe
zu seinen Gefährten, kann er erwarten, auch jene Zeiten zu finden,
in denen der paranormale Strom über seine üblichen Kanäle
hinausfließt, und er findet sich vom Geber aller guten und voll-
kommenen Gaben mit allem versorgt, was für die Situation nötig
ist.«[24]

12

Die Ausweitung Ihrer Horizonte durch Psychometrie und paranormale Readings

Um die Welt zu ändern, müßt ihr eure Gedanken ändern.

JANE ROBERTS, Gespräche mit Seth

Träume sind zwar die sicherste Methode zur Entwicklung paranormaler Fähigkeiten, aber diejenigen unter Ihnen, die Lust am Abenteuer haben und relativ sicher sind, die Grundlehrsätze der Traumdeutung bereits zu beherrschen, möchten bestimmt ihr eigenes Bewußtsein über dessen augenblickliche Grenzen hinaus ausweiten, indem sie sich in die faszinierende Welt der Psychometrie und paranormalen Readings wagen. Das ist zweifellos zu empfehlen, denn ich habe die Erfahrung gemacht, daß sich, wenn wir für den nächsten Schritt bereit sind, neue Türen zum Paranormalen öffnen und die Welt des eifrigen Studenten mit Büchern, Artikeln und Vorträgen überschwemmt wird, die genau für seine augenblickliche Ausbildungsbedürfnisse geschaffen scheinen. Für jene von Ihnen, die in diese Kategorie passen, dürften sich die im vorliegenden Kapitel erörterten Methoden und Techniken als sehr wertvoll erweisen.

Das Kapitel ist in drei Abschnitte unterteilt. Der erste beschreibt eine einfache Induktionsmethode, mit deren Hilfe Sie als Neuling auf diesem Gebiet einen stark veränderten Bewußtseinszustand erreichen können. Anschließend an diese praktischen Übungen, die auch die Psychometrie umfassen, werden Zielverwirklichung und Präkognition behandelt. Wenn Sie beide Verfahren getreulich anwenden, sollten Sie in relativ kurzer Zeit große Fortschritte erzielen. Die letzten Abschnitte des Kapitels sind der Darstellung drohender Gefahren gewidmet, die zur quälenden Wirklichkeit werden, wenn übereifrige Studenten unübliche Kanäle (LSD, Ouija-Bretter) benutzen und versuchen, damit ihre sich rasch entwik-

kelnden paranormalen Fähigkeiten über ihr gegenwärtiges Vermögen hinaus zu steigern. Alternativmethoden für diese nicht
wünschenswerte Wege werden angeboten. Nachdem wir nun den
Kurs abgesteckt haben, lassen Sie uns anfangen!

Übungen zur Schulung Ihres inneren Auges

KONZENTRATION DER AUFMERKSAMKEIT DURCH ENTSPANNUNG
Der erste Schritt für alle Anfänger unter Ihnen, die ein Programm
zur Entwicklung ihrer paranormalen Fähigkeiten absolvieren
wollen, besteht darin, einen aufnahmebereiten, meditativen Zustand herbeizuführen. Eine erfolgreiche Formel für die Erlangung
dieses veränderten Bewußtseinszustandes bieten nachstehende
fünf Schritte:

1. Suchen Sie sich einen Platz, an dem Sie nicht gestört werden.
   Nehmen Sie eine möglichst bequeme Stellung ein, lehnen Sie
   sich auf Ihrem Lieblingssessel zurück oder strecken Sie sich auf
   einem Sofa oder Bett aus. Legen Sie die Hände an die Körperseiten und die Beine und Füße flach auf den Boden oder das
   Bett.
2. Schließen Sie die Augen und beginnen Sie mit einem rhythmischen Atemmuster. Atmen Sie mehrmals tief durch die Nase
   ein. Während Sie dies tun, wird Ihnen immer deutlicher bewußt werden, daß ein Gefühl zunehmender Entspannung
   durch Ihren Geist und Körper strömt. Wenn dies geschieht,
   lenken Sie Ihre Aufmerksamkeit auf Ihre Füße und Beine und
   arbeiten sich aufwärts bis zu Ihrer Schädeldecke vor. Weisen
   Sie jeden Teil Ihres Körpers an, sich vollkommen zu entspannen. Beispiele für autosuggestive Befehle wären: »Ich spüre
   meine Füße. Jede Spannung ist verschwunden, sie sind frei und
   leicht. Ich bemerke, daß jede Spannung in meinen Beinen sich
   aufgelöst hat und jetzt ein Gefühl völligen Freiseins herrscht.«
   Beeilen Sie sich bei dieser Übung nicht; ein langsameres Vorgehen verstärkt das gewünschte Ergebnis. Fahren Sie mit der
   Übung fort, bis Sie Ihre Schädeldecke erreichen. Zu diesem

Zeitpunkt sollten Sie sich gekräftigt und schwebend heiter fühlen, den Gipfel mentaler und körperlicher Entspannung erreicht haben.

3. Voraussetzung dafür, daß Sie zu einem hochgradig eingestimmten paranormalen Kanal werden, ist das Ablegen vorgefaßter Vorstellungen und Ideen sowie absolutes Offensein für den Zustrom der eingehenden Informationen. Auf diese Weise werden Sie wirklich zu »einem Kanal der Segnungen« für andere. Ein Einstimmungsgebet könnte mit folgender Bekräftigung begonnen werden: »*Mögen mich der Schutz und das Wissen des Herrn körperlich, geistig und seelisch so erfüllen, daß ich ein Heilkanal in seinem Namen werde.*«

4. Schutz vor schädlichen oder negativen Einflüssen, die in unser Unterbewußtsein dringen können, wenn wir uns psychisch öffnen, ist bei paranormaler Arbeit oft vonnöten. Darum müssen Sie unbedingt spirituellen Schutz gegen solche unzuträgliche Kräfte beschwören. Stellen Sie sich zu diesem Zweck vor, daß Sie von einem Kokon hellen weißen Lichts umgeben sind, der als göttlicher Schutzschild wirkt und alles Negative neutralisiert, das vielleicht in Ihr Aurafeld eintritt. Dem gleichen Zweck dient eine Bekräftigung wie: »*Die Liebe Gottes schützt mich.*«

5. Paranormale Zustände schwanken von leichter Trance bis zu einem tiefen hypnotischen Zustand meditativen Schweigens. Wenn Sie den Zustand völliger Entspannung erreicht haben, besteht der nächste Schritt darin, sich psychisch Schritt für Schritt nach innen zu wenden. Dies tun Sie, indem Sie langsam rückwärts von zehn bis eins zählen und sich gleichzeitig vorstellen, daß Sie eine Treppe hinunterschreiten. Das Zählen sollte synchron mit dem geistigen Hinabsteigen jeder einzelnen Stufe erfolgen. Unten an der Treppe werden Sie in einen Raum treten und sich vor einen Bildschirm setzen. Ein Gefühl der Ehrerbietung sollte alles durchdringen. Jetzt sind Sie bereit, die ehrfurchtsgebietenden Darstellungen des »inneren Auges« zu betrachten.

Psychometrie

Wie wir aus Kapitel 10 wissen, ist Psychometrie die Kunst, sich durch körperlichen Kontakt mit einem Gegenstand, der einer Person gehört, auf das Schwingungsmuster dieser Person einzustellen. An jedem Gegenstand haften einzigartige Schwingungsinformationen. Je stärker der Eigentümer emotional an den Gegenstand gebunden ist, je länger er ihn besaß oder besitzt, desto umfassender sind die paranormalen Daten. Eine relativ einfache Übung zu Ihrer psychometrischen Einstimmung auf das Vibrationsmuster eines anderen Menschen wäre:

1. Nachdem Sie mittels der oben beschriebenen Methode ein Gefühl gesteigerten Bewußtseins erlangt haben, nehmen Sie den Gegenstand fest in die Hand. (Die Benutzung der linken Hand ist optimal, zumindest bei mir; andere Sensitive, die Psychometrie anwenden, haben jedoch festgestellt, daß es *wenig Unterschied* macht, ob man die linke oder die rechte Hand benutzt. Einige herausragende Sensitive in meiner Bekanntschaft behaupten sogar, präzisere Impressionen zu empfangen, wenn sie den psychometrisch zu lesenden Gegenstand an die Stirn legen.)

2. Öffnen Sie in diesem Zustand konzentrierter Aufmerksamkeit Ihr »inneres Auge« für alle Arten paranormaler Impressionen, die eintreffen – Bilder, Worte, Symbole und so fort. Fragen Sie sich nach dem Empfang dieser ersten »Intuitiv-Erkenntnisse«, welche Emotionen mit dem Besitzer des Gegenstands verbunden sind, welche Bildungs- und Berufsziele er hat, wo er wohnt, und wer die am engsten mit ihm verbundenen Menschen sind. Versuchen Sie als letztes die Zentralfragen zu ermitteln, um die sich das Leben dieser Person dreht, und stellten Sie fest, ob Sie irgendwie von Nutzen sein können, indem Sie Lösungen vorschlagen.

3. Prägen Sie sich folgenden wichtigen Punkt ein: *Seien Sie stets ein aufnahmebereiter Kanal.* Jeder Versuch Ihrerseits, Ihre persönlichen Meinungen einzuschalten oder die paranormalen Impressionen gemäß Ihrer eigenen Normen oder Ihres persön-

lichen Wertkodexes zu deuten, hat irreführende psychometrische Ergebnisse zur Folge.

4. Vernünftig ist es, wenn Sie Ihre Impressionen zur späteren Überprüfung ihrer Gültigkeit aufzeichnen. Dies kann auf zweierlei Art geschehen:

a) Sie suchen sich einen Partner, der als Führer fungieren und dabei die Informationen aufzeichnen kann.

b) Sie benutzen ein Tonbandgerät.

Fortgesetzte regelmäßige Praxis wird die Chance steigen lassen, daß Sie genaue paranormale Ergebnisse erzielen, und Ihr Vertrauen in Ihre Fähigkeit, Gegenstände psychometrisch zu lesen, ungeheuer stärken.

VERWIRKLICHUNG DES ZIELS: ERFÜLLUNG DURCH FÜHRUNGS-BILDER

Ist es wirklich möglich, unsere Träume wahr werden zu lassen? Besteht Aussicht, daß wir durch positive Konzentration unserer Energien auf ein gewünschtes Ergebnis die Wahrscheinlichkeit der Zielverwirklichung steigern? *Absolut!* In seinem Buch *The Edge of Tomorrow* erklärt ALAN VAUGHAN: »Wir besitzen etwas Göttliches oder ein schöpferisches Bewußtsein, das teil am Universum hat, das holographisch ist und durch seine eigenen Geisteskräfte sein eigenes Universum erschafft. Da wir nach dem Bilde Gottes erschaffen wurden, sind wir nicht nur mit seinen Kräften ausgestattet, sondern teilen auch sein Schicksal: unser eigenes Universum zu erschaffen, unsere innere Bestimmung zu erkennen und sie durch Prophezeiung und Gestaltung unserer eigenen Zukunft zu erfüllen.«[1]

Wie wissen wir, ob es uns gelingt, unsere Bestimmung zu erkennen? Auch diese Frage beantwortet Vaughan: »Es gibt nur einen Weg, dies sicher zu wissen. Dank des positiven Feedbacks aus dem Universum, wenn Ihr Leben befriedigender für Sie selbst und andere wird, wenn Ihr Leben mit neuer Leichtigkeit und neuem Auftrieb abläuft, wenn Schranken fallen, wenn sich neue Chancen bieten, wenn Ihr Leben aus einer Reihe von ›Ja‹-Zeichen besteht, dann wissen Sie, daß Ihre Führungsbilder sich verwirklichen. Sie schalten sich gleich mit den besten Möglichkeiten für Ihr inneres Ich und das Universum. Zu dieser Gleichschaltung oder Synchronisierung kommt es meist ganz natürlich zwischen Ihnen und anderen, die Ihre Wunschträume teilen.«[2]

Weil meine Lebensphilosophie und meine Ansichten über Prophezeiung denen von Alan Vaughan sehr ähnlich sind, habe ich aus einer im oben erwähnten Buch enthaltenen kurzen Übung mehrere Punkte herausgesucht um die Zielverwirklichungsmethode zu veranschaulichen.

1. Wählen Sie aus Ihrer Liste von Wünschen ein Ziel aus, bei dem Sie das Gefühl haben, daß es sich mit ein wenig gemeinschaftlichem Bemühen erreichen läßt, beispielsweise die Aufnahme Ihrer Tochter in die Universität ihrer Wahl.
2. »Entspannen Sie sich und sehen Sie vor Ihrem geistigen Auge ein Bild von den Ergebnissen der Erfüllung dieses Wunsches. Denken Sie an das letzte Mal, als Sie bei einer ähnlichen Aufgabe Erfolg hatten, und rufen Sie in sich das damalige Gefühl der Befriedigung zurück. Bewahren Sie das Bild und das Gefühl der Befriedigung etwa eine Minute lang in Ihrem Bewußtsein. Sehen Sie, daß man Ihnen applaudiert, weil Sie es so gut gemacht haben. Sie wissen, daß alles leicht gehen wird, weil Sie gesehen haben, daß es geschieht.«[3]
3. Wenn Sie irgendwelche Ideen oder Maßnahmen erspüren, durch die sich die Chancen, das gewünschte Ziel zu erreichen, vergrößern lassen, setzten Sie sie sofort in die Tat um.
4. Beschreiben Sie Ihr Zielbild auf einer kleinen Karte, die Sie bequem mit sich führen können; zählen Sie alle Gründe auf, die dafür sprechen, daß das Ereignis eintrifft. Stecken Sie diese Karte in Ihre Brief- oder Handtasche. Lesen Sie tagsüber, wenn Sie ungestört sind, die Worte und suggerieren Sie Ihrem Unterbewußtsein, daß jetzt alles Positive geschieht, um die Erfüllung sicherzustellen. *Vertrauen Sie fest darauf.*
5. Überprüfen Sie sämtliche Aspekte, die einer Verwirklichung entgegenwirken könnten, und ergreifen Sie Gegenmaßnahmen.
6. »Behalten Sie Ihre Vergegenwärtigung bei, solange es dauert, Ihr

Ziel zu erreichen. Ist Ihr Ziel zu einem echten Führungsbild geworden, wird es sich verwirklichen – schneller als Sie denken.«[4]

PROPHEZEIUNG

In seinem Buch *Patterns of Prophecy* (Muster der Prophezeiung) spricht ALAN VAUGHAN von einer inneren »Blaupause« des Lebens. Seiner Theorie zufolge »scheinen Sensitive fähig zu sein, paranormal eine innere ›Blaupause‹ des Lebens anzuzapfen, die Informationen über die Zukunft der Person liefert«.[5]

Die Übung, die ich jetzt beschreiben will, basiert auf dieser Theorie. Ich mache sie täglich, um den paranormalen Strom »nachzuladen« und nützliche Informationen über meine Zukunft und die Zukunft der mir am nächsten stehenden Menschen zu erhalten. Ich lenke immer die positiven Energien auf jene vorausgesehenen Ereignisse, die meine Zukunft am günstigsten beeinflussen werden, und ich konzentriere mich darauf, vorhergesehene Ereignisse mit schädlichem Einfluß unwirksam zu machen. Durch die Anwendung dieser Technik gelingt es mir oft, meine Zukunft zu gestalten.

1. Kaufen Sie ein Notizbuch, das so breit ist, daß Sie die Seiten in zwei Spalten unterteilen können. Über die erste Spalte schreiben Sie »Präkognition« und über die zweite »Erfolge«.
2. Bitten Sie jetzt, in entspanntem Geisteszustand, jetzt Ihre Quelle ehrfürchtig, Ihnen alle Ereignisse ins Bewußtsein zu bringen, die sich im Augenblick jenseits der Gegenwart bilden. *Seien Sie offen und aufnahmebereit!*
3. Programmieren Sie Ihr Unterbewußtsein dahingehend, daß es sich an die beobachteten Ereignisse erinnert. Bekräftigen Sie, daß Sie sich die Ereignisse leicht merken können und sich, wenn Sie wieder im Wachzustand sind, in der richtigen Reihenfolge daran erinnern.
4. Notieren Sie alle präkognitiven Impressionen in der linken Spalte Ihres Notizbuches und warten Sie dann ab. Einige Ihrer Vorhersagen sollten im maximalen Zeitraum von zwei Tagen

eintreffen. Zeichnen Sie das eingetretene Ereignis genau auf, und vergleichen Sie es mit der vorausgegangenen paranormalen Wahrnehmung. Erkennen Sie sich anhand einer Skala von null bis hundert Prozent zehn Punkte für äußerste Genauigkeit, fünf Punkte für teilweise Richtigkeit und keinen Punkt für das Nichteintreffen eines vorhergesehenen Ereignisses zu. Auf diese Weise können Sie Ihre präkognitiven Fortschritte bewerten und beurteilen.

5. Erlegen Sie Ihren Vorhersagen keine Zeitgrenzen auf. Bei manchen Voraussagen kann es Wochen oder Monate dauern, bis sie sich verwirklichen.

Dem ernsthaften Studenten paranormaler Readings empfehle ich die Edgar-Cayce-Bücher *Der schlafende Prophet* von JESS STEARN, *Prophezeiungen in Trance* von MARY ELLEN CARTER und *Traum-deutungen in Trance* von HARMON HARTZELL BRO, weiterhin die Seth-Bücher von JANE ROBERTS: *Gespräche mit Seth, Die Natur der Psyche, Die Natur der persönlichen Realität, Das Seth-Material*; auch auf *Die hohe Schule der Traumdeutung* von PETER WALDEN und das *Lexikon der Traumsymbole* von HANNS KURTH sei hingewiesen (alle erschienen im Ariston Verlag, Genf).

Denken Sie daran, daß wir bis zu einem gewissen Grad alle paranormal begabt sind, daß jedoch einige unter uns größere Begabung besitzen, so wie es bei anderen Talenten auch ist. Folgendes aber gilt für jeden: »Es gibt keinen Ersatz für Übung, Studium und Disziplin. Das Erlernen der Kunst der Prophezeiung ist wie das Lernen einer Fremdsprache. Sie können zehntausend Fehler machen. Je schneller Sie sie machen, desto schneller lernen Sie.«[6]

Drohende Gefahren auf dem paranormalen Weg
Bis jetzt habe ich hervorgehoben, welches Wachstum und welche Segnungen uns durch paranormale Kanäle zuteil werden können. Und in der Tat kann es unvergleichlichen Gewinn bringen, wenn wir unsere Zeit dem Studium metaphysischer Gedanken widmen und sie uns aneignen. Andererseits jedoch können paranormale Untersuchungen seitens uninformierter oder gewissenloser Perso-

nen auf Wege führen, die unkalkulierbare Risiken bergen. Die Aussicht auf uneingeschränkte Macht und geistige Kontrolle über andere oder beispielsweise auf leicht zu erlangenden Reichtum verlockt skrupellose Menschen, unübliche Methoden anzuwenden, um ihre Ziele zu erreichen. Sie sind sich der Unveränderlichkeit des universellen Gesetzes (im Paranormalen gilt das Gesetz von »Ursache und Wirkung« absolut) nicht bewußt, hasten deshalb ungestüm den von ihnen gewählten Weg entlang und ignorieren alle Gefahrensignale. Unausweichlich werden sie in einen wirbelnden paranormalen Strudel gezogen, in dem alle Anstrengungen, sich zu befreien, nur dazu führen, daß sie immer weiter in die Abwärtsspirale geraten.

Diese Ausführungen sollen strebsame Studenten des Paranormalen nicht erschrecken und in Reglosigkeit erstarren lassen. Ich habe mich jedoch entschlossen, dieses Unterkapitel zu schreiben, um sie auf einige Risiken hinzuweisen, denen sie sich unwissentlich aussetzen können, wenn sie keinen hinlänglichen spirituellen Schutz suchen oder keine Vorsichtsmaßnahmen ergreifen.

Welches sind die üblichsten »Abkürzungswege« oder »Schnellverfahren«, die bewirken können, daß die paranormale Reise ein schlimmes Ende nimmt? Nach meiner Meinung werden folgende Verfahren am häufigsten mißbraucht: Hypnose, Halluzinogene, Mediumismus, Ouija-Brett und automatisches Schreiben. Und die unerwünschteste Charaktereigenschaft ist der Mangel an psychischem Gleichgewicht.

Hypnose

Niemand kann genau definieren, was Hypnose letztlich ist; unter Hypnose jedoch vollbringen die Menschen außergewöhnliche Dinge, zu denen sie im normalen Wachzustand nicht fähig sind.

Die Tiefe der Hypnose wird in drei Stufen unterteilt: *leicht, mittel* und *tief*. Bei leichter Hypnose (Somnolenz) sind die Augen der Versuchsperson geschlossen, der Atem ist entspannt, und sie spricht oder bewegt sich relativ wenig, außer sie erhält entsprechende Anweisungen vom Hypnositeur. Bei mittlerer Hypnose (Hypotaxie) können teilweise Amnesie und Unempfindlichkeit

gegen Schmerzen auftreten, und einfach posthypnotische Suggestionen werden gewöhnlich akzeptiert. In tiefer Hypnose (Som-
nambulismus) scheint die Versuchsperson bei vollem Bewußtsein
zu sein, sie geht umher und spricht, befindet sich jedoch in einem
Zustand völliger Amnesie und Gefühllosigkeit. Viele begabte
Sensitive sind fähig, im tiefen Trancezustand Informationen zu
empfangen, denn »je tiefer der Trancezustand, desto mehr werden
die außersinnlichen Fähigkeiten aktiviert. Unter diesen Bedingungen kann man ihn (den Sensitiven) anweisen, seinen Körper zu
verlassen und eine bestimmte Person oder einen bestimmten Ort zu
besuchen und zu berichten, was er sieht und hört«.[7]

Wenn Sie beschließen, die Hypnose zur Steigerung Ihrer paranormalen Fähigkeiten zu benutzen, müssen Sie folgende Faktoren
berücksichtigen:

1. Ständige Unterordnung unter hypnotische Kontrolle über einen
   langen Zeitraum kann bei labilen Menschen dazu führen, daß sie
   dem Willen des Hypnotiseurs völlig unterworfen werden. Als
   Folge eine solchen Abhängigkeitsverhältnisses verliert die Versuchsperson jedes Selbstvertrauen und die Fähigkeit, unabhän-
   gige Entscheidungen zu treffen. Die Aufgabe der Selbstbestim-
   mung führt fast immer zu körperlichem und seelisch-geistigem
   Verfall.

2. »Tatsächlich übernimmt jemand, der eine andere Person hypno-
   tisiert, größere Verantwortung, als man gemeinhin weiß. Jeder
   Mensch besitzt eine bestimmte geistige und emotionale Ausstattung. Er kann gewisse, seit langem bestehende Hemmungen,
   Komplexe oder Phobien haben, die er unterdrückt hat und die
   durch das Medium der Hypnose an die Oberfläche gebracht
   werden, in sehr heftiger, unkontrollierbarer Form. Ist der
   Hypnotiseur dann nicht mit dem erforderlichen physiologi-
   schen und psychologischen Wissen ausgerüstet, wird er vermutlich mit der Situation nicht fertig. Der Mißbrauch der Hypnose
   aus Unwissenheit, wenn auch aus guter Absicht, kann neben
   körperlichen Problemen nervöse und psychische Störungen
   verursachen«.[8]

3. Es kann geschehen, daß sich sogar der moralischste Hypnositeur sexuell zu Klientinnen hingezogen fühlt, und im Verlauf mehrerer Hypnosesitzungen werden diese dann für unausgesprochene Wünsche sensibilisiert. Solche Gefühlsübertragungen können sowohl für die Klientinnen als auch für den Lehrer eine Quelle größter Peinlichkeit werden, und je eher derartige Situationen bereinigt werden, desto besser für beide Seiten.

4. »Einige Versuchspersonen können aus Hypnosesitzungen mit gespaltenen Persönlichkeiten herauskommen oder von Wesen besessen sein, die durch sie sprechen. Dies kann ein gutes Ergebnis sein oder auch nicht, je nach dem Verhältnis und der Wahrnehmung der betroffenen Person. Will jemand ein Medium werden, könnte Hypnose hilfreich bei der Entwicklung einer solchen Fähigkeit sein. Andererseits kann sich eine Person, die eine gewisse paranormale Sensitivität zu besitzen scheint, aber nicht mediumistisch werden möchte, mit einem Problem von beträchtlichen Ausmaßen konfrontiert sehen.«[9]

Suchen Sie sich, um die obenerwähnten Fallen zu vermeiden, einen fähigen, geschulten Hypnotiseur, der eine gründliche Ausbildung und eine mehrjährige Praxis in der Einleitung der Hypnose hat. Melden Sie sich für eine oder zwei Sitzungen an, in denen er Ihnen helfen kann, die Technik der Selbsthypnose zu erlernen. Selbsthypnose oder Autosuggestion bedeutet, daß Sie allein die Kontrolle über Ihr Leben haben. Andere können Sie schulen und beraten, Ihnen physische und wirtschaftliche Hilfe jeglicher Art geben. Aber wenn Sie in eine Lebensphase treten, in der Sie etwas so Wichtiges wie die Entfaltung Ihrer paranormalen Fähigkeiten erreichen wollen, sollten Sie der (die) einzige sein, der (die) Ihr Denken und Tun steuert.

HALLUZINOGENE
Diese bilden eine Gruppe von Drogen, die ausgeprägte Veränderungen der Stimmung sowie der auditiven und der visuellen Wahrnehmung hervorrufen. Dazu zählen Haschisch, Lysergsäurediäthylamid (LSD), Mescalin und »Buchstabendrogen« wie

DMT oder PCP. Weil alle Drogen dieser Gruppe ähnliche Reaktionen auslösen, konzentriert sich meine Darstellung auf die Wirkung und die nachteiligen Folgen von LSD.

Die Droge wurde von dem schwedischem Chemiker Dr. A. Hoffman erstmals synthetisch hergestellt. Ursprünglich glaubte man, LSD würde eine schizophrene Modellreaktion hervorrufen; spätere Experimente widerlegten diese Theorie jedoch.

»Die typische LSD-Erfahrung dauert etwa acht Stunden, und die vielleicht verblüffendsten Wirkungen der Droge betreffen die Sinne sowie die Wahrnehmung. Stühle, Teppiche, Bäume und andere Gegenstände werden schärfer und leuchtender; Details, die man normalerweise nicht bemerkt, werden klar. Gewöhnliche Dinge erhalten eine fast mystische Bedeutung.«[10]

Wer zum Zweck der paranormalen Bewußtseinserweiterung mit LSD experimentieren will, sei nachdrücklich auf folgende schädliche Auswirkungen hingewiesen:

1. Gelegentlich kommt es vor, daß jemand auf einen »Horrortrip« gerät, mit dem dramatische Episoden voller Panik und extremer Angst einhergehen. In solchen Zuständen sind Menschen schon von hohen Gebäuden gesprungen oder haben sich angezündet.

2. »Die Gefahr des Auftretens einer nachteiligen Reaktion wurde auf zehn Prozent der Drogeneinnahmen geschätzt, und der Wert steigt vermutlich weiter an bei höheren Dosen, unsicheren Umständen (wie die Einnahme der Droge in unvertrauter Umgebung oder unter Fremden), Labilität des Einnehmenden und fehlender Qualitätskontrolle von Stoff, der vom Schwarzmarkt kommt).«[11]

3. Manchmal werden lang anhaltende oder wiederkehrende Nachwirkungen wie geistige Verwirrung, plötzlicher Stimmungsumschwung oder »Rückblenden« in eine frühere LSD-Episode beobachtet.

Im Lichte der schwerwiegenden Nebenwirkungen des starken Halluzinogens scheint es ratsam, diese »Tür zum Reich des Paranormalen« zu meiden.

Mediale Begabung

Eine weitere Tür zum Unbewußten ist die Fähigkeit des Mediums. Sie verschafft Personen, die solcherart begabte Kanäle sind, große Bereicherung; viel öfter aber bringt sie Spott und unvorhergesehene Gefahren, weil jene, die sich damit befassen, nicht alle Aspekte dieses Vorgangs kennen.

Welcher Unterschied besteht zwischen einem Medium und einem Sensitiven? »Ein Medium ist jemand, dessen entfaltete Kräfte aufzeigen, daß es in einer anderen Lebenssphäre eine bewußte Existenz gibt. Das Medium nimmt Kontakt mit einem körperlosen Wesen auf und liefert Beweise, die den Fragenden zufriedenstellen. Die Kraft des Sensitiven ist abstrakterer Natur; sie wird hauptsächlich durch geistige Fähigkeiten entfaltet, ohne Kontakt zu einem körperlosen Wesen, und ist nicht unbedingt spiritueller Natur.«[12]

Es gibt geistige und physische Medien. Erstere empfangen in Trance die Gedanken des körperlosen Wesens durch »Stimmen«, die zu ihnen sprechen, oder durch geschriebene Botschaften. Zu den berühmtesten Medien dieses Typs zählten die bereits zitierte Jane Roberts oder Mrs. Leonore Piper, die von dem namhaften amerikanischen Psychologen William James kritisch untersucht wurde (als Überzeugter ging er von ihr weg).

Das physische Medium äußert sich ebenfalls im Trancezustand, aber das körperlose Wesen benutzt die Stimmbänder des Mediums dazu, seine Botschaften physisch zu übermitteln, indem es durch das Medium spricht. Arthur Ford und sein Kontrollgeist Fletcher sind Beispiele für diese Form medialer Begegnung.

»Die Entwicklung des Mediumismus kann wegen des Kontakts mit der Geistwelt von großem Nutzen sein, sowohl seelisch-geistig als auch körperlich. Praktisches Verständnis der Philosophien und Gesetze des Mediumismus und der aufrichtige Wunsch, nur das Höchste und Beste zu geben, sowie das Verlangen, der Menschheit zu dienen, sind Anreize zur Entwicklung des Mediumismus.«[13]

Mediumismus erfordert Ausdauer, Opfer und Inspiration, doch die wichtigste Zutat ist der »innere Funke«. Wenn diese Fähigkeiten vorhanden sind, werden einige Studenten schon während der

ersten Sitzung Erfolg haben. Andere jedoch werden ein Leben lang
an ihrer Entwicklung arbeiten und dennoch niemals die Stimme
eines Geistes hören.

»Der größte Wert von Mediumismus und Kommunikation mit
den Geistern liegt in der Hilfe, die sie uns auf dem Lebensweg
geben.«[14]

Nach Aufzählung der Vorteile, die der Mediumismus bietet,
wollen wir uns den mit mediumistischen Aktivitäten verbundenen
Gefahren zuwenden. Der Neuling sollte sie gründlich prüfen,
bevor er ernsthaft erwägt, »in die Lehre zu gehen«.

1. In der Vergangenheit gab es auf diesem Gebiet viele Betrüger
   und Scharlatane. Wegen solcher übel beleumundeten Personen
   zögert die allgemeine Öffentlichkeit jetzt, Menschen Glauben
   zu schenken, die behaupten, ein Medium zu sein. Sogar die
   begabtesten Praktiker auf diesem Gebiet sind heute oft beißen-
   dem Spott und kalter Verachtung ausgesetzt.
2. Die Möglichkeit, daß wir, wenn wir uns dem Zustrom von
   Informationen öffnen, von übelwollenden Geistern besessen
   werden können, ist zu bedenken. Solche Fälle lassen sich zwar
   schwer beweisen, aber allein schon die Möglichkeit, daß wir von
   lebenden Personen negative Denkmuster empfangen und in uns
   aufnehmen, sollte ein starkes Abschreckungsmittel für Studenten des Paranormalen sein, die auf diesem Weg dahinstürmen
   wollen, ohne an spirituellen Schutz zu denken.
3. Es kann vorkommen, daß unausgeglichene Menschen psychoti-
   sche Episoden erleben, wenn sie sich in mediumistische Abenteuer stürzen. Ein Teil des Unbewußten könnte sich abspalten
   und eine andere Persönlichkeit bilden. Dies wäre eine sehr ernste
   Wendung der Ereignisse, die für den unglücklichen Sucher
   paranormalen Nervenkitzels oft eine langwierige psychiatrische
   Behandlung nötig machen würde. Man muß jedoch »unterschei-
   den zwischen Fällen von Psychose und Personen, die als Medien
   einzustufen sind. Bei schweren geistigen Störungen findet ein
   Zerfall von rationalem Denken und Tun statt. In mediumistischen Phänomenen erlaubt die Person und wünscht sich häufig,

ein Kanal für ›eine Kraft‹ oder ›Information‹ zu sein, die von außerhalb ihrer selbst zu kommen scheint«.[15] Das Medium hat also in Trance völlige Kontrolle über die »Aus- und Eingänge«, der Psychopath dagegen hat keine.

ARTHUR FORD, eines der bestbekannten Medien unserer Zeit, sah es immer als überaus wichtigste Phase seiner Arbeit als Geistlicher an, Trauernden nach dem Hinscheiden eines geliebten Menschen zu normaler Genesung zu verhelfen. In seinem Buch *Unknown but Known* (Unbekannt aber doch bekannt) schreibt er: »Zwei Dinge sind absolut wichtig für die Überwindung der Angst vor dem Tod. Das erste ist, daß man sich vom Weiterleben der menschlichen Persönlichkeit nach dem biologischen Tod überzeugt, indem man sich ehrlich mit dem Beweismaterial auseinandersetzt. Das zweite ist, daß man diese Überzeugung ungeachtet der zersetzenden Kräfte beibehält, die von einer materialistischen Gesellschaft hervorgebracht werden. Hat man diese beiden Dinge erreicht, wird die Wahrheit des Weiterlebens Bestandteil unseres Herzensglaubens – wie die Schwerkraft, die eine der gesicherten Gewißheiten des Universums ist.«[16]

OUIJA-BRETT UND AUTOMATISCHES SCHREIBEN

Das Ouija-Brett (vom französischen »Oui« und vom deutschen »Ja«) ist ein etwa fünfundfünfzig Zentimeter langes und achtunddreißig Zentimeter breites Brett. Die Buchstaben des Alphabets sind in zwei Reihen daraufgedruckt und darunter die Zahlen eins bis neun sowie die Null. In der oberen linken Ecke steht das Wort »ja« und in der rechten Ecke das Wort »nein«. Bei der Sitzung legen die Teilnehmer ihre Hände leicht auf einen dreieckigen Zeiger, der dann, angetrieben von »Geisteskräften«, über das Brett gleitet. Auf diese Weise werden Geistbotschaften empfangen.

Beim automatischen Schreiben findet die spirituelle Kommunikation über den Geist oder die Hand der »Kanalperson« statt, die Weisheit aus anderen Dimensionen übermittelt. Es gab Fälle, wo in Trance oder im Schlafzustand ganze Bücher geschrieben wurden. »Selbstverständlich könnte der sensitive Mensch, durch dessen

Geist diese Manuskripte gekommen sind, in seinen Wachzustän-
den dieses Material nie und nimmer liefern... Erschöpfende
Untersuchungen der Vergangenheit und der bisherigen Erfahrungen einiger der automatischen Schreiber bewiesen schlüssig, daß
diese keinen Zugang zu dem Material besaßen, über das sie jetzt
schrieben.«[17]

Die mit den beiden Aktivitäten verknüpften Probleme sind:

1. Die Gefahr des Besessenseins und aller damit einhergehenden
   Traumata, die im Abschnitt über Mediumschaft beschrieben
   wurden, besteht hier ebenfalls.

2. Tausende Männer und Frauen befassen sich oberflächlich mit
   dem automatischen Schreiben. Einige davon glauben, mit niemand anderem als Gott selbst Verbindung zu haben. Diese
   Menschen mögen von aufrichtigem Glauben erfüllt sein, erlie-
   gen aber einer Selbsttäuschung. In solchen Fällen »gibt es oft
   Hinweise auf den Einfluß einer zweiten Persönlichkeit, die von
   der betreffenden Person aus bislang unterdrückten Wünschen
   und Frustration heraus erschaffen worden ist und jetzt in der
   Verkleidung einer ›höheren Intelligenz‹ oder eines Wesens, das
   ›weitergegangen‹ ist, ungehemmt spricht und die Gedanken,
   Taten und Bestrebungen der Person gutheißt«.[18]

3. Laut EDGAR CAYCE bewirkt automatisches Schreiben im allgemeinen keine seelische Weiterentwicklung. Weil das Reich
   Gottes in uns ist, könnte es für die Mehrheit der Menschen
   schädlich sein, von äußeren Einflüssen geführt zu werden.
   Gegenüber inspiriertem Schreiben aus dem Inneren heraus
   nahm Cayce jedoch eine großzügigere Haltung ein. »Was die
   Aktivitäten dessen angeht, das man als jene Kanäle bezeichnen
   könnte, durch die manche Menschen inspirierende oder automatische Schriften empfangen, so stellen die inspirierenden
   Schriften die größeren Aktivitäten dar – sie können jedoch
   sowohl irdisch-weltliche Dinge an sich haben als auch überir-
   disch-himmlische Dinge; das automatische Schreiben dagegen
   kann nur etwas von jener Quelle oder Kraft an sich haben, die
   antreibend, führend oder lenkend ist. Das Inspirierende aber

kann die Seele des Menschen entwickeln, während das Automatische selten über die Kraft hinauszureichen vermag, die führend oder lenkend ist.«[19]

AUFRECHTERHALTUNG PSYCHISCHER AUSGEGLICHENHEIT

Nachdem ich paranormale Phänomene über einen Zeitraum von mehreren Jahren hinweg studierte und untersuchte, und nachdem ich das Privileg genoß, viele paranormal begabte Menschen aus allen Schichten kennenzulernen, gelangte ich zu der Überzeugung, daß die größte aller Gefahren auf dem paranormalen Weg in mangelnder psychischer Balance und Ausgeglichenheit liegt. Ein Absinken der Waage auf die eine oder die andere Seite kann sich als verhängnisvoll erweisen.

Ein Sensitiver, der kein Vertrauen zu seinen Fähigkeiten besitzt, wird es auch bei größter Begabung oft nicht schaffen, seinen Klienten richtige Führung zu geben, weil ihm das Zaubermittel fehlt, das Glaube heißt. Seine Readings werden enttäuschend und seine Vorhersagen ungenau sein, und gelegentlich wird er Direktiven geben, die dem Reading-Empfänger, falls er sie ausführt, regelrecht schadet.

Für sehr erfolgreiche Sensitive dagegen ist die bei weitem größte Gefahr ihr Glaube an die Unfehlbarkeit ihrer Gabe. Wenn sie aus dem »Brunnen der Wahrheit« getrunken haben, werden sie berauscht von ihrem Gefühl der Übermacht und gelangen zu der Überzeugung, daß sie nicht etwa als *Kanal* fungieren, durch den die Informationsquelle fließt, sondern daß sie selbst die Quelle allen Wissens und aller universellen Wahrheit sind. Jede Bescheidenheit, die sie früher besaßen, ist verschwunden; und wenn man sie nach der Gültigkeit ihrer Voraussagen fragt, macht allein schon der Gedanke sie wütend, daß jemand so beschränkt sein könnte, die hundertprozentige Richtigkeit ihrer Readings anzuzweifeln. Der Herr schütze uns vor diesen perfekten Wesen! Bei solcher Vollkommenheit könnte es freilich geschehen, daß die Seelen ihre Körper verlassen, und dann wäre das Problem für beide Seiten gelöst.

Keiner der geschilderten Zustände führt dazu, daß man ein Gefühl der Gemütsruhe entwickelt. Wie aber kann ein angehender

Sensitiver psychische Ausgeglichenheit erlangen und aufrechterhalten?

*Richtlinien für die Förderung einer zu gültigen paranormalen
Readings führenden spirituellen Einstimmung*

ZIELSETZUNG

Der erste Schritt in der paranormalen Entwicklung besteht darin,
daß Sie sich über den einzuschlagenden richtigen Kurs klarwerden
und dann die wirksamsten Methoden zur Verwirklichung Ihrer
Ziele bestimmen. Die nachstehenden sieben Regeln geben Ihnen
Richtlinien für die Planung Ihres paranormalen Lebenslaufs.

1. *Formulieren Sie realistische Ziele*: Wie wollen Sie Ihre künftigen
   paranormalen Fähigkeiten nutzen? Wollen Sie ein Heiler werden? Sagen Ihnen Readings über Körper und Gesundheit zu?
   Interessiert Sie die Konzentration Ihrer Talente auf finanzielle
   und geschäftlich-berufliche Angelegenheiten? Faszinieren Sie
   frühere Existenzen? Sind Sie im innersten Herzen ein spiritueller
   Philosoph? Kurz, stellen Sie realistisch fest, wo Ihre *Interessen*
   und *Fähigkeiten* liegen, und planen Sie dann *ausreichend Zeit* für
   die Verwirklichung Ihrer Ziele ein.
2. Wenn Sie Ihren Kurs der paranormalen Entwicklung abgesteckt
   haben, sollten Sie für eine Zeitlang die Abteilung Metaphysik
   einer Bibliothek zu Ihrem »Heim weg von daheim« machen.
   Blättern Sie alle Publikationen durch, die Informationen über
   Ihr auserwähltes Arbeitsgebiet sowie praktische Anweisungen
   enthalten. Notieren Sie sich Wissenswertes.
3. Wenn Sie ausreichende Kenntnisse über Ihr Thema oder Ihre
   Themen erworben haben und genau wissen, welchen Kurs Sie
   einschlagen wollen, beginnen Sie mit der Ausarbeitung *spezifi-
   scher* mehrstufiger Verfahren, die es Ihnen ermöglichen, sich
   Ihrem Ziel in geordneter Weise Schritt für Schritt zu nähern.
4. Es ist nicht nur lohnend, sondern fast zwingend notwendig,
   einen Partner zu wählen, der Sie auf Ihrem paranormalen Weg
   begleitet. Dieser Gefährte wird sich in Zeiten der Verzweiflung –

die nicht ausbleiben – als Quelle der Einsicht und Ermutigung erweisen; außerdem kann er Ihre Fehler analysieren und Vorschläge zu deren Korrektur machen. Paranormale Partnerschaften wirken sowohl energieerzeugend als auch inspirierend, und beide Eigenschaften sind wichtig für eine periodische psychische Erneuerung.

5. Paranormale Fähigkeiten können sich ohne tägliches Üben nicht adäquat entwickeln. Legen Sie darum eine Zeit fest, in der Sie nach Ihrem Gefühl die besten paranormale Leistungen erbringen (meine beste Zeit ist neun Uhr morgens oder neun Uhr abends), und beginnen Sie Ihr festgelegtes Programm geistiger Übungen. Ob es zwanzig Minuten oder eine Stunde dauert – der wichtigste Punkt dabei ist Beharrlichkeit. Um ALAN VAUGHAN noch einmal zu zitieren: »Es gibt keinen Ersatz für Übung, Studium und Disziplin.«[20]

6. Zeichnen Sie Ihre paranormalen Erfolge und Fortschritte auf. Hatten Sie ein Ereignis richtig vorausgesehen, das einige Tage nach Ihrer Vorhersage eintraf? War Ihr intuitiver Eindruck über die Gesundheit Ihres Bruders richtig? Wenn ja, dann spenden Sie sich selbst Beifall und teilen Sie sich Punkte für richtige Einblicke zu. Ausführliche Aufzeichnungen über mehrere Monate hinweg geben Ihnen ein unschätzbar wertvolles Feedback und Hinweise auf Ihre Stärken und Schwächen.

7. Sie müssen fest glauben, daß das, was Sie sich wünschen, schließlich eintritt. »Ihre höheren Sinnesfähigkeiten sind die Kanäle, durch die das Gottbewußtsein erreicht wird; sie existieren funktionsbereit knapp außerhalb der Grenzen der fünf körperlichen Sinne, und der Schlüssel für die unsichtbare Tür zu diesen Kräften ist Ihr Glaube.«[21]

SELBSTEINSCHÄTZUNG

Wenn Sie begonnen haben, paranormale Fortschritte zu machen, möchten Sie bestimmt sich selbst beurteilen. Die anschließenden Ausführungen sollen Ihnen dabei helfen.

1. Zählen Sie die Persönlichkeitsmerkmale auf, die Sie bei heraus-

ragenden und bei kläglichen Sensitiven beobachtet haben. Unter den Eigenschaften der letzteren dürften vorkommen: Arroganz, Intoleranz, Selbstgerechtigkeit, mangelnde Flexibilität und Habgier. Eigenschaften, die sich bei den am höchsten eingestimmten spirituellen Menschen fast immer finden, sind Bescheidenheit, Großzügigkeit, Ehrfurcht, Geduld und ein überwältigendes Gefühl der Liebe und Dienstbereitschaft gegenüber allen, mit denen sie in Kontakt kommen. Wählen Sie voll Bedacht jene Haltungen, die Sie in sich selbst entwickeln möchten.

2. Das Verstreichen der Zeit wird ein ausgezeichnetes Instrument zum Messen Ihrer paranormalen Fortschritte sein. Einige von Ihnen werden sich so rasch entwickeln, daß sie bereits nach kurzer Schulungszeit aufregende neue Talente zu entdecken beginnen. Andere werden erkennen, daß das, was sie für paranormale Fähigkeiten gehalten haben, in Wirklichkeit nur lebhaftes Interesse am Paranormalen war; bei ihnen wird eine Änderung der Ziele notwendig werden. Wieder andere werden wegen der vielen Studien und der Selbstdisziplin, die eine Grundvoraussetzung für echte paranormale Entwicklung sind, jegliche Begeisterung verlieren und ihre Aufmerksamkeit anderen Dingen zuwenden. Welche Erfahrung Sie auch immer machen, seien Sie bei der Einschätzung Ihrer Fähigkeiten ehrlich zu sich selbst.

3. Verfeinern Sie nach und nach Ihre Techniken und grundlegenden Arbeitsmethoden. Wenn Sie feststellen, daß Sie durch eine kürzere Induktionsmethode in den Trancezustand gelangen können, lösen Sie sich von Ihrer alten Technik. Wenn Readings über weite Entfernungen Ihnen und anderen keine brauchbaren Ergebnisse bringen, Sie aber gute Readings für Menschen geben können, die Sie vor sich haben, wenden Sie diese Arbeitsmethode an. Wenn das Tarot oder wenn astrologische Karten Ihren Talenten entsprechen, benutzen Sie sie als Konzentrationsmittel. Jäten Sie, während Sie wachsen, Ihren »paranormalen Garten« ständig aus und säen Sie ihn neu an.

4. Bestimmen Sie Ideale für sich und praktizieren Sie diese täglich.

Ob Ihr Ideal die Führung eines gesunden Lebens ist, geistige Aufgeschlossenheit oder eine heilende Haltung gegenüber anderen, leben Sie danach! EDGAR CAYCE sagte über Ideale: »Diese sind, was wir mit konstruktivem Denken meinen, und wenn sie in der Erfahrung angewandt werden, dann werden wir erkennen, was ein spirituelles Leben bedeutet. Nicht die Ausschaltung von Freude, denn der Sinn des Lebens ist Freude, sondern das, was konstruktiv und nicht destruktiv ist« (1995–1).[22]

MEDITATION UND GEBET

Im Grunde jedoch kann nichts von dem, was wir bisher erörtert haben, ohne Meditation und Gebet Wirklichkeit werden.

1. Warum ist Meditation notwendig? »Durch Meditation wird der Körper kein Gefängnis, aus dem man entfliehen will, sondern vielmehr ein Instrument, durch welches die höchsten spirituellen Bestrebungen des ›wirklichen Ich‹ Ausdruck finden können.«[23]
2. Welche Gewinne und Segnungen erlangen wir durch tägliche Meditationsübungen? Das ist von Mensch zu Mensch verschieden, aber im allgemeinen verbessern sich unser Gedächtnis und unsere Konzentration, nimmt unsere Kreativität zu, wächst unsere paranormale Sensitivität, werden unsere Träume anschaulicher, vermehren sich unsere intuitiven Einblicke und Ahnungen, und dank unserer persönlichen Einstimmung auf den Schöpfer herrscht ein frei strömendes Gefühl der Heiterkeit und des inneren Friedens in uns.
3. In welcher Weise sind Gebet und Meditation miteinander verbunden, und welches ist die wirksamste Art des Betens? »Sie müssen glauben, was Sie wünschen, wie es im Gebet ausgedrückt wird; Sie wünschen nicht nur, sondern haben die Kraft zu empfangen. Dieser Glaube muß absolut, erwartungsvoll und unerschütterlich sein, sonst wird er Ihre gottgegebene Schöpferkraft, die aktiviert werden muß, bevor das Gebet selbst erhört werden kann, nicht mit Energie speisen. Äußerste Aufrichtigkeit, Selbstlosigkeit, Einfachheit und Offenheit sollten die Hal-

tung prägen, in der Sie sich dem Beten zuwenden. Sie sollten in jede Meditation die Überzeugung hineintragen, daß das, worum Sie beten wollen, von Ihnen im Geist bereits verwirklicht worden ist und nur noch durch Einstimmung auf die innere Gotteskraft vitalisiert werden muß, um schließlich eine Realität im äußeren Leben zu werden.«[24]

4. Welche Gebete sind am sinnvollsten? In HAROLD SHERMANS Buch *Know Your Own Mind* (Lernen Sie Ihren eigenen Geist kennen) stieß ich auf fünf Gebetsarten, von denen jede hilft, ein großes grundlegendes Ziel im Leben zu erreichen. Ich war so beeindruckt von diesen Gebeten, daß ich sie nicht mehr vergaß, und ich möchte sie Ihnen hier weitergeben.

a) *Das Inspirationsgebet* öffnet die Kanäle des Geistes, so daß Kreativität, Führung und Intuition ungehindert fließen können. Ein Gebet dieser Art kann lauten: »Vater, ich weiß, daß ich nie gezwungen werde, sondern immer das *Vorrecht* habe, deinen Anweisungen zu folgen. Ich bete voll Glauben, wissend, daß du Gebete erhörst. Ich öffne jetzt die Kanäle meines Geistes, um von deiner Schöpferkraft Inspiration und Führung zu empfangen.«

b) *Das Einstimmungsgebet* hilft bei der Überwindung von Vorurteilen und Feindseligkeit gegenüber anderen. Ein Beispiel wäre: »Vater, gib, daß ich gegenüber den Unvollkommenheiten anderer tolerant bin, so wie ich mir wünsche, daß mir andere bei meinen Mängeln Verständnis entgegenbringen. Hilf mir, diese Toleranz gegenüber meiner Familie und meinen Freunden zu üben, und unterstütze mich täglich, damit ich durch Dienst für andere ein besseres Leben und eine bessere Welt für alle aufbauen kann.«

c) *Das Neuschaffungsgebet* »dient dazu, Ihnen die Funktion der inneren Schöpferkraft bewußt zu machen, und zwar im Hinblick auf die Neuschaffung körperlicher Unvollkommenheiten, die durch falsche emotionale und geistige Reaktionen auf Lebenserfahrungen entstanden sind«.[25] Hier ein Neuschaffungsgebet: »Lieber Gott, laß mich begreifen, daß Gedanken Dinge sind und unvollkommenes Denken kör-

perliche Disharmonie hervorruft. Hilf mir, meine Gedanken
deiner göttlichen Güte zuzuwenden, damit jede Zelle meines
Wesens auf Harmonie und körperliche Vollkommenheit
ausgerichtet wird.«

d) *Das Füllegebet* bewirkt eine Änderung der Einstellung
und einen Zustrom an Reichtümern. »Himmlischer Vater, laß mir ständig bewußt sein, daß alle meine Bedürfnisse reichlich erfüllt werden, wenn ich mir Gewinn statt
Verlust vorstelle und meinen Geist auf totalen Erfolg
konzentriere.«

e) *Das Einstimmungsgebet* schließlich »ist dazu bestimmt,
Ihnen zu helfen, sich voll und ganz Ihrer persönlichen
Beziehung zu Gott Vater bewußt zu werden«.[26] Sie können
etwa so beten: »Vater unser, befreie mich von allen Gefühlen
des Hasses, der Angst und der Feindseligkeit in mir. Ich
möchte dich um Verzeihung bitten, wie ich anderen vergebe.
Ich will allezeit auf deine Weisheit und Führung vertrauen,
und ich weiß, daß ich, wenn ich fest in deiner beständigen
Liebe bleibe, nie mehr allein zu gehen brauche.«

Eine Botschaft, die ich eines Morgens im ersten Frühlicht empfing,
drückt genau die Gedanken aus, die ich Ihnen hier zu vermitteln
versuche. Ich vernahm die Worte: »Bei der Vorbereitung auf alle
Dinge beginne mit Beten.«

Die Entwicklung Ihrer paranormalen Gabe kann eines der
spirituell begeisterndsten Abenteuer Ihres ganzen Lebens werden.
Hierzu heißt es bei Lukas 11, 34:

»Das Auge ist des Leibes Licht. Wenn nun dein Auge gesund ist,
so ist dein ganzer Leib licht.«

13

Ideale für ein erfolgreiches Leben

Liebe. Es gibt keine Schwierigkeit, die genügend Liebe nicht überwinden wird;
keine Krankheit, die genügend Liebe nicht heilen wird; keine Tür, die genügend
Liebe nicht öffnen wird; keine Kluft, die genügend Liebe nicht überbrücken wird;
keine Mauer, die genügend Liebe nicht einreißen wird; keine Sünde, die genügend
Liebe nicht tilgen wird. Es spielt keine Rolle, wie tief das Problem sitzt, wie
hoffnungslos die Aussichten sind, wie verworren das Durcheinander, wie groß der
Fehler; ausreichende Verwirklichung von Liebe wird alles auflösen. Wenn du nur
genügend lieben könntest, wärest du das glücklichste und mächtigste Wesen auf der
Welt.

EMMET FOX

Zu den erbaulichsten, lehrreichsten Aspekten meiner Untersuchung des Paranormalen zählen die Mitteilungen von Idealen für
ein erfolgreiches Leben, die ich immer wieder erhalte. In einem
Zeitraum von zwei Jahren empfing ich zahlreiche philosophische
und religiöse Worte, die einen weiten Bereich umfassen. In ihrem
Spektrum reichen sie von Botschaften mit knappen Lehrsätzen,
von kurzen Predigten mit Rezepten für die Erlangung und Aufrechterhaltung richtiger körperlicher, geistiger und seelischer Einstellungen im täglichen Leben bis zu regelrechten Vorträgen über
die Unveränderlichkeit der als Basis für das Funktionieren aller
universellen Gesetze dienenden Spiritualität.

Ich kann nicht behaupten, daß irgendwelche dieser Gedanken
von Jim oder mir selbst stammen. Mein Mann hatte zwar die
Colgate Rochester Divinity School absolviert, aber seine Rolle in
diesem Zweijahreszeitraum war vorwiegend die des Aufzeichners
und nicht des Verkünders der durch meinen Kanal strömenden
Lehren. Ich selbst hatte während meiner Studienjahre nur an einem
einzigen Philosophiekurs teilgenommen, und der befaßte sich
weitgehend mit Erziehungsphilosophie. Deshalb scheint mir die

Annahme berechtigt, daß die in diesem Kapitel zusammengefaßten philosophischen Unterweisungen ihren Ursprung auf einer höheren Bewußtseinsebene haben.

Das gründliche Studium der Mitteilungen, die wir empfangen durften, brachte uns außerdem zu der Annahme, daß es mehrere spirituelle Sprecher gibt, nicht nur einen. Ausdrucksart, Darbietungsstil, die faktischen Daten und sogar der Humor ändern sich oft von einer Trancesitzung zur nächsten. Immer wieder sind auch literarische Wortspiele eingestreut; sie bedeuten eine spaßige Erholungspause in der strengen Selbsterkenntnis und den mühsamen Selbständerungen, die die erwählten Ideale von einem verlangen, wenn man sich durch Anwendung der empfangenen Unterweisungen entwickeln und wachsen will.

Ein drittes Phänomen, das ich im Zusammenhang mit diesen Vorträgen beobachte, ist die Unterschiedlichkeit der Deutungen seitens der »Konsumenten«; doch jede Deutung ist einmalig und persönlich zutreffend, denn sie basiert auf der eigenen philosophischen Lebenseinstellung des Deuters.

Mir scheint, daß jeder gemäß seiner besonderen Bedürfnisse davon profitiert.

Ich habe sehr viel Seelenforschung betrieben, um herauszufinden, ob diese Botschaften zum Teil oder ganz von meinem Mann oder mir selbst stammen könnten. Sogar in tiefster Meditation war die Antwort immer ein kräftiges »Nein!« Darum bin ich überzeugt, daß die Worte, die ich nun niederschreiben will, spiritualistische Ideenbildungen von einer höheren Dimension darstellen und daß ich nichts anderes als das wirkungsvolle Instrument zu ihrer Verbreitung bin.

Aus diesem Gedanken heraus widme ich den Schlußteil des vorliegenden Kapitels der Weitergabe der Ideale, die mir mitgeteilt wurden.

Botschaften

Sie wurden entweder im hypnotischen Zustand zwischen Schlaf und Wachen oder in tiefer Meditation empfangen.

ZUGANG ZU DEN AUFZEICHNUNGEN
Als ich damit begann, Traumbotschaften aufzuzeichnen, sagte eine Stimme: »Wir haben die Aufzeichnungen.«

ZWEI TÜRMCHEN
»Es gibt zwei Türmchen, die in einer Person existieren: Unmittelbarkeit und Großzügigkeit.«

MA PAROLE
Ich hörte eine Stimme auf französisch sagen: »Ma parole.« Ich reagierte nicht. Ich hörte die Stimme in lautem, befehlenden Ton sagen: »Ma parole.« Ich stand auf und schrieb die empfangene Botschaft auf.

EINSSEIN ALLER GEISTER
Realität besteht aus dem Einssein aller Geister. Sie ist Körper, Geist und Seele und Einssein von Kraft.

TRÄUME FÜR DAS TÄGLICHE LEBEN
Träume sind unterhaltend, aber sie geben dir auch wertvolle Botschaften, die du im täglichen Leben nutzen kannst.

JEMANDES SCHATZ (AUF FRANZÖSISCH EMPFANGEN)
Dein Goldschatz liegt dort, wo du dein Herz ausbreitest.

LEIDEN FÜR WACHSTUM
Wenn es überall Winter ist, schafft der leichte Schnee an hohen Orten ausgezeichnete Möglichkeiten zum Wachstum. (In diesem Fall bedeutet leichter Schnee Einsamkeit, Introversion oder mildes Leiden.)

PARANORMALE BAUSTEINE
Es gibt paranormale Bausteine, große und kleine. Welche Bausteine verwendet werden, hängt davon ab, welche der Situation angemessen sind.

Dr. Wainwright trifft ein

Dr. Wainwright wohnt in der Apollo Road. *(Als ich Apollo nachschlug, erfuhr ich, daß er in der griechischen Religion der Gott der Dichtkunst, der Musik und der Orakel sowie der Gott des Heilens und der Bringer und Bewahrer der Pest ist. Jim und ich fragen uns, ob dies der Name eines der medizinischen Führer ist.)*

Empfehlungen für die Verbesserung von Readings

Meditiere zweimal täglich stets zur gleichen Zeit.

Gib dich mehrmals am Tag Tagträumen hin. Das bringt dich in Berührung mit einer höheren Dimension.

Gemütsruhe und Harmonie

Seid bereit, einander während der Entwicklung eigener Fähigkeiten zu unterstützen. Dies wird zu Gemütsruhe und Harmonie führen.

Symbolismus

Symbolismus ist in allen Aktionen enthalten.

Paranormale Entwicklung

Jegliche paranormale Entwicklung ist Selbst-Erschaffung.

Die dritte und die vierte Dimension

Die dritte und die vierte Dimension sind von rosaroten Wolken umgeben. (Rosarote Wolken beinhalten: in Liebe eingehüllt.)

Denke mit deinem Herzen

Habe dein Herz im Hirn.

Ehe

Ehe ist ein Vertrag, in dem zwei Menschen Seite an Seite arbeiten.

Wer auf dem Meer des Ehestands segelt, muß lernen, Schiffe aufzutakeln.

EIN SINGENDES WESEN
*Das Wesen würde gern singen und dich über Gesetz und Ordnung
unterhalten.*

WEISHEIT
Mit Verständnis kommt Weisheit.

HILFE HÖHERER EBENEN
Ich bin eine Hilfe in gegenwärtigen schwierigen Zeiten.

GLAUBEN
*Glauben ist jene geheimnisvolle Kraft, die für die richtige Nutzung
des Alphazustandes sorgt. (Der Alphazustand ist der Trancezustand.)*

DAS SCHULHAUS ERDE
*Das Schulhaus Erde verwandelt einen roh behauenen Quader in
einen polierten Edelstein.*

VORBEHALTLOSE FORSCHUNG
*In der zweiten Entwicklungsphase sollte man bereit sein, das Wissen
und die Geheimnisse des Universums ohne Vorbehalte zu erforschen.*

GESUNDHEIT UND UNIVERSELLE GESETZE
*Gute Gesundheit steht einwandfrei mit universellen Gesetzen in
Verbindung.*

EIN VEREINIGTES UNIVERSUM
Wie oben, so unten.

TEILE SEGNUNGEN MIT ANDEREN
*Du hast Liebe und Eigenschaften in Fülle erhalten. Teile diese
Güter mit anderen.*

DIE WICHTIGKEIT KÖRPERLICHER ÜBUNGEN

Tumore werden nicht auf der Sportseite veröffentlicht. (Dies wurde mitgeteilt, um die Dringlichkeit eines fortdauernden Programms körperlicher Übungen als Vorbeugungsmaßnahme gegen die Entstehung neuer Zysten zu unterstreichen.)

ENTWICKLUNG DES VOLLSTEN POTENTIALS DER SEELE

Spirituelle Liebe steigert die Seelenentwicklung in solcher Weise, daß – durch den Evolutionsprozeß – das Erreichen des vollsten Potentials der Seele eine klare Möglichkeit ist.

TREFFENDE SPIRITUELLE BEMERKUNGEN

Während der Arbeit an dem Abschnitt »Über Himmel und Hölle« tippte meine Sekretärin Betty statt sinner *(Sünder) das Wort* simmer *(sieden). Wir lachten beide herzlich über diesen Fehler. Wir stellten uns vor, daß eine Gruppe von »Sündern« in einer »extrem heißen Zone« an einem »Abkochen« teilnahm und schließlich erkannte, daß die Anwesenheit bei dem Ereignis sie dazu verurteilte, als Vorspeise zu dienen.*

Wie um mich zu tadeln, weil ich durch meinen Kanal kommende Philosophie nicht immer lebte, bekam ich eines Tages gesagt:

»Seid aber Täter *des Worts und nicht* Hörer *allein.«*

Als Antwort auf eine Frage Elizabeths, wie oft Jim und ich Readings einplanten, kamen mir die Worte über die Lippen: »Wenn der Geist mich bewegt.«

Einmal bat Jim um persönliche Führung darüber, wie man ein erfolgreicher Ehemann ist. Die Antwort lautete:

»Suche dir ein glückliches Medium und sorge dafür, daß sie es bleibt.«

IDEALE FÜR DAS TÄGLICHE LEBEN

»Prüfe, erwäge, formuliere Ziele – dann handle! Gedanken wie diese, in die Tat umgesetzt, sind der Stoff, aus dem das effektivste Leben besteht.«

»Alle Ehen werden im Himmel geschlossen, aber auf Erden ist jeder für sein eigenes Glück verantwortlich. Wenn deine Ehe eine

Ehe gegenseitigen Vertrauens und Verständnisses sowie gegenseiti-
ger Treue und Hingabe sein soll, mußt du in dich selbst schauen und
zusehen, daß du diese Eigenschaften in deiner Ehe anwendest, und
du mußt hoffen, daß sie erwidert werden.«

»Ein Ehemann und eine Ehefrau fügen je eine Hälfte des
Herzens zusammen, um sich aus ganzem Herzen zu bemühen, eine
erfolgreiche Ehe zu führen.«

»Kinder kann man mit jungen Pflanzen vergleichen, die heran-
wachsen. Die jüngsten brauchen die festesten Wurzeln. Denke
daran, wenn du Kinder erziehst, daß es nicht klug ist, eine Blume
vor ihrer Zeit zum Blühen zu zwingen.«

»Man kann Kinder zur Welt bringen, aber man sollte ihr Leben
nicht beherrschen oder ihre Probleme übernehmen. Jeder muß seine
eigenen Gaben, Probleme, Fertigkeiten und Situationen wählen,
die überwunden oder erfahren werden müssen durch Erfolg und
Fehlschlag. Eltern können die Lasten des Kindes nicht auf sich
nehmen. Jede Seele muß durch ihr eigenes Wachstumsmuster
lernen. Es ist weise, Lebensregeln zu geben, damit man im Schul-
haus Erde lernen und erfolgreich sein kann. Auf diese Weise könnte
jeder in seinem eigenen Leben vorankommen.«

VORTRÄGE ÜBER UNIVERSELLE GESETZE
Verbreitung paranormaler Informationen
Was durchkommt, wird gebraucht. Es gibt nichts, was durch-
kommt, das nicht gebraucht wird. Wichtig ist, daß die Informatio-
nen, die ankommen, weitergegeben werden. Jedes Informations-
stück ist für einen bestimmten Zweck gedacht, und darum be-
kommst du das für dich Spezifische. Dies ist für das Wachstum und
die Entwicklung jeder Seele zu benutzen. Darum benutze so viele
Informationen wie möglich. Es ist lächerlich, Informationen aufzu-
heben.

Über Himmel und Hölle
Himmel und Hölle sind Schöpfungen eures eigenen Geistes. Das ist
die Art, in der sich Dinge entfalten. Es ist die Art, in der sich die
Entwicklung der Seele entfaltet, aufwärts und abwärts. Ihr er-

schafft eure eigene Realität. Was ihr wahrnehmt, wird sein. Wenn ihr Hölle im buchstäblichen Sinne wahrnehmt, wird eure Wahrnehmung beim Tod zur Realität. Dies bezieht sich auf alle Gesetze und Wahrnehmungen der Realität, und es überträgt sich auf die Wahrnehmungen von Himmel und Hölle. Wenn eure Vorstellung vom Himmel bis zum Tag des Jüngsten Gerichts im Busen Gottes ruht, kann euch eben dies wegen eurer Vorstellung widerfahren. Wenn sich eure Vorstellung ändert, dann habt ihr eine neue Auffassung von Himmel und Hölle. Was ihr gelegentlich tut, das ist, hier auf Erden eure Hölle mit den negativen Vibrationen und Disharmonien zu erschaffen, und Chaos zieht ihr in euer eigenes Leben. Hölle kann also auf Erden begonnen werden, aber es gibt eine Fortsetzung des Lebensmusters, nachdem die Seele den Körper verlassen hat. Ihr entkommt dem nicht, bis ihr Gott akzeptiert und euch zu höheren Bewußtseinsebenen hin zu entfalten beginnt.

Es gibt keine ewige Verdammnis – seid dessen sicher! Es gibt keine ewige Verdammnis! Schreibt dies in Großbuchstaben und prägt es in die Herzen aller ein. Ihr könnt eure Schwingungen durch feige Taten und selbstgemachte Gedanken in die Welt des Chaos absenken, aber wenn ihr nur eure eigene Realität ändert, eure Füße auf einen höheren Pfad setzt, wirkt das Gesetz der Gnade, und es gibt immer Vergebung. Ihr könnt sicher sein, daß Gott den Sünder aufnimmt, der seine Fehler einsieht.

Die Hölle ist ein von euch selbst erschaffener Ort. *Darum macht Liebe, nicht Krieg. Ein abgedroschenes Wort, aber es ist eine der ewigen Wahrheiten. Die Quelle der Liebe ist in allen Menschen, deren Ursprung die Gottheit ist.*

Über Wachstum und Sinn der Seele
Ihr solltet euch bewußt sein, daß es universelle Wahrheiten gibt und daß sie für alle Personen gelten. Niemand entgeht den universellen Realitäten oder den Gesetzen. Wer diese einhält und gesetzestreu ist, wird vorankommen, lernen und so eine höherentwickelte Seele werden. Wer nicht glaubt, daß es diese gibt, wer dagegen kämpft oder diese Gesetze bricht, der verliert an Rang und wird eine weniger entwickelte und gequältere Seele. Er geht weiter auf

Abwärtswegen, die keinen Einfluß auf sein höchstes Wachstum haben. Dies sind Umwege, die letztlich in Sackgassen oder tote Gassen *führen, und in diesem Fall sind* tote Gassen *wörtlich zu verstehen. Sie bedeuten, daß ihr in einer anderen Existenz wieder von vorn beginnt. Das trifft wirklich zu, denn wenn ihr ans Ende eures Lebens kommt und keinen Fortschritt gemacht habt, seid ihr wirklich in einer* toten Gasse *angelangt, nicht wahr?*

Dieses eine Gesetz, das ihr kennen müßt, lautet: Gott ist Liebe. Liebe ist Gesetz. *Gesetze muß man einhalten. Deshalb muß man* Gott gehorchen. *Frage: »Wenn es Gesetze gibt, die man einhalten muß, wie wissen wir, welches Gottes Gesetze sind?«*

Sucht in euren eigenen Herzen. Er ist in euren Herzen. Er ist im Herzen jeder Person. Wenn wir in uns suchen, durch Meditation, Gebet und Einsicht, nehmen wir wahr und beginnen zu verstehen, was er von jedem von uns wünscht. Denn jeder von uns hat einen anderen Daseinszweck. Keiner hat die gleiche Lektion zu lernen wie ein anderer, aber es ist sein Wille, daß wir diese Aufgaben unserer eigenen Wahl lernen. Indem wir in uns selbst hineinschauen und herausfinden, was er von uns wünscht, können wir die Pfade wählen, die am ehesten ans Ziel der von uns erwählten Vorhaben führen.

Der allgemeine Zweck jeder Seele ist es, auf jeder Bewußtseinsebene durch ihre erwählten Unternehmungen ihren Schöpfer zu verherrlichen.

Im Universum gibt es einen Endpunkt oder ein Endziel, das es zu erreichen gilt: mit allen anderen in Frieden und Harmonie zu leben, hineingegossen zu werden in eine letzte, endgültige Existenz mit unserem Schöpfer.

Kommentare über das Buch
Die in diesem Buch enthaltenen Gedanken, Philosophien und Erfahrungen sind für Menschen bestimmt, die einen neuen Weg oder eine neue Philosophie suchen und in ihr Leben integrieren wollen. Es gibt zu diesem Zeitpunkt viele Suchende, die von diesem Werk profitieren werden. Die darin enthaltenen Gedanken sind so einfach, daß jeder von uns sie verstehen und die spirituellen

Wahrheiten annehmen kann; die am höchsten entwickelten Seelen aber werden einen ganz anderen Sinn darin finden als die nicht so hochentwickelten.

Das Buch dient dem Zweck, den Leser selbst in die Abenteuer des Geistes eintreten zu lassen. Dies ist eine Erfahrung, die für euch beide einmalig sein sollte, denn sie eröffnet anderen einen Forschungsweg, so daß sie den Sinn ihrer eigenen Seele erforschen und anderen Dienste leisten können. Es dient nicht dazu, ein grandioses Drama aus deinen Erfahrungen zu machen. Es ist in erster Linie ein Handbuch für andere, die nach entwicklungsfähigen Erfahrungen der gleichen Art suchen. Dieses Werk wird sie ihnen vermitteln.

Die in dem Buch enthaltenen universellen Wahrheiten wurden mitgeteilt, damit andere nicht nur die Existenz unseres Schöpfers verstehen können, sondern auch die Existenz anderer kleiner Erschaffer, weil wir ja alle Teil des Ganzen sind. Jeder Erschaffer und jede Schöpfung sind absolut nötig, damit die gesamten Energien des Ganzen effektiv genutzt werden können.

Die in diesem Band enthaltenen universellen Wahrheiten, empfangen durch Botschaften, veränderte Bewußtseinszustände und Träume, sind von kleiner und großer Bedeutung, in dem Sinne, daß Verständnis alle Ebenen der sich entwickelnden Geister erreicht. Der Ausdruck Geister *wird im universellen Sinn benutzt, in dem Sinne, daß alle Geister eins sind und das durch dieses Buch erlangte Verständnis andere dazu bringen wird, die Wahrheiten zu suchen; der Geist eines jeden wird mit anderen Geistern ähnlicher Neigung und ähnlichen Ursprungs verbunden sein, so daß die vereinten Philosophien die Summe des Ganzen bilden.*

Über ewige Liebe

Ewige Liebe findet sich in allen unseren Aktionen, allen unseren Taten und Gedanken, ungeachtet der Tatsache, daß wir manchmal ihre Quelle abblocken. Sie ist die Basis der Existenz jeder Seele, und wenn wir uns nur nach innen ihrer Quelle zuwenden, finden wir Erfrischung, neue Energien und letztendlich den aufscheinenden Sinn des Lebens selbst. Darum die Maxime: »Wende

*dich nach innen, Kleine, in dich selbst, dann findest du den Sinn
deiner eigenen einzigartigen Existenz und Ideen.«*

*Liebe ist allumfassend, nie endend, absolut, bewußtseinserhe-
bend und blüht, wie die mystische Rose, in alle Ewigkeit fort.*

Damit bin ich beim Schreiben dieses Buches am Ende meiner Reise
angelangt. Meine Familie und meine Freunde bezweifelten, daß es
klug sei, unsere paranormale Forschung zu veröffentlichen. Ich bat
im Meditationszustand um Führung und bekam folgende Antwort:

*»Es ist nötig, daß man ein Stück von sich selbst weggibt, um ein Teil
der Menschheit zu werden, denn der Gewinn übersteigt bei weitem
den Verlust, und indem man das tut, wird man Teil des Ganzen.«*

Der Mensch ist von vielen Ängsten besessen. Zu den entsetzlich-
sten zählen Angst vor Armut, Alter, Erfolglosigkeit im Beruf, vor
körperlicher Krankheit oder Mißbildung, geistiger Verwirrung
und schließlich vor dem eigenen Tod. In meiner Rangfolge der
Angstdämonen rangiert der Tod ziemlich weit unten. Offenbar
habe ich diese Frage für mich selbst schon vor vielen Jahren geklärt.
Wir sollten nicht fasziniert auf den Tod starren, sondern ihn als
Freund aufnehmen, wenn die festgesetzte Zeit für uns kommt. Für
mich war der schrecklichste Gedanke, der in mein Bewußtsein trat,
der Verlust der Liebe. Der Gedanke, die Liebe meines Mannes,
meiner Kinder, Verwandten und Freunde zu verlieren, war mir fast
unerträglich. Auf der Suche nach Verständnis und Befreiung von
der quälenden Vorstellung wandte ich mich betend an meine
Führer um Rat. Ihre Antwort war laut und klar:

»Du bist Liebe, *und wenn du den Verlust von Liebe erfährst, spürst
du in Wirklichkeit den Verlust eines Stücks deiner selbst. Aber
begreife, daß Liebe nie verlorengeht. Es gibt nur eine Umwandlung
von Energie, die wieder zu ihrem Ursprung zurückkehrt. Sei ruhig,
ma chérie, und wisse:* Liebe ist der Kern des Universums, und ihr
Ursprung wurzelt in der Ewigkeit.«

Anhang

Anhang A

Die Führung eines Traumtagebuchs

Die wirksamste Art der Arbeit mit Ihren Träumen ist, sie täglich in einem Traumtagebuch aufzuzeichnen. Nachstehende Vorschläge sollen Sie dazu anregen, mit geordneten, nützlichen Aufzeichnungen über Ihre Reise durch die Traumlandschaft zu beginnen.

1. Kaufen Sie sich ein großes Notizbuch mit mehreren hundert Seiten liniertem Papier. Am besten wählen Sie eines mit weitem Zeilenabstand, damit Ihre Aufzeichnungen bei späterer Durchsicht vergangener Träume leichter lesbar sind.
2. Im allgemeinen ist es günstiger, die Träume auf der linken Seite des Notizbuchs zu notieren. Numerieren Sie jeden in der Reihenfolge, in der Sie sich daran erinnern (Traum I, *Titel*, Traum II, *Titel* usw.). Die rechten Seiten des Notizbuches können Sie für die Deutung jeder Traumepisode sowie für weitere Notizen und neue Erkenntnisse benutzen, zu denen Sie im Lauf der Zeit gelangen.
3. Jeder Traum sollte einen eigenen Titel erhalten, in dem spezifische Elemente des Traums zusammengefaßt sind, so daß man sich später beim Lesen des Titels sofort an den ganzen Traum erinnert. Das Datum der Träume sollte jeweils oben auf der linken Seite stehen.
4. Reservieren Sie die ersten oder letzten paar Seiten Ihres Traumtagebuchs für das Register. Folgende Anordnung empfiehlt sich:

30. April 19..

1) Traum I, *Titel*
2) Traum II, *Titel*
3) Traum III, *Titel*
4) Traum IV, *Titel*
5) Traum V, *Titel*

1. Mai 19..

1) Traum I, *Titel*
2) Traum II, *Titel*
3) Traum III, *Titel*
4) Traum IV, *Titel*
5) Traum V, *Titel*

5. Ratsam ist es, einen Zettelkasten mit Ihren Assoziationen zu den Traumsymbolen anzulegen. Sie können die Begriffe alphabetisch und nach Kategorien ordnen. Hier ein Muster:
Hund: (Mein eigener Collie) – Treuer Freund
(Hund des Nachbarn) – Aggressivität
(Ein Cockerspaniel) – Verspielter Gefährte
Denken Sie daran, je mehr persönliche Assoziationen Sie ermitteln,   desto rascher vermögen Sie den Sinn Ihrer Träume zu deuten.

6. Achten Sie darauf, daß Sie alle Aspekte jedes Traums beschreiben. Notieren Sie die Farben und die Art der Kleidung von Personen, welche Position die Personen einnehmen, wo sie in der Szene sind, wie sie mit dem Träumer in Verbindung stehen, das in dem Traum herrschende Wetter, die Landschaft in der Umgebung, ob es sich bei den Gestalten um Lebende oder Tote handelt, und so fort. Jeder Teil des Traums ist wichtig, und ein Symbol, das Sie auslassen, könnte zufällig das Schlüsselsymbol zur Deutung des ganzen Traums sein.

7. Machen Sie sich keine Sorgen, wenn es Ihnen nicht gelingt, sich an alle Ihre Träume vollständig zu erinnern. Was Sie vergessen, taucht fast unweigerlich in einem künftigen Traum wieder auf.
Viel Glück!

Anhang B

Übliche Traumsymbole

Der Schlüssel zu allen erfolgreichen Traumdeutungen liegt im Träumer selbst. Der Träumer ist der Hauptdrehpunkt, um den zahllose Konstellationen von vergangenen, gegenwärtigen und künftigen Gedanken und Ereignissen kreisen. Psychologen, Traumdeutungsgurus und Bücher zur Deutung der Traumsymbolik bieten allerlei »richtige Übersetzungen«. Doch wenn Ihre leise innere Stimme die Deutung nicht endgültig gutheißt, sollten Sie sich hüten, derartige Erklärungen zu akzeptieren.

Die folgende Liste mit verbreiteten Traumsymbolen wird deshalb auch nur als *Leitfaden* angeboten, von dem Sie ausgehen können, wenn Sie Ihre Traumassoziationen zu formulieren beginnen. Ihre persönliche Symbolik ist bei weitem die wichtigste Komponente für richtige Traumdeutungen.

Die nachstehend aufgeführten Traumsymbole und ihre Erklärungen wurden zusammengestellt aus: *Dreams: Your Magic Mirror* von ELSIE SECHRIST, *How to Interpret Your Own Dreams* von TOM CHETWYND und *Dreams and Dreaming*, Teile I und II der Edgar-Cayce-Readings, zusammengestellt von MARILYN LINDGREN PETERSON.

ALTER: Jemand, der ein bestimmtes Alter hat. Vielleicht der Träumer in diesem Alter. Prüfen Sie den Traum daraufhin, was im Leben des Träumers zu dieser Zeit von Bedeutung war.

AMBULANZ: Körperliche Hilfe wird gewährt.

ÄRZTE: Autoritäten. *Der große Arzt:* Christus. *Zum Arzt gehen:* Achten Sie auf körperliche Gesundheitsprobleme.

AUGEN: Die Fenster der Seele, zeigen die Intelligenz der Person an und offenbaren oft ihre spirituelle Verfassung. Spirituell ausgerichtete Menschen können sogar träumen, drei Augen zu haben.

Blindheit: Weigerung, sich bestimmten Realitäten zu stellen. *Brille*: Ermöglicht es einem, klarer zu sehen. *Dunkle Brille*: Weniger klares Sehen.

AUSFLUG: Veränderungen.

AUSSEN/INNEN: Äußeres gegen inneres Leben.

AUTO: Der physische Körper. Der Fahrmechanismus des Autos kann verschiedene anatomische Teile des Träumers verkörpern. *Verwendung der Bremsen*: Einsatz des Willens. *Falschfahren* bedeutet ebenso eine Warnung im Hinblick auf die Gesundheit wie ein außer Kontrolle geratenes Auto. Ein *Lastwagen* ist ein Arbeitsgefährt.

BABY: Eine neue Geburt. Wiedergeburt des Ich in höhere Ideale, wenn das Baby schön ist und sprechen kann (was oft der Fall ist). Es kann auch eine wirkliche Person darstellen.

BAD: Reinigung.

BADEWANNE: Körperliche Reinigung notwendig.

BADEWANNE FLIESST ÜBER: Unkontrollierte Emotionen.

BADEZIMMER: Reinigung nötig.

BEINE: Spirituelle Grundlage oder Unterstützung.

BERG: Hindernis. Höchste geistige Entwicklung.

BETT: Ruhe oder Sex.

BIBEL: Gottes Gesetze.

BLITZ: Intuitions- oder Erkenntnisblitze. Unerwartete und überwältigende innere Änderung, die plötzlich erfolgt.

BODEN: Fundamente des Ich, Prinzipien.

BOOT, SCHIFF: Die Reise des Lebens. »Ruhiges Segeln«; »stürmische Überfahrten«; »schiffbrüchige Personen«.

BRIEF: Kommunikation. Notieren Sie den Inhalt.

BROT: Eigentliche Lebenssubstanz. »Das Brot des Lebens«; Befriedigung und Frieden.

BRÜCKE: Übergangsstadium.

BÜCHER: Studien.

BÜCHEREI: Forschung.

BÜRO: Die Bedeutung variiert je nach der dort ausgeübten Tätigkeit. Das eigene Büro bedeutet die eigene Arbeit.

BUSSE: Eine kurze Phase oder Strecke im Leben des Träumers.

DACH: Höchster Punkt oder höchste Ideale.

DÄMMERUNG: Eine zweite Wahl, neues Verständnis, Erleuchtung.

DECKE (wollene): Bequemlichkeit, Ruhe.

DIENER: Das Fleisch muß der Diener sein, damit größere Wahrheiten erlangt werden. Der Herr muß der Diener aller sein.

DUNKELHEIT: Unterbewußt, unbekannt, Mangel an Bewußtheit. »Im Dunkeln«.

DUSCHE (UND WANNE): Reinigung und Taufe.

EISENBAHN: Eine Reise oder Veränderung. *Nur ein Gleis*: Eingleisiger Geist. *Entgleisung*: Vom Weg abkommen. *Auf dem rechten Geleise*: Wörtliche Deutung. *Ankunft am Bahnhof*: Tod.

ENGEL: Freiheit. Reines Wesen. Hilfsquelle. *Warnender Engel*: Nicht der richtige Weg.

ESSEN: Achten Sie darauf, was Sie essen. Der Traum kann einen Hinweis geben.

ESSZIMMER: Verzehr von geistiger oder körperlicher Nahrung.

EXPLOSION: Temperamentsausbruch. Kann auch eine Forderung nach Veränderung der geistigen Haltung verkörpern. Änderung des Bewußtseins auf eine friedlichere Situation hin.

FEIND: Ein echter Rivale. Es kann sich auch um den Träumer selbst und jene Aspekte seines Charakters handeln, deretwegen er kein vollkommeneres Wesen ist.

FELSEN: Grundstein. Christus. »Fels unserer Errettung.« Beeindruckbarer Geist. *Auf Felsen auflaufen (on the rocks)*: Schwierigkeiten.

FENSTER: Licht, Wahrnehmung, Augen, Bewußtheit.

FEUER: Es stellt das Herz des Menschen dar. Alle großen Kräfte in der Natur weisen eine Dualität auf. Feuer kann entweder reinigen oder vernichten. Es kann unbeherrschtes Temperament, Eifersucht, Neid, Rachsucht, Haß bedeuten ebenso wie ungezügelten Eifer, patriotische Leidenschaft, Geduld und Begeisterung. Träume von Feuer, die auf Sorglosigkeit hindeuten, sollte man wörtlich nehmen.

FISCH: Er wird oft mit der spirituellen Seite des Lebens in Zusammenhang gebracht, weil der Fisch das erste Symbol für Christus war. Ein schöner Fisch verkörpert das Wachstum des

Ich. Ein häßlicher Fisch bedeutet spirituelle Schwäche. Fischaugen stellen ständige Aufmerksamkeit dar, weil sie sich nie schließen. Das Essen von Fisch deutet auf Erneuerung hin.

FLAGGE: Der gesetzte Standard.

FLIEGEN: Wunschdenken. Astralprojektionen. Empfehlungen, sich über das Problem zu erheben. Sex.

FLUCHT AUS DEM GEFÄNGNIS: Dem Träumer ist es gelungen, der gegenwärtigen »Bedrohung« zu entgehen. Sie könnte am Ende einer Serie von Träumen erfolgen, in denen ein bestimmter Konflikt beendet wurde. Notieren Sie das Thema des Traums.

FLUGZEUG: (Sonne, Mond, Sterne, Kometen, Planeten) verkörpert spirituelle Ideale.

FLUSS: Leben, die Drehungen und Wendungen des Schicksals, besonders im Leben des Träumers.

FREMDE LÄNDER: Reisen in einen anderen »Staat« oder Zustand. Wirklicher Traum von einer Reise.

GABEL: Sorgfältig auswählen.

GANS: Eine »dumme Gans«.

GEISTER: Die spirituelle Natur des Träumers. Ein Geist kann ein Archetypus oder eine tote Person aus der Vergangenheit des Träumers sein, der (oder die) eine wichtige Botschaft für ihn hat.

GELD: Irgend etwas Wertvolles. Austausch. Dieser kann auf der höchsten spirituellen Ebene stattfinden, auf der praktischen Ebene des täglichen Lebens wegen der Notwendigkeit, etwas haben zu müssen, oder auf der untersten Ebene, in dem Sinne, daß »Geld die Wurzel allen Übels ist«.

GEPÄCK: Gepäck des Lebens. Heirat.

GESICHT: Charakterspiegelbild des Träumers. *Ungewöhnlich geformter Kopf*: »Eierkopf«, »Quadratschädel«, »Schrumpfkopf.« Wichtiger ist es, aufzuschreiben, welcher Teil des Gesichts hervorgehoben und wie er dargestellt ist.

GEWEHR, GESCHÜTZ: Eine emotionale Explosion.

GLAS: Spiegelbild dessen, wie einen die anderen sehen. Die Schranke von der materiellen zur spirituellen Welt. Das Hindurchgehen bedeutet Astralprojektion ins spirituelle Reich.

GOTT: Das in Träumen erscheinende Bild Gottes kann darauf

hinweisen, daß der Träumer sein ganzes inneres Potential erkennen muß. Eine Person kann das Gefühl haben, daß ihr Ego durch »eine dem Tod ähnelnde Erfahrung« vernichtet wird, doch die Folge ist, daß sie eins sein wird mit dem immerwährenden Geist, dessen Teil sie ist.

GRAB: Tod. Gedanken über einen Toten. Die Vergangenheit, was tot und begraben ist.

HAAR: Gedanken. *Verfilztes Haar*: Das Denken entwirren. *Kahlkopf*: Denken Sie mehr. *Weißes Haar*: Weisheit oder Reise. *Goldenes Haar*: Goldene oder spirituelle Gedanken. *Glänzendes schwarzes Haar*: Ewig faszinierende Rätsel des Geistes. *Stumpfes schwarzes Haar*: Gemütsdepression. *Rotes Haar*: Temperament, Stimmung. *Rotgoldenes Haar*: Ständig aktiver Geist. *Steifes Haar*: Unerbittlichkeit. *Wirres Haar*: Geistige Unausgewogenheit. *Schmutziges Haar*: Die eigenen Gedanken gehören gereinigt. *Kämmen des Haars*: Überlegen, argumentieren.

HÄFTLING: Beherrscht von Bedingungen.

HÄNDE: *Schöne Hände* bedeuten schöne Dienstleistungen. *Applaudierende Hände*: Billigung, außer sie werden von negativen Symbolen begleitet, dann bedeuten sie Selbstbilligung. *Hin- und Herbewegung des Zeigefingers*: Eine Warnung oder ein Tadel. *Zitternde Hände*: Fehlende Güte in der Betrachtungsweise. *Klauenähnliche Hände*: An sich reißen oder festhalten.

HANDSCHUH: *Blaue Handschuhe* bedeuten eine schöne Dienstleistung. *Schmutzige Handschuhe* bedeuten, daß eine Leistungsverbesserung erreicht werden kann. Handschuhe können auch das Verbergen von Fähigkeiten bedeuten, die genutzt werden sollten.

HAUS: Die Aktivitäten des *Ich*. Der Zustand des Hauses, Gebäudes oder Zimmers verkörpert den eigenen Zustand des Träumers und seine jüngsten Verbindungen oder Tätigkeiten mit Menschen in dem Traum oder mit jenen im Hintergrund.

HEIRAT: Tatsächliche Eheschließung. Vereinigung mit höherem Ich. Integration.

HÖLLE (Teufel): Eine Situation, mit der ein Mensch konfrontiert wird, wenn er erwägt, seinen ererbten Standard zugunsten von etwas Selbstgewähltem aufzugeben. Dies fordert ihn zur Neubewertung seiner Prinzipien heraus.

HOTEL: Vorübergehender Zustand oder Übergangsphase.

HUND: Treuer Gefährte. Der Hund kann sowohl treue als auch treulose Aspekte des Ich in einer Beziehung verkörpern, in der ihm Vertrauen entgegengebracht wird. Notieren Sie Benehmen und Rasse des Hundes.

HÜTE: Geistige Bedingungen. *Hoher Seidenhut*: Denken. *Strohhut*: Geistige Telepathie.

KAMPF: Moralisches Ringen oder geistiger Konflikt.

KATZE: Unabhängigkeit, oft aber fehlende Bereitschaft zur Zusammenarbeit. Streicheln einer Katze verweist oft auf Freude an negativen Gefühlen. Notieren Sie Farbe und Veranlagung der Katze. Auch »Katzenhaftigkeit« (Falschheit).

KELLER: Unterbewußtsein.

KINDHEITSSTATUS: Familienbande.

KINO: Bloßgelegter Geist. Die eigene Lebensgeschichte oder die eines anderen Menschen.

KIRCHE: Ein Ort des Friedens und der Zuflucht. Manchmal das Ich. Ein Ort der Taufe und deshalb der Wiedergeburt. Hintergrund für moralische und religiöse Ideen oder Vorstellungen.

KLEID: Haltung. *Neues Kleid*: Neue Gedanken oder Ideale.

KLEIDUNG: Verkörperung der Aktivitäten oder Haltung des Träumers. *Arbeitskleidung*: Arbeit; *Badebekleidung*: Entspannung; *korrekte Kleidung*: Förmlichkeit; *teurer Stoff und schöne Farbe*: positive Eigenschaften; *schlampige Kleider*: Unordentlichkeit; *enge Kleidung*: unpassende Charaktermerkmale.

KLETTERN: Aufwärtsbewegung. Achten Sie darauf, wie schwierig der Aufstieg ist.

KÖNIG: Spiritueller Ruhezustand. Eine Vaterfigur. Ein herrschendes Prinzip.

KOPF SITZT MIT DEM GESICHT NACH HINTEN AUF DEM HALS: Verkehrte oder unrichtige Inangriffnahme der Dinge.

KORN: Nahrung für körperliche und geistige Entwicklung.

KORRIDORE: Übergang. Veränderungen.

KRANKENHAUS: Es kann sich auf eine physische Unvollkommenheit beziehen oder die Notwendigkeit der Behandlung eines psychischen oder physischen Leidens anzeigen.

KRANKHEIT: Träume von Krankheit enthalten oft Behandlungen oder Empfehlungen zur Heilung des Leidens.

KREUZUNGEN: Wechselnde Handlungsweise.

KÜCHE: Nahrungszubereitung.

KÜKEN: Schüchternheit oder mangelnder Mut. Ein Küken ohne Kopf bedeutet hysterisches, sinnloses Tun.

KUGELSCHREIBER UND BLEISTIFT: Kommunikation. Schreiben.

LÄHMUNG: Bewegungsunfähig, erstarrt. Widersprüchliche Emotionen oder Impulse. Der Träumer sehnt sich danach, etwas zu tun, doch die zu erwartenden Konsequenzen machen ihn unbeweglich.

LEICHEN: Leben und Tod.

LEITER: Ein Aufwärtssteigen oder rückwärtiges Hinuntersteigen. Notieren Sie die Richtung. *Jakobsleiter*: Spiritueller Aufstieg.

LICHT: Lenkende Kraft. Spirituelles Licht.

LIFT: Veränderungen, Wunsch. Fluchtweg. Auf der rechten Seite richtiger Weg. Auf der linken Seite falscher Weg.

LÖFFEL: Kleine Dosis.

MANSARDE: Bewußtsein.

MEDAILLEN: Belohnungen für Leistungen. Das, was man im Leben vorweisen kann.

MEDIZIN: Tatsächliche Behandlung. Behandlung zur Heilung eines Leidens oder Lösung eines Problems.

MEERESMUSCHELN: Verschiedene Lebensphasen, verkörpert von der Mutter Meer.

MESSER: Herausschneiden. Sex.

MILCH: Unreife. »Milch der menschlichen Güte.« Aufforderung, auf die Ernährung zu achten.

MÜLLABFUHR: Etwas muß ausgemerzt werden.

MUSIK: Göttliche Einflüsse im Leben; Harmonie. *Singen oder Hören schöner Musik*: Das Wirken göttlicher Kräfte im Ich.

MUTTER: Archetypus, der Unversehrtheit oder mögliche Unversehrtheit bei einer Frau verkörpert. Die eigene Mutter. Fundamentale familiäre Beziehungen, insoweit sie das eigene gegenwärtige Leben beeinflussen.

NACKTHEIT: Unbekleidet und ausgesetzt.

NAHRUNG: Gelüste. Nahrung für den Geist. Bestimmte Nahrungsmittel, die man braucht oder die man meiden sollte. *Eiscreme*: Gewisse Dinge, die für künftige Verwendung und Ergötzung »eingefroren« sind. Es kann aber auch eine sofortige Verwendung anraten.

NARBE: Andauernde geistige Einwirkungen.

NONNEN: Die höchsten spirituellen Kräfte in unserem Leben.

OFEN: Verdauung, Magen.

ÖL: Beseitigung von Reibungen, glätten.

OPERATION: Eingriff in das persönliche Leben, die persönlichen Gedanken und Wertvorstellungen. Heilung von Wunden. Opfer. Notieren Sie, an welcher Stelle operiert wird und wie die Operation ausgeht.

ORCHESTER: Die Musik des Lebens mit ihren Harmonien und Mißklängen. Der Geist und besonders die Emotionen des Träumers.

OZEAN: Die Stimmungen und die geheimnisvollen Kräfte des Paranormalen. Das kosmische Unbewußte. *Tiefes gegen seichtes Wasser*: Profundes gegen Oberflächliches. *Wellen*: Wogen des Gefühls. Das Meer selbst.

PERLEN: »Perlen der Weisheit.« Das gesamte Ich.

PFAU: Eigenliebe, symbolisiert eine Warnung. »Stolz wie ein Pfau.«

PFEIL, ABGESCHOSSENER: Botschaft kommt.

PFERD: Stürmische Gefühle. Botschaft. *Schimmel*: Überlegene schöpferische Energien, die zu Genie führen können, zu ASW, zu Kreativität, die einem ermöglicht, gute Dienste zu leisten. *Rotes Pferd*: Beharrlichkeit, Geduld, Schwung. Kann auch bedeuten: »Stop!« *Rappe*: Notwendigkeit, männliche und weibliche Eigenschaften in sich in Einklang zu bringen.

PFERD UND REITER: Bote.

PHOTOGRAPHIE: Spiegelbild der Person. *Porträtphoto (des Träumers selbst):* Selbstprüfung ist nötig.

PIANO: Harmonie im Ich oder in anderen.

POLIZEI: Höchste spirituelle Autorität. Kontrolle. Gesetz und Ordnung.

PROFESSOR: Höherer Lehrer. Innerstes Denken.

RADIO: Botschaft vom Unbewußten.

RAUBÜBERFALL: Wertsachen werden einem gestohlen.

REGEN: Ein innerer Reinigungsprozeß. Regen sorgt für reicheres Wachstum.

REISE: Die Reise durchs Leben.

SAME: Möglichkeit zum Wachstum.

SAND: Schlechtes Fundament oder schlechtes Baumaterial.

SARG: Tod.

SCHERE: Trennen. Tod.

SCHILDKRÖTE: Kraft. Neues Leben. Langes Leben. Widerstandsfähigkeit gegen Krankheit.

SCHLAFZIMMER: Verlangen nach Vergnügen.

SCHLANGE: Versuchung oder Übel. Weisheit. Kriecherei, Heimtücke. Notieren Sie Verhalten und Gattung der Schlange.

SCHLEIER: Etwas, das von einem selbst nur teilweise erkannt wird. Schleier vor dem Unbekannten oder der Zukunft.

SCHLOSS: Aussperren unangenehmer Bedingungen.

SCHLÜSSEL: Lösung für ein Problem. Der Schlüssel zum Glück. *Mehrere Schlüssel:* Sicherheit.

SCHMUCK (Gold, Geld, Wertgegenstände): Symbole für spirituelle Züge von höchstem Niveau. Eine geliebte Person. *Diamant:* Das Zentrum des Bewußtseins wird vom Ich auf die ursprüngliche Quelle verlagert. *Perle:* Der Geist. *Rubin:* Rosarote Farbe oder mystische Rose; höchste Form wahrer Liebe.

SCHMUTZ: Abweichen vom moralischen Weg oder dessen Vernachlässigung.

SCHNEE: Kälte. Gefühlskälte. Schwierigkeiten oder Warnung.

SCHREIBTISCH: Die eigene Arbeit.

SCHUHE: Fundamente.

SCHULE: Lebensfragen.

SCHULE, KLASSENZIMMER: Lektionen müssen gelernt werden. Notieren Sie das Bildungsniveau.

SCHWERT: Erektion. Macht oder Gerechtigkeit.

SCHWIMMEN: Spirituelle Aktivität.

SCHWANGERSCHAFT: Potentielles neues Leben. Etwas voller Möglichkeiten und Hoffnungen.

SCHWARZE GESTALT: Unterdrückte Wünsche. Die dunkle Seite des Träumenden selbst. Tod. Der Teufel. Alle Tabus.

SEIFE: Zeigt Reinheit an oder die Notwendigkeit einer Reinigung.

SELBSTMORD: Suchen Sie in sich selbst nach Problemen. Gelegentlich das Sehen der Absichten einer anderen Person.

SILBER: Licht. Selbsterkenntnis. Weisheit, Reinheit, wertvolle Sache.

SONNE: Licht des Bewußtseins. Intellekt. *Sonnenaufgang:* Dämmerung des Bewußtseins. *Mittag:* Reife. *Sonnenuntergang:* Abnahme der schöpferischen Energie. Alter. *Schwarze Sonne:* Tod oder tiefe Depression.

SPIEGEL: Spiegelbild des Träumers. Blick auf sich selbst.

SPIEL: Das Spiel des Lebens. Ein Zögern, sich im Leben zu engagieren. Ein Lebenskonflikt. Die beiden Gegner im Spiel können Teile des Konflikts verkörpern. Notieren Sie, wie das Spiel gespielt wird, was zum Siegen nötig ist.

SPINNE: Ein Netz oder eine Falle, in die der Träumer gerät. Eine schlechte Angewohnheit, eine kommende Versuchung, eine vor kurzem begangene Indiskretion oder eine Warnung vor schlechten geschäftlichen Unternehmungen. Notieren und beachten Sie den Trauminhalt im Hinblick auf die herrschende Situation.

STERNE: Schicksal. Was immer dem Leben seine Richtung gibt, was zu einem inneren Ziel führt. *Heller Stern*: Mystische Großleistung. *Sternschnuppe*: Scheiternde Hoffnungen.

STRASSE: Der persönliche Weg oder das persönliche Schicksal, die auf den Gipfel der eigenen Ziele oder Bestrebungen führen. Ein *Straßenabschnitt*: Ein Zeitabschnitt. *Eine Auswahl von Straßen*: Wechselnde Wegrichtungen. *Einbiegen in die Straße*: Neue Ereignisse stehen bevor. *Sackgasse*: Der Weg führt nirgendshin. *Abwärtsgehend*: Wörtlich zu verstehen. *Aufwärtsgehend*: Spannungszustand.

STURM: Gefühlsausbruch, Wunsch oder Instinkt. Höchste geistige Erregung. Schwierigkeiten, auf die man im Leben stößt.

TAFEL IM KLASSENZIMMER: Bedingungen, aus denen man Schlüsse ziehen kann.

TASCHE (in Kleidung): Inneres.

TAUCHEN: »Eintauchen« in den Geist, möglicherweise auf der Suche nach Kindheitserinnerungen. Ins Unbewußte tauchen.

TELEFON: Botschaft oder Mitteilung kommt.

TEMPEL: Der Seelentempel. Das Ich.

TEST, PRÜFUNG: Irgendeine neue »Prüfung« im Leben.

TREPPE: Eine Aufwärts- oder Abwärtsbewegung.

TRINKEN: Notieren Sie, was Sie trinken und wieviel. Es kann eine körperliche Warnung sein.

TRUTHAHN: Nahrung. Unintelligente Person oder unkluge Entscheidung. Ein »Versager«.

TÜR: Eintritt in das Ich. *Abschließen einer Tür*: Aussperren unangenehmer Bedingungen. *Öffnen der Haustür*: Empfang spiritueller Hilfe. *Geschlossene Tür*: Negative Haltungen, die andere Menschen, Hilfe von außen, nicht nahekommen lassen.

ÜBERSCHUHE: Schutz auf dem Weg des Lebens. Wenn sie einem bei schlechtem Wetter fehlen, ist es eine Warnung davor, sich körperlichen oder spirituellen Schwierigkeiten auszusetzen.

UNFALL: Durch Nachsichtigkeit hervorgerufene Bedingungen. Selbstbestrafung.

UNIFORMEN: Gedankengänge.

UHR: Zeit. *Uhr mit stehengebliebenen Zeigern*: Tod. *Uhr mit rasenden Zeigern*: Die Zeit läuft ab.

VATER: Verkörperung von Autorität, Gesetz, Ordnung, gesellschaftlichen Konventionen, Verhaltensmustern sowie männlicher Fürsorge. Er kann als tyrannische Person gesehen werden, die dem Träumer befiehlt, sich in die Konformität zu fügen. Er kann auch den Archetypus Vater in einem selbst oder eine tatsächliche Beziehung des Träumers zu seinem eigenen Vater darstellen.

VERANDA: Außerhalb des Ich. Unsicherheit.

VOGEL: Auf der höchsten Ebene, bezieht sich auf Schönheit,

Freude und Liebe. Vögel erscheinen in einer kritischen Lebens-
periode häufig in Träumen. Beachten und notieren Sie die
Vogelart.

WAAGE: Gerechtigkeit.

WÄLDER: Irrgarten, Verwirrung.

WAND: Hindernis oder etwas Trennendes, Entzweiendes.

WANDSCHRANK: Inneres Ich ist abgeschieden, abgetrennt.

WARENHAUS: Gelagerte, gespeicherte Dinge. Eine Auswahl aus
verschiedenen Gegenständen.

WÄSCHE: Verbesserung der eigenen Haltung oder Aktivitäten.
Schmutzige Wäsche: Verbesserung ist notwendig.

WASSER: Mutter der Schöpfung. Spirituelles Symbol. Symbol des
Unbewußten.»Wasser des Lebens.« Achten Sie auf die Schön-
heit des Wassers. *Klarheit*: Reinheit, Spiritualität. *Schmutziges
Wasser*: Unreinheit. Tod.

WEINEN: Warnung vor Schwierigkeiten.

WERKZEUG: Fähigkeiten, Wissen.

WOHLGERÜCHE: Sich in die Atmosphäre mischen, die dem Träumer Gedanken und Aktionen übermittelt.

WOHNZIMMER: Tägliche Beschäftigungen.

ZÄHNE: Sprache, Rede.

ZAUN: Hindernisse oder trennende Dinge.

ZEITUNG: Tägliche Aktivitäten.

ZIGARETTEN (Rauchen): Nicht klar sehen. Negative Aspekte der
Persönlichkeit.

ZIRKUS: Der Zirkus des Lebens.

ZUG: Reise.»Gedankengänge«. Tod.

Farben

Wenn die Farben leuchten, herrscht ein Zustand freudiger Erregung oder große Vitalität. Schmutzige Farben sind negative Assoziationen. Die Aufstellung nennt die allgemeine Bedeutung der
Farben, doch die persönlichen Assoziationen können davon abweichen.

GRAU: Graue Materie (Gehirn). Unpäßlichkeit.

WEISS: Reinheit, Licht, Unschuld, göttlicher Geist.

SCHWARZ UND WEISS: Recht und Unrecht.

SCHWARZ: Geheimnis, Tod, Übel oder Böses, Dunkelheit.

ROT: Lebenskraft, neues Leben, Zorn, Sex, Stoppzeichen, Feuer.

ROSAROT: Liebe, Freude, Glück.

KIRSCHROT: Leidenschaft.

BLASSROSA: Schwäche.

GRÜN: Heilen, Wachstum, Hoffnung, Eifersucht.

GELB: Sonnenschein, Geist, Feigheit oder Verzagtheit, Intuition.

ORANGE: Gesundheit, Energie, okkulte Kräfte.

BRAUN: Erdverbunden, praktisch, Depression. Gold oder Geld.

KASTANIENBRAUN: Schlechte Gesundheit.

BLAU: Himmlisch, spirituelle Energie, unerschütterliche Treue.

GOLD: Die Sonne, Intuition, etwas Wertvolles.

LILA: Tod.

Zahlen

EINS: Universelle Kraft. Schöpferische Energie. Gott.

ZWEI: Schwächere Zahl als die Eins. Zwei ist eine Kombination von 1 und 1, aber eine Teilung des Ganzen.

DREI: Kombination aus eins und zwei. Die Trinität. Große Kraft.

VIER: Elemente Erde, Luft, Wasser und Feuer. Der Körper.
Vierzig: Reinigung, Vorbereitung oder Prüfung.

FÜNF: Aktivität. Eine sofortige Änderung der Aktivität, womit auch immer diese verbunden ist.

SECHS: Schönheit und symmetrische Kraft aller Zahlen. Kann auch den Satan darstellen.

SIEBEN: Heilende Zahl. Die spirituellen Kräfte in allen ritualistischen Orden. Eine mystische Beziehung.

ACHT: Doppelte Formschwäche. Schwanken.

NEUN: Fertigstellung oder Vollendung. Ein Ende der Ordnung der Dinge.

ZEHN: Vollendung aller Zahlen in selten gefundener Stärke. Von der Zehn aus kehren alle Zahlen zur Eins zurück.

Zeit und Position

ZUKUNFT: Näher kommende Objekte oder die rechte Seite der Szene.

VERGANGENHEIT: Zurückweichende Objekte, linke Seite der Szene. Die Vergangenheit wird auch durch Bilder von früheren Wohnungen, durch altertümliche Kleidung, alte Dinge, alte Menschen, ein historisches Datum oder einer Szene aus der Kindheit gesehen.

RECHTE SEITE: Richtiger Weg.

LINKE SEITE: Falscher Weg.

Anhang C

Musterträume zur Deutung

Nachdem wir nun so weit fortgeschritten sind, daß wir einige der grundlegenden Traumdeutungstechniken beherrschen, wollen wir unser neu erworbenes Wissen auf die Probe stellen. Die aufgeführten Träume habe ich ausgewählt, weil sie relativ leicht zu deuten sind und weil sie eine Vielfalt verschiedener Themen enthalten, also die größtmögliche Bandbreite umfassen. Bei aktuellen präkognitiven Ereignissen, die später eintrafen, ist dies anschließend an den Traum erwähnt, um die Genauigkeit der Deutung zu verbessern. Den Schlüssel zu den empfohlenen Deutungen finden Sie am Ende dieses Anhangs. Versuchen Sie nun Ihr Glück, und prüfen Sie, wie genau Sie die Bedeutung wahrnehmen, die jeder Traumphantasie unterliegt.

Brennendes Haus

Im Wohnzimmer unseres Hauses scheinen zwei Feuer zu brennen. Eine Weile sind sie beide im Kamin. Ich sage zu meinem Mann, er möge darauf aufpassen, damit sie nicht außer Kontrolle geraten. Ich gehe nach oben und kann aus meinem Schlafzimmer zwischen der Wand und dem Freien hinunterschauen. Ich sehe Flammen langsam heraufkriechen und die Isolierung verbrennen. Plötzlich schießen die Flammen zu einem rasenden Inferno auf, das Zimmer und Wände beschädigt. Ich renne hinunter, aber inzwischen ist das Feuer unter Kontrolle gebracht. Der untere Boden ist schwer beschädigt. (Trend-Andeutung).

Perlen ausfindig machen

Ich sehe einen Umschlag, auf dem es heißt: »Schiebe deine Hand hier hinein, dann kannst du auf eine wertvolle Perle stoßen.« Ich stecke meine Hand hinein und fühle Krimskrams, Papier und Süßigkeiten rund um die Perlen. Die Perlen sind in dem Umschlag versteckt, so daß es nötig ist, sie zu suchen.

Neue Stellung und neues Haus

Arlene und ich sind in einem Schönheitssalon, um uns frisieren zu lassen. Er gehört drei Brüdern. Einer davon hat seine Haare, die er früher länger trug, sehr kurz geschnitten. Er hat einen Anzug an, wie ihn Manager tragen würden. Er beginnt mein Haar zu richten, dessen Farbe nun dunkler zu sein scheint. Als ich fertig bin, stehe ich von dem Stuhl auf und frage, ob er daran denkt, ein neues Haus zu kaufen. Er sagt: »Ja. Woher wissen Sie das?« Ich sage, die Worte seien einfach aus meinem Mund gekommen. Ich schreibe sie auf, weil ich sie nicht vergessen will. (Trug sich später wirklich zu.)

Ein altes Photoalbum

Ich blättere ein altes Photoalbum durch. Alle Fotos, die ich anschaue, habe ich schon früher gesehen. Auf einem Bild betrachtet ein Mann einen feierlich aufgebahrten Papst. Auf einem zweiten ist der Mann mit einem Gewand aus der Kolonialzeit bekleidet und trägt ein Gewehr. Ich sage dem Mann, er solle das Gewehr für die Aufnahme weglegen, und er tut es. Auf dem letzten Bild trägt er einen dunklen Straßenanzug und nimmt an einer Vorstandssitzung teil. Alle Bilder bis auf das letzte haben einen schwarzen Hintergrund.

Alte Schallplatten sind Geld wert
Jemand sagt, daß alte Platten, insbesonders die mit Bing Crosbys Stimme, viel Geld wert sind.

Alte Damen aus Williamsburg
Ich lese einen Zeitungsausschnitt über fünf Damen durch, die Kleider aus der Kolonialzeit tragen. Sie besuchen eine gesellschaftliche Veranstaltung und trinken Tee. Unter ihnen befinden sich Mrs. Hugh Miller und Mrs. Bolling.

Verlust der Stimme
Ich rufe meinen Mann bei der Arbeit an, weil ich eine Nachricht für ihn habe. Seine Sekretärin will wissen, wer anruft. Ich nenne meinen Namen. Schließlich bekomme ich ihn ans Telefon und höre krächzende Töne. Keine verständlichen Worte sind herauszuhören. (Trug sich später wirklich zu.)

Reise nach Mandeville
Ich besuche eine Freundin in Mandeville. Ich fahre über den Lake Pontchartrain und dann über eine kleinere Brücke. Als wir den Berg hinauffahren, bemerke ich einen großen Wasserturm. Dann sitzen meine Freundin und ich in einem ans Wasser gebauten Restaurant. Es hat nautisches Dekor, und viele Kapitänsstühle stehen da. Ich kann von einer Terrasse das Wasser sehen. Meine Freundin macht mich mit Verwandten ihres Mannes bekannt, die dort essen. Sie besuchen dieses Lokal oft. (Mit dem Traum ging das Gefühl einher, wirklich dort gewesen zu sein.)

Der blaue Schleier
Da ist ein Tisch mit einem blauen Schleier darüber. Ein himmlisches Wesen steht dahinter, spricht aber nicht. Ich habe das Gefühl, daß man, wenn man einen wißbegierigen Geist und starkes Verlangen hat, durch den blauen Schleier sehen kann. Der Engel ist der Hüter des Schleiers.

Flugzeugabsturz
Ich bin auf einem Flugplatz. Ein kleines Flugzeug rollt die Start-bahn entlang, fliegt ein kurzes Stück, kippt dann vornüber und stürzt ab. Flammen schießen heraus, als die beiden Flieger aus dem Wrack springen. Einer der Piloten versucht die Flammen zu löschen, die seinen bereits brennenden Gefährten einhüllen. Die Feuerwehr kommt, aber zu spät; die Flammen haben ihn ver-schlungen. (Das Ereignis trug sich später zu und wurde in einer Zeitung berichtet.)

Empfang eines Briefs mit Neuigkeiten
Ein Brief, den mir Elizabeth schrieb. Er enthält Neuigkeiten über das Buch, das sie gerade liest, spricht von einer Beförderung ihres Mannes und erörtert Pläne für einen gemeinsamen Urlaub. Sie hat ihn gerade geschrieben. (Geschah tatsächlich gleichzeitig.)

Lektion über das Leben nach dem Tod
Meine Mutter ist krank, und niemand scheint fähig, sie zu heilen. Ich kehre Reparaturwerkstätten für Autos aus, so daß sie, wenn die Autos repariert werden, sauber sind. Schließlich stirbt meine Mut-ter. Nach einer Zeitlang stirbt mein Mann. Ich gehe weiter und sterbe. Auf uns alle warten Menschen, die sagen: »Habt keine Angst. Wir lehren euch hier mehr. Ihr habt noch viele weitere Leben zu leben.«

Johnnys Allergien
Ich sehe die Hunt-Kinder am Strand spielen. Johnny Marsh schwimmt sehr schnell im Wasser. Ich schwimme rasch, hole ihn ein und frage ihn, warum er mit einem solchen Tempo schwimmt. Er sagt: »Ich habe Traubenzucker, Fruchtzucker, Saccharin und Scho-kolade gegessen.« Dann fahren wir in einem Bus, Johnny ist da und sieht sehr unglücklich aus. Ich sehe, daß seine Hose vorne naß ist. Er hat wenig Kontrolle über seine Blase. Ich führe ihn aus dem Bus. Er ist sehr erregt! (Ich hatte einen Klienten, den ich Johnny Marsh nennen will, doch das war nicht sein richtiger Name.)

Jimmys Autounfall
Jimmys Wagen scheint in einen Unfall verwickelt zu sein. Er wird von der Seite angefahren, und die Tür ist eingebeult. Jimmy ist offenbar unverletzt, aber der Wagen ist stark beschädigt. (Dies trug sich drei Wochen später zu.)

Jimmys Knöchelverletzung
Ich habe das Gefühl, daß mir der Fuß amputiert worden ist. Ich versuche auf dem anderen umherzuhüpfen. Ich ruhe mich zu Hause aus. Ich fühle mich sehr schlecht, weil ich den Fuß verloren hatte. (Traf einen Tag später ein.)

Die Versammlung in Virginia Beach
Mein Mann und ich sind in einem großen Versammlungsraum. Ein Rechtsanwalt scheint anwesend zu sein. Es ist eine Versammlung über geistige Gesundheit. Die Teilnehmer hören aufmerksam zu. (Das träumte ich am 15. August 1981, und am 19. September 1982 traf es ein.)

Der Sarg
Ich gehe von meinem Vaterhaus über die Straße in die Wohnung eines Nachbarn, der ein guter Freund von uns ist. Im Aussichtsfenster seines Wohnzimmers sehe ich einen Sarg, in dem eine weißgekleidete Gestalt liegt. Ich sehe, wie die Gestalt ihre rechte Hand hebt. (Der Nachbar starb ein halbes Jahr später.)

Der Prozeß
Ich war mit irgend jemandem in einen großen Prozeß verwickelt. Es ging um unrichtige Darstellungen oder Vertragsbrüche, und gerade als ich vom Sieg überzeugt war, gewann die andere Partei durch unehrliche Mittel. (Trend-Andeutung.)

Reflexzonenmassage heilt
Ich sehe eine Karte mit Linien auf dem Fuß. Sie zeigt verschiedene Körperteile, die mit diesen Linien verbunden sind. Ich bin in einem Reflexzonentherapiekurs.

Partner an der juristischen Fakultät
Eine Freundin und ich besuchen zusammen die juristische Fakultät, obwohl sie weiter fortgeschritten ist als ich. Unsere Ehemänner sind unsere Partner. Wir alle legen die Hände zu einem Quadrat zusammen. (Kein tatsächliches Ereignis.)

Psychologische Untersuchung einer Frau aus der Kolonialzeit
Mehrere Psychologen untersuchen eine Frau aus der Kolonialzeit. Ich schaue ein blaues Buch an, das jeden Tag ihres Lebens enthält. Sie starb 1781.

Ein fleißiger Arbeiter verdient Lohn
Man muß fleißig arbeiten, um seinen Lohn wert zu sein.

Neuanfänge
Ein Ende ist in Wahrheit ein Neuanfang, wenn man sich dessen Beginn nur eingesteht und ihn akzeptiert.

Vier Bauwerkzeuge
Ich bin am Strand eines Ozeans. Ich sehe einen Zimmermannsschurz mit vier Bauwerkzeugen. Auf das erste ist Liebe, *auf das zweite* Glauben *und auf das dritte* Das Paranormale *graviert. Das vierte Wort ist bis jetzt noch unklar.*

Schlüssel zu Traumdeutungen
Anschließend finden Sie Deutungsvorschläge für die Musterträume. Bei verschiedenen Träumen wurden mehrere Kategorien angegeben, in die man sie einordnen kann; Sie dürfen darum einen Erfolg verbuchen, wenn Ihre Antwort mit einer der genannten Kategorien übereinstimmt. Die Musterträume und die Kommentare stammen aus meinem eigenen Erfahrungsschatz. Geben Sie sich für jede richtige Bestimmung des Traumtyps vier Punkte. Ihre Gesamtpunktzahl können Sie dann anhand folgender Wertskala beurteilen:

0–32: Intensiveres Traumstudium ist angezeigt.
33–60: Überdurchschnittliche Beherrschung der Traumbegriffe.

über 60: Überragende Traumdeutung. Teilen Sie Ihr Wissen anderen mit.

Brennendes Haus
(Führung für Ich und andere)
Dieser Traum schien mich vor der drohenden Gefahr eines Brandes in meinem offenen Kamin zu warnen. Die Traumhinweise machten mich so besorgt, daß ich sofort einen Kaminkehrer rief. Er untersuchte den Kamin und sagte dann, wegen der Ablagerungen, die sich im Lauf der Jahre in unserem Kamin angesammelt hätten, sei die Möglichkeit, daß ein Brand ausbreche, sehr groß gewesen.

Perlen ausfindig machen
(Visionär)
Dieser Traum zeigt starke symbolische Untertöne. Die Perlen stellen »Perlen der Weisheit« oder Wertvorstellungen dar. Der Umschlag verweist auf Kommunikation. Die Botschaft, die nach meinem Empfinden in dem Traum enthalten war, besagte: Wenn ich unter den vielen Mitteilungen, die ich empfange, gründlich und mit scharfem Blick suche, könne ich »Perlen der Weisheit« aufspüren.

Neue Stellung und neues Haus
(Hellseherisch, präkognitiv)
Zu der Zeit, als dieser Traum auftrat, dachte Bettys Sohn daran, die Stellung zu wechseln und vielleicht auch ein neues Haus zu kaufen. Die Bestätigung der Ereignisse kam nach drei Wochen.

Ein altes Fotoalbum
(Vergangenes Leben)
Das alte Fotoalbum gibt den ersten Hinweis darauf, daß der Traum Informationen über ein vergangenes Leben enthalten kann. Die erste Inkarnation schien als Priester erfolgt zu sein, die zweite fand offenbar in der Kolonialzeit statt. In der gegenwärtigen Existenz führt die betreffende Person das Leben eines Mana-

gers. Der schwarze Hintergrund – außer auf dem letzten Bild –
stellt den Tod dar.

Alte Schallplatten sind Geld wert
(Führung für das Ich und andere, Geschäft)
Diesen Satz zeichnete ich zwei Monate vor dem Hinscheiden
meines Vaters auf. In einem Winkel des Dachgeschosses fanden
meine Schwester und ich mehrere Stapel altmodischer Schallplatten,
die meiner schon vor Jahren gestorbenen Großmutter gehört
hatten. Der Traum machte mich darauf aufmerksam, daß die
Platten sich als wertvolle Hinterlassenschaft erweisen konnten.

Alte Damen aus Williamsburg
(Vergangenes Leben)
Die Kleidung aus der Kolonialzeit weist auf ein Thema aus einem
früheren Leben hin. Als ich in der Swem-Bibliothek nachschaute,
fand ich die Namen der beiden erwähnten Frauen.

Verlust der Stimme
(Hellseherisch)
Die Situation, die ich am Freitag morgen, an dem ich lange schlief,
vor dem Erwachen sah, herrschte im Büro meines Mannes tatsäch-
lich. Als er am Nachmittag ohne Stimme heimkam, erkannte ich die
Bedeutung der vorausgesehenen Szene.

Reise nach Mandeville
(Außerkörperliche Erfahrung)
Die Lebendigkeit dieses Traums und das Wirklichkeitsgefühl, das
ich dabei empfand, veranlaßten mich, eine liebe Freundin anzuru-
fen. Ich war zu diesem Zeitpunkt noch nie in Mandeville gewesen,
aber meine Freundin bestätigte, daß die Beschreibung der Gegend
um Mandeville sowie der Einrichtung des Lieblingsrestaurants
ihres Mannes, in dem sie und seine Angehörigen oft aßen, genau
stimmte.

Der blaue Schleier
(Visionär)
Das himmlische Wesen verkörpert Führung aus einem höheren Reich. Für mich stellte der blaue Schleier die Offenbarung von Wahrheiten dar. Der übermittelte Rat erklärt sich selbst.

Flugzeugabsturz
(Hellseherisch, Lokalereignis)
Nach meinem Gefühl nahm ich dieses Lokalereignis hellseherisch wahr, entweder durch den Zeitungsartikel oder durch Beobachtung des Vorfalls, als er sich zutrug.

Empfang eines Briefs mit Neuigkeiten
(Telepathie)
Der Inhalt dieses Briefs von Elizabeth schien mir irgendwie vertraut zu sein, als ich ihn las. Ich schlug in meinem Traumtagebuch nach und stellte zu meiner Überraschung fest, daß sowohl das Datum ihres Briefs als auch die darin geschilderten Ereignisse genau mit meinen Aufzeichnungen in dem Tagebuch übereinstimmten.

Lektion über das Leben nach dem Tod
(Tod – aufgezeichnet am 31. Dezember 1982)
Der Traum sollte mich vielleicht auf den bevorstehenden Tod meines Vaters vorbereiten; in weiterem Sinn aber setzte er mich ins Bild über die Gelegenheiten, die sich jeder Seele im Zustand nach dem Tod bieten.

Johnnys Allergien
(Gesundheit, Führung für das Ich und andere, Telepathie)
Diesen Traum empfing ich als Antwort auf eine Frage, die ich vor dem Einschlafen im Hinblick auf einen an Blasenschwäche leidenden zehnjährigen Klienten formulierte. Die Antwort nannte die Ursache des Leidens und enthielt Hinweise darauf, wie es zu heilen war. Nach meinem Empfinden lieferte mir der Junge die Antwort selbst telepathisch.

Jimmys Autounfall
(Präkognitiv)
Genau drei Wochen nach dem Traum kam es zu einem Unfall, in den unser Wagen verwickelt war. Abweichend vom Traum saß jedoch mein Mann im Wagen und nicht mein Sohn. Allerdings war mein Mann als kleiner Junge von seiner Mutter oft Jimmy genannt worden.

Jimmys Knöchelverletzung
(Gesundheit, präkognitiv)
Ich zeichnete den Traum am 7. April 1982 auf. Jimmy verstauchte sich den Knöchel am 8. April, bekam für sechs Wochen einen Gips und konnte seinen Fuß nicht gebrauchen. Auch hier stimmte die Wirklichkeit nicht mit dem Traum überein, denn nicht mir passierte das Unglück, sondern meinem Sohn. Doch in dem Traum spürte ich stellvertretend sein Gefühl der Hilflosigkeit und des Verlusts.

Die Versammlung in Virginia Beach
(Präkognitiv)
Der Traum schien keine andere Bedeutung zu haben, als meinem ungläubigen Geist zu einer Zeit, als mein Bewußtsein eine beträchtliche Ausweitung erfuhr, den Beweis zu liefern, daß es Präkognition wirklich gibt.

Der Sarg
(Tod, Präkognition)
Auch hier wurde ich vorgewarnt, diesmal vor dem nahenden Tod des besten Freundes meines Vaters. Das Heben der rechten Hand deutet an, daß sich das Ereignis in der Zukunft zutragen wird. Folglich war dies ein Vorbereitungstraum.

Der Prozeß
(Geschäft)
Der Trend des Traums deutet an, daß der Träumer, wenn er den gleichen Weg weitergeht, einen beträchtlichen finanziellen Rückschlag erleiden wird.

Reflexologie heilt
(Führung für das Ich und andere, Gesundheit)
Der Traum empfiehlt für mich und andere die Reflexologie als
alternative Heilmethode.

Partner an der juristischen Fakultät
(Führung für das Ich und andere, Telepathie)
Seit mein Mann und ich ein intensives Studium des Paranormalen
begonnen haben, sind wir mit vielen neuen Freundschaften geseg-
net worden. Wir fühlen uns jedoch in der Gegenwart dieser
Menschen so wohl, daß wir vermuten, die Freundschaftsbande
könnten sich weit über das gegenwärtige Leben hinaus erstrecken.
Dieser Glaube wird durch die Symbolik der »Partner an der
juristischen Fakultät« sehr gut veranschaulicht.

Psychologische Untersuchung einer Frau aus der Kolonialzeit
(Vergangenes Leben)
Die Aufzeichnungen über ein Leben aus dem 18. Jahrhundert und
das genannte Todesdatum 1781 verweisen auf eine Rückschau auf
das frühere Leben, vielleicht aus der Akasha-Chronik.

Ein fleißiger Arbeiter verdient Lohn
(Botschaft)
Dieser Traum erklärt sich selbst.

Neuanfänge
(Botschaft)
Die vergangenen zwei Jahre haben meinen Glauben an Gott und
Spiritualität so erneuert, daß mein ganzes Dasein ein lebendiger
Beweis für die Wahrheit dieses Axioms ist.

Vier Bauwerkzeuge
(Visionär)
Die drei Werkzeuge verkörpern die Mittel, mit denen man seine
Zukunft bauen kann, und stehen der Träumerin bereits zur
Verfügung. Das vierte Werkzeug muß erst noch offenbart werden.

Anhang D

Wie man eine Rizinusölpackung macht

Zu den Behandlungen, die EDGAR CAYCE am häufigsten empfahl, zählt die Rizinusölpackung. Am häufigsten wird sie auf Bauch und Unterleib aufgelegt, bei zystischem Brustfibrom kommt sie direkt über die Zyste. Die Packung wird folgendermaßen gemacht:

1. Besorgen Sie sich weichen Baumwollstoff oder Flanell und falten Sie ihn so, daß er etwa zwanzig Zentimeter in der Breite und fünfundzwanzig bis dreißig Zentimeter in der Länge mißt.
2. Gießen Sie Rizinusöl in ein flaches Gefäß und tauchen Sie den Stoff hinein; er soll gut feucht, aber nicht durchtränkt sein.
3. Schützen Sie die Bettwäsche durch Auflegen eines Kunststofftuchs; strecken Sie sich darauf aus.
4. Legen Sie das mit Rizinusöl getränkte Flanelltuch auf die zu behandelnde Stelle. Darüber kommt ein Stück Kunststoff und auf dieses das Heizkissen. Stellen Sie es anfangs auf »mittel« und schalten Sie es nach einer Weile auf »heiß«, wenn Sie die höhere Temperatur ertragen.
5. Die Packung wird nun mit einem Handtuch abgedeckt und muß eineinhalb Stunden an Ort und Stelle bleiben.
6. Nach dieser Zeit sollte die Haut dort, wo die Packung lag, mit einer Lösung aus einem Liter Wasser und zwei Teelöffeln Natriumkarbonat gesäubert werden.
7. Wenden Sie die Packung, damit Sie das bestmögliche Ergebnis erzielen, an drei aufeinanderfolgenden Tagen an und setzen Sie dann einen oder zwei Tage aus. Nehmen Sie nach jeder dritten Behandlung einen Teelöffel Olivenöl ein.
8. Das Flanelltuch kann aufgehoben und für andere Packungen, auch auf anderen Körperbereichen, wieder verwendet werden.
9. Jede Person sollte jedoch für Packungen immer ihr eigenes Flanelltuch benutzen.

Die Anweisungen stammen zum Teil aus *The Physician's Reference Notebook* (Nachschlagebuch für Ärzte), zusammengestellt und geschrieben von Dr. WILLIAM A. McGAREY und Ärzten der ARE-Klinik in Phoenix, Arizona.

Heilfördernd wirkt zusätzlich zu der Behandlung mit der Rizinusöl-Packung die Einnahme von 1000 Milligramm Vitamin E täglich über zehn Tage oder über den Zeitraum, der zur Heilung der Zyste nötig ist. Vitamin E scheint die Eigenschaft zu besitzen, innere Zysten zu erweichen.

Anmerkungen/Literaturhinweise

Kapitel 1

  1 SECHRIST, ELSIE: *Dreams: Your Magic Mirror* (Träume, dein Zauberspiegel). Warner Books, New York 1968, S. 13.

  2 BRO, HARMON HARTZELL: *Traumdeutungen in Trance.* Ariston Verlag, Genf 1971, S. 75.

  3 Ebenda, S. 190.

Kapitel 2

  1 UDOLF, ROY: *Handbook of Hypnosis for Professionals.* Van Nostrans Reinhold Company, New York 1981, S. 264.

  2 BRO, HARMON HARTZELL: *Traumdeutungen in Trance.* Ariston Verlag, Genf 1971, S. 192.

  3 CAYCE, EDGAR: »Address« (Vortrag), 6. Februar 1933, zitiert in: AGEE, DORIS, *Edgar Cayce on ESP* (Edgar Cayce über ASW). Warner Books, New York 1969, S. 25.

  4 Ebenda, S. 224.

Kapitel 3

  1 PILE, ROGER, Korrespondenz, Chester, Ct., Juni 1982.

  2 PILE, ROGER, »Über Körperkommunikation, Krankheit und Geistheilung«, Chester, Ct., August 1982.

  3 PILE, ROGER, »Heilung durch das Wort«, Chester, Ct., August 1982.

  4 PILE, ROGER, »Quellen paranormaler Energie«, Chester, Ct., August 1982.

  5 PILE, ROGER, »Über paranormale Readings«, Chester, Ct., August 1982.

  6 PILE, ROGER, »Philosophie des Paranormalen – Warum wir unsere paranormalen Talente entwickeln sollten«, Chester, Ct., August 1982.

7 PILE, NANCY: Unveröffentlichtes paranormales Reading. Chester, Ct., August 1982.

Kapitel 4

1 BOWES, ALBERT »Meine Erfahrungen als Berufsmedium«, Virginia Beach, Va., Association for Research and Enlightenment (ARE), Tagungstonband, Juni 1982.

2 CAYCE, CHARLES THOMAS: »Probleme auf dem Weg paranormaler Entwicklung«, Virginia Beach, Va., ARE, Tagungstonband, Juni 1982.

3 CAYCE, CHARLES THOMAS: »Synchronizität und Divination«, Virginia Beach, Va., ARE, Tagungstonband, Juni 1982.

4 SHEALY, NORMAN: *Association for Research and Enlightenment Conference Bulletin*, Virginia Beach, Va., ARE Press, September 1982.

5 SHEALY, NORMAN: »Selbstregulierung: Vermeidung des Ausbrennens«, Virginia Beach, Va., ARE, Tagungstonband, September 1982.

6 HOLLIS, ELIZABETH: »Astrologisches Reading für Joan Windsor«, Charlotte, N.C., Oktober 1982.

7 HOLLIS, ELIZABETH: »Astrologisches Reading für James Windsor«, Charlotte, N.C., Oktober 1982.

8 HOLLIS, ELIZABETH: »Astrologisches Reading für James L. Windsor«, Charlotte, N.C., Oktober 1982.

9 HOLLIS, ELIZABETH: »Astrologisches Reading für Robin Windsor«, Charlotte, N.C., Oktober 1982.

10 HOLLIS, ELIZABETH: Korrespondenz, Charlotte, N.C., November 1982.

11 MILLER, CYNTHIA LEONARD: Hrsg., *The General Assembly of Virginia: June 13, 1619 to January 11, 1978: A bicentennial Register of Members*. Richmond: Virginia State Library, 1978, S. 130.

Kapitel 6

1 JUNG, CARL GUSTAV: mit M. L. von Franz, Joseph Henderson, Jolande Jacobi und Aniele Jaffé, *Man and His Symbols*

(Der Mensch und seine Symbole), Chicago, J. G. Ferguson Publishing Company, 1964, S. 36.

2 BLACKER, CARMEN: »Japan« in Michael Loewe und Carmen Blacker, Hrsg., *Oracles and Divination*, Hemel Hempstead, England, George Allen and Unwin, 1981, S. 75.

3 SERJEANT, R. B.: »Islam«, in Michael Loewe und Carmen Blacker. Hrsg., *Oracles and Divination*, Hemel Hempstead, England, George Allen and Unwin, 1981, S. 224.

4 Ebenda, S. 225.

5 JUNG, CARL GUSTAV (u. a.): *Man and His Symbols*, S. 162.

6 RILEY, KEVIN: Unveröffentlichte Semesterarbeit: »What I Tell You In Darkness, That Speak Ye In Light« (Was ich euch sage in der Finsternis, das redet im Licht), Williamsburgh, Virginia, Mai 1984, S. 7.

7 JUNG, CARL GUSTAV (u. a.): *Man and His Symbols*, S. 9–10.

8 JUNG, CARL GUSTAV: »The Invididuated Man«, zitiert in D. Caprio und S. Nicholas, *Personality Theories: Guides to Living* (Persönlichkeitstheorien, Lebensrichtlinien), New York, Holt, Rinehart and Winston, 1974, S. 471.

Kapitel 7

1 AGEE, DORIS: *Edgar Cayce on ESP* (Edgar Cayce über ASW), Warner Books, New York, Inc., 1969, S. 216.

2 BRO, HARMON HARTZELL: *Traumdeutungen in Trance*, Ariston Verlag, Genf 1971, S. 204–205.

Kapitel 8

1 SECHRIST, ELSIE: *Dreams, Your Magic Mirror*, Warner Books, New York 1968, S. 34.

2 BRO, HARMON HARTZELL: *Traumdeutungen in Trance*, Ariston Verlag, Genf 1971, S. 61.

3 THURSTON, MARK: *How To Interpret Your Dreams* (Wie Sie Ihre Träume deuten), Virginia Association for Research and Enlightenment Press, Virginia Beach 1978, S. 87.

4 BRO, HARMON HARTZELL: *Traumdeutungen in Trance*, Ariston Verlag, Genf 1971, S. 184.

5 Ebenda, S. 185.
6 Ebenda, S. 185–186.

Kapitel 9

1 ROBERTS, JANE: *Gespräche mit Seth / Die Natur der Psyche / Die Natur der persönlichen Realität / Das Seth-Material,* Ariston Verlag, Genf 1979–1986.

Kapitel 10

1 BRO, HARMON HARTZELL: *Traumdeutungen in Trance,* Ariston Verlag, Genf 1971, S. 247.
2 THURSTON, MARK: *How to Interpret Your Dreams* (Wie Sie Ihre Träume deuten), Associaton for Research and Enlightenment Press, Virginia Beach, Virginia 1978, S, 86.
3 BRO, HARMON HARTZELL: *Traumdeutungen in Trance,* Ariston Verlag, Genf 1971, S. 257.
4 Ebenda, S. 203.
5 THURSTON, MARK: *How to Interpret Your Dreams,* S. 118.
6 Ebenda, S. 120.
7 Ebenda, S. 120.
8 Ebenda, S. 121.
9 BRO, HARMON HARTZELL: *Traumdeutungen in Trance,* S. 213.
10 Ebenda, S. 214.
11 Ebenda, S. 223.
12 Ebenda, S. 239.
13 Ebenda, S. 240.
14 Ebenda, S. 241.
15 THURSTON, MARK: *How to Interpret Your Dreams,* S. 179.
16 Ebenda, S. 181, 182.
17 Ebenda, S. 182.
18 Ebenda, S. 108.

Kapitel 11

1 BUTLER, W. E.: *How to Read the Aura, Practice Psychometry, Telepathy and Clairvoyance* (Wie man die Aura liest, Psycho-

metrie, Telepathie und Hellsehen anwendet), Warner Books, Inc., New York 1978, S. 17.

2 Ebenda, S. 27.

3 AGGEE, DORIS: *Edgar Cayce on ESP* (Edgar Cayce über ASW), Warner Books, New York 1969, S. 36.

4 Ebenda, S. 37.

5 Ebenda, S. 38.

6 Ebenda, S. 41.

7 Ebenda, S. 122.

8 Ebenda, S. 130.

9 CARTER, MARY ELLEN: *Prophezeiungen in Trance*, Ariston Verlag, Genf 1971, S. 193.

10 Ebenda, S. 203

11 ROBERTS, JANE: *Gespräche mit Seth.* Ariston Verlag, Genf 1979, S. 345.
(Siehe auch: JANE ROBERTS: *Das Seth-Material,* Ariston Verlag, Genf 1986.)

12 Ebenda

13 Ebenda

14 Ebenda

15 Ebenda

16 Ebenda

17 Studiengruppen der Association for Research and Enlightenment, *A Search for God* (Suche nach Gott), Teil I, Association for Research and Enlightenment Press, Virginia Beach, Va., 1945, S. 47.

18 Ebenda, S. 48.

19 Ebenda, S. 49.

20 BRO, HARMON HARTZELL: *Edgar Cayce on Religion and Psychic Experience* (Edgar Cayce über Religion und paranormale Erfahrung), Warner Books, New York 1970, S. 199.

21 Ebenda, S. 36.

22 Ebenda, S. 37.

23 BUTLER, *How to Read the Aura...*, S. 24.

24 BRO, HARMON HARTZELL: *Edgar Cayce on Religion and Psychic Experience*, S. 42.

Kapitel 12

1 VAUGHAN, ALAN: *The Edge of Tomorrow* (Der Rand des Morgen), Coward, McCann and Geoghegan, New York 1982, S. 1982.

2 Ebenda, S. 183, 184.

3 Ebenda, S. 190.

4 Ebenda, S. 191.

5 VAUGHAN, ALAN: *Patterns of Prophecy* (Muster der Prophezeiung), Hawthorn Books, New York 1973, S. 72.

6 VAUGHAN, ALAN: *The Edge of Tomorrow*, S. 141.

7 SHERMAN, HAROLD: *How to Make ESP Work for You* (Wie Sie ASW für sich einsetzen können), Fawcett Crest Books, New York 1964, S. 164.

8 Ebenda, S. 159.

9 CAYCE, HUGH LYNN: *Venture Inward* (Wagnis nach innen), Harper and Row, New York 1964, S. 95.

10 MARTIN, BARCLAY: *Abnormal Psychology: Clinical and Scientific Perspectives* (Abnormale Psychologie; Klinische und wissenschaftliche Perspektiven), Holt, Rinehart and Winston, New York 1977, 1981, S. 479.

11 Ebenda, S. 480.

12 KARCHER, JANET und HUTCHINSON, JOHN: *This Way to Cassadage* (Dieser Weg nach Cassadaga), JH Productions, Deltona, Fla. 1980, S. 79.

13 Ebenda, S. 81.

14 Ebenda, S. 85.

15 CAYCE: *Venture Inward*, S. 100.

16 FORD, ARTHUR: *Unknown but Known* (Unbekannt aber doch bekannt), Harper and Row, New York 1968, S. 73.

17 SHERMAN, HAROLD: *How to Make ESP Work for You*, S. 166.

18 Ebenda, S. 167.

19 CAYCE: *Venture Inward*, S. 142, 143.

20 VAUGHAN, ALAN: *The Edge of Tomorrow*, S. 141.

21 SHERMAN, HAROLD: *Know Your Own Mind* (Lernen Sie Ihren eigenen Geist kennen), Random House, New York City und Kanada 1953, S. 57.

22 CAYCE, HUGH LYNN: *Faces of Fear: A Practical Guide to Overcoming Life's Anxieties* (Gesichter der Angst; Ein praktischer Führer zur Überwindung von Lebensängsten). Harper and Row, New York 1980, S. 134.

23 CAYCE, HUGH LYNN: *Venture Inward*, S. 198.

24 SHERMAN, HAROLD: *Know Your Own Mind*, S. 57.

25 Ebenda, S. 64.

26 Ebenda, S. 67.

Namen- und Sachregister